商业体育系列丛书编委会

商业体育系列丛书

SHANGYE TIYU SAISHILUN

商业体育赛事论

曾静平◎著

陕西师範大學出版总社

图书代号 ZH16N1194

图书在版编目(CIP)数据

商业体育赛事论 / 曾静平著 . —西安：陕西师范大学出版总社有限公司，2016. 10

ISBN 978-7-5613-8699-6

Ⅰ. ①商… Ⅱ. ①曾… Ⅲ. ①运动竞赛—体育经济学 Ⅳ. ①G808. 2

中国版本图书馆 CIP 数据核字(2016)第 262510 号

商业体育赛事论

曾静平 著

责任编辑 / 华翔凤
责任校对 / 田均利
封面设计 / 鼎新设计
出版发行 / 陕西师范大学出版总社
(西安市长安南路 199 号 邮编 710062)
网 址 / http://www. snupg. com
经 销 / 新华书店
印 刷 / 西安市建明工贸有限责任公司
开 本 / 787 mm×960 mm 1/16
印 张 / 15. 5
字 数 / 230 千
版 次 / 2016 年 10 月第 1 版
印 次 / 2016 年 10 月第 1 次印刷
书 号 / ISBN 978-7-5613-8699-6
定 价 / 38. 50 元

读者购书、书店添货或发现印装质量问题，请与本社高等教育出版中心联系。
电话：(029)85303622(传真) 85307864

前　言

商业体育赛事是什么？是商业体育的核心要素，是商业体育的源头活水，是商业体育发展的原点圆心。

商业体育赛事是一个大秀场，运动员秀技艺秀风采，教练员秀指挥艺术秀气定神闲秀时尚衣冠，制造商秀最新产品秀最尖端科技。无论是怀揣各类体育技艺绝活的运动员，还是运动服、运动器材以及各类运动检测装备等的展示，其背后的核心皆是怎样获取最大的商业利益和市场份额。有人说，中国的春节联欢晚会最令人羡慕，只要登场（哪怕是串场）就会身价倍增，但与奥运会世界杯的秀场相比，简直就是小巫见大巫，春节联欢晚会只是中国自己人的演绎舞台，而出现在奥运会世界杯的表演舞台上，才是国际巨星。

商业体育赛事是一个大捧场。规模越大规格越高的赛事，会形成更高规格的场景，也会有更大规模的资本来到现场捧场。一个国家申办或者举办奥运会或世界杯，国家元首及最高行政长官都会露面，申办的广告宣传片方往往不计成本，邀请全世界最高水准的导演、最具表演水平的明星来编导来演绎。筹备世界级的开幕式或闭幕式，名流政要、富豪商贾云集，众星捧月使得商业赛事不断升温。

商业体育赛事是一个大拍场。全世界最高水准的摄影师都会来到现场尽可能地拍摄出最具震撼力的比赛画面，然后将之转化为最有卖点的比赛图片及特写写真，制作成转播权年年看涨的电视信号和新媒体信号。在比赛赛场，现场观众如醉如痴地为竞技选手的精彩表现拍手叫好，他们既是为某一个球队某一位选手击掌叫好而来，又给这一大拍场哄抬了更好的商业氛围。伴随着电视信号和新媒体信号演示，播出的是广告大拍场，比赛级别越高、赛事越精彩，就越能吸引到国际一线产品最新设计的现场平面广告、电视广告和各种各样表现形式的新媒体广告。

商业体育赛事是一个大卖场。卖门票卖饮品卖食品卖饰品，卖球队队服卖明星球员装备以及卖比赛吉祥物等各类衍生产品。美国最具号召力的橄榄球赛的衍生产品，不仅是比赛现场上集中的卖场里拥趸们的抢手货，而且还成了美国顶级电视购物商的重要产品来源。比赛门票是商业体育赛事的主要收入来源，有很多重大赛事三四年前就开始大竞标大拍卖，体育票务公司、民航公司、旅游公司乃至保险公司都会竞相哄抢，以期通过炒卖哄抬球票价格，或者囤积居奇，进行与民航机票、旅游路线和名类繁多的保险等产品捆绑销售，实现商业利益最大化。

商业体育赛事是一个大赌场。赌马赌球赌输赢，赌人赌物赌比分，高尔夫球场还会有人赌开球远近赌一杆进洞，普通球迷会参与赛事赌博，高级职员、高级政要会涉足赛事赌博，职业赌家更会在各种各样的体育赛事赌博中乐此不疲，或弹指一挥间豪掷百万千万，或谈笑酒杯前商号豪宅易主。体育赛事赌博中居然还有了看似名正言顺的"体育博彩"——其标志代号即体育彩票，即使在建国之后倡导禁赌禁娼的中国大陆，体育彩票产业也是中国体育产业的重要支柱。至于体育赛事这一大赌场的背后到底有多大市场，有多少财富，好像没有人能说得清楚，也没有人能够统计出一个精确数字。

意甲、西甲、德甲、法甲、荷甲等欧洲各大足球联赛球星闪耀，商贾云集，赛场广告球星代言各类电视贴片广告，日本J联赛，韩国K联赛以及中国足球超级联赛、甲级联赛等各种联赛，在很长时间里都是这些国家的重要体育产业。

美洲杯帆船赛这一号称最具财富号召力、费用最昂贵的奢侈赛事，门槛之高令人咂舌；一级方程式赛车是目前世界上速度最快、技术含量最高和最烧钱的体育比赛；高尔夫球则号称最绅士、最优雅，也是社会各界人士最喜欢、最容易下赌下注的商业赛事；而拳击赛场短兵相接、肉搏血腥，也是最能集中诞生体育赛场超一流富豪的地方；NBA是国际化的单项赛事，聚集了全球篮球高手，创造出最赏心悦目的比赛画面。

从球类运动项目考察，曾经有人认为比赛用球越大(比如篮球足球橄榄球类比乒乓球羽毛球台球)，球赛价值越大，此言不太准确。似乎应该是比赛场地越大，球赛的价值越大，创造的财富也越多。占地数千亩的高尔夫球顶级大满贯赛事纵贯全球，是全世界名流、贵族、商贾追捧的商业赛事，是国际大牌广告商的挚爱，财富多多奖金丰厚。足球场、篮球场、橄榄球场、网球场都有更多的现场观众看台坐席，有更多电视转播机位(如飞猫索道摄像技术)参与其中，加上比赛地横跨多个城市，得到更多广告商、赞助商青睐，创造更多财富自然不足为奇了。

《商业体育赛事论》一书选取了最恢宏的奥运赛事、最商业化的足球世界杯、最奢侈的美洲杯帆船赛、最烧钱的汽车赛事、最中国化的武术赛事、最漫长的网球四大满贯赛、最国际化的单项赛事NBA，以及最稚嫩的中国全运会赛事为研究主线，梳理商业体育赛事的运营管理。《商业体育赛事论》采用了中国知名高校商业体育领域的最新、最高科技成果，是集体智慧的结晶，是群策群力的结果。在本书的策划和撰写过程中，一直得到首都体育学院钟秉枢、骆秉全、王守恒和杨铁黎等教授的指导和支持，得到北京邮电大学王亚杰、杨放春、马华东、贾庆轩、胡启镔、杜振华、方明东和杨瑞萍等教授的热心帮助。浙江传媒学院的彭少健、项仲平、詹成大、胡晓阳、陈永斌、陈敬远、尚志强、李新祥、宋红岩、石妍、冯巍、孟文光和钱琦，首都体育学院的左伟、张彬、周龙峰、袁强、侯觉明、郭彬和北京邮电大学的任乐毅、李炜玮、黄传武、徐敬宏、陈东篱、蔡斯聪、王同庆、李谦、李超群、刘佳奇等或撰写部分章节初稿，或参与资料搜集与整理，为本书的完成做出了很大努力与贡献。

作为中国商业体育赛事的探索性之作，作者希望通过系统阐述全球具有标志性意义的商业体育赛事的演进背景、发展轨迹，通过挖掘商业体育赛事更为深广的内在瑰宝，把握商业体育赛事的内在规律，进而为中国体育产业的健康有序发展提供可资借鉴的素材，给中国体育工作者一些思索、一些启迪。

目　　录

第一章

最恢宏的赛事——奥运会

奥运会是目前世界上商业运作最成功的体育赛事之一,以参赛人员多、比赛规模大、对举办地影响大以及奥林匹克所倡导的相互理解、友谊、团结和公平竞争等精神而备受关注和欢迎。从公元前776年到公元394年,再从1896年至今,奥运会经历了不同历史条件下的磨难,最终发展到今天的盛况与商业成功,既与其倡导的奥林匹克精神密不可分,更是紧扣时代脉搏与时俱进的最好写照。正是其所代表的和平、平等、友谊、进取等理念的深入人心,商业运作的日渐成熟,及其商业价值的不断展现与升越,才有了奥林匹克今天的品牌。成熟的奥运市场营销体系,促进了赛事的持续发展,使奥林匹克品牌得到更多企业的认可,品牌形象得到提升,品牌价值不断提高,形成了当今世界上规模恢宏、商业号召力最为强劲的赛事品牌。

公元前776年,古代奥运会诞生,在政治、经济、文化发达的希腊,奥运会成为各城邦的一件大事,获胜者除了被授予橄榄枝花冠这一精神奖励外,各城邦对获胜者也给予了丰厚的物质奖励。此外,每当奥运会举办之时,主办地周边的一些市民村民可以贩卖一些物品,获取一定利益。这应该是古代奥运会的商业雏形。

受两次世界大战的影响,奥运会成为纳粹分子的政治玩物。1976年加拿大蒙特利尔举办奥运会,由于国内通货膨胀物价上涨,场馆前期建设投资与后期改造成本过大,加上当时奥运会商业化限制等约束,使该届奥运会在赛后背上了7.9亿美元债务的巨大经济包袱,一直到30年后的2006年12月,蒙特利尔才还清了1976年奥运会所欠下的全部债务。

第23届奥运会申办前夕,国际奥委会感觉到前所未有的危机。因为当时只有洛杉矶一个城市参与申办，而且申办方是一个民间组织。在无可奈何的情况下，国际奥委会只好将第23届奥运会的举办权交给了美国的洛杉矶，真有点听天由命的感觉。正是这一无可奈何下的选择，给现代奥林匹克运动带来了无限生机，商业价值也被充分地挖掘出来，财富宝库让世人瞩目。

洛杉矶奥运会筹办之初，遭到了美国国内民众和很多政客的反对，在没有政府投资的情况下，仅靠尤伯罗斯领导的组委会通过一系列的商业开发来组织奥运会。在尤伯罗斯的精明领导下，洛杉矶奥运会获得了成功，盈利2.25亿美元。最为重要的是，洛杉矶奥运会为国际奥委会开辟了完善的奥运会商业运作模式，使奥运会重新成为各国争相申办的财富赛事。

1988年，汉城奥运会借鉴洛杉矶的经验，通过成功举办奥运会，把韩国推向了发达国家的行列，成为亚洲四小龙之一，并且把三星、现代等一大批如今已耳熟能详的跨国企业推向了大众。2000年，悉尼奥运会再次用经典模式成功地诠释了奥运会的商业市场，通过各种商业开发渠道为悉尼奥组委赚取了17亿美元。根据中国国家审计署对外公布的数字，2008年北京奥运会在筹备及主办上的总支出为202.06亿元人民币，总收入为213.63亿元人民币，北京奥运会的收支结余超过了10亿元人民币。

2012年伦敦奥运会收支之谜还没有完全揭开，各方说法差异巨大。据卡梅伦政府估算，奥运会将在今后4年里给英国带来超过130亿英镑的经济效益，“但这不过相当于英国国内生产总值的0.8%，平均到每年则相当于0.2%”。另据信用评级机构穆迪预测，英国经济已受到奥运会基础设施开支的影响，“不太可能为英国经济提供实质性帮助”。英国经济学家斯宾塞·戴尔表示，伦敦奥运会只为英国经济提供了“一个小时的积极贡献”。①但可以知晓的是，2012年伦敦奥运会门票收入达到创纪录的3.76亿英镑，从各类赞助商获得总额11亿英镑的收入，电视转播收入达到19.36亿英镑。另外，伦敦旅游局期望从奥运旅游市场获利22亿英镑，不过一半的获利来自奥运会之后产生的效应。②

现代奥运会经历了100多年的发展，在商业化与限制商业化的道路上经

①黄烨. 伦敦奥运会或零收益谢幕，中国元素不可忽视. 新华网，2012－8－13，http://news.xinhuanet.com/world/2012－08/13/C_112701507.htm.

②唐烨. 伦敦办奥运，能赚到钱吗. 解放日报，2012－7－15(7).

历了徘徊与改革，由最初的限制商业到适当开发，限制奥运会赛场规模及上空有赞助商的任何标志，到现阶段既成功地控制赛事的过度商业化，又尽可能保持奥林匹克精神的神圣与纯洁，使其演变成世界上规模最大、影响最广泛最深远的体育赛事，对举办地的政治、经济、文化等方面产生巨大影响，并且带来持续的发展动力。

第一节　商业之旅

奥林匹克运动会起源于古希腊，因举办地点在奥林匹克而得名。第 1 届古代奥运会于公元前 776 年举行，到公元 393 年共举行了 292 届。古希腊是一个独立的国家，政治、经济、文化都较发达，为举办运动会兴建了许多运动设施及庙宇，参赛者遍及希腊各个城邦，为奥运会的诞生与日后的兴盛创造了良好的政治和经济基础。

古代奥运会对优胜者更多的是精神激励，并不注重物质的奖励，给予他们的最高荣誉是一顶橄榄枝编织而成的花冠。除奖给冠军橄榄枝花冠外，还另外发给其一条棕榈枝，运动员右手持枝，以示荣耀。橄榄枝花冠编制得特别精致，编制时也特别虔诚。当时规定，编环的树枝条必须由父母双全的儿童使用纯金的刀子，从宙斯神庙旁的橄榄树林中割取。

古希腊人认为，橄榄树是雅典保护神雅典娜带到人间的和平、幸福的神圣象征，因而，用橄榄枝条编成花环奖励运动员是一种特殊荣誉。除了奖励橄榄枝花冠外，在古希腊不同时期也给予过优胜者一些物质方面的奖励和优待，如第 1 届至第 6 届古代奥运会上，奖给优胜者的物质奖品仅仅是一只山羊，后来还奖励涂身用的油壶等。奥运会优胜者不但得到大会的奖励，在自己的城邦也会得到许多荣誉和奖赏。

古代奥运会对优胜者公开或私下的奖励，都已表露出其商业化的端倪。

公元前 146 年，罗马人征服了希腊，并将其变为一个行省。罗马统治者随心所欲地安排运动会，不合理地篡改比赛规则，古代奥运会被进一步破坏。但随着古代奥运会影响的不断扩大，参加的运动员不断增加，对冠军的奖励也越来越丰厚。在此背景下，出现了大量只对金钱和享乐感兴趣的职业运动员，他们贿赂裁判，营私舞弊，使奥运会变成了追名逐利的场所，成为了赌博、欺诈、交易的污浊之地。

从 1894 年到 1914 年，第一次世界大战前的这段时间，正值世界性的政治经济关系发生急剧变化,各种民族主义和排外心理妨碍了正常的国际交往。现代运动项目仅在少数几个欧洲国家开展,世界范围的体育竞赛活动很少进行。当时,奥林匹克运动尚处于摸索阶段,奥运会也还未形成一定的举办模式,如项目设置稳定性差,场地设施简陋,财政困难,会期不固定,裁判员执法不公以及参赛资格缺乏明确规定等。1908 年,国际奥委会实施了标准化和规范化管理,为未来奥运会的举办构建了基本框架。1912 年奥运会是这一时期最成功的奥运会,从参赛国家、运动员人数、场地设施到组织工作都有较大提高。

因第一次世界大战而中断的奥林匹克运动会于 1920 年重新进行,国际奥委会从实践中意识到奥运会规范化的重要性,整个奥运会的基本框架、运行机制等在这一时期基本形成,具体表现在比赛项目的设置逐渐趋向合理、比赛设施进一步完善、赛事举办时间基本固定、申办举办程序基本确立,并基本解决了有关运动员的参赛资格问题。同时,国际奥委会开始将先进技术应用到比赛中去,如电子计时器、终点摄影仪、自动打印机、闭路电视转播等。冬季奥运会的举办,使奥林匹克运动的覆盖面大大增加,赛事内容更加丰富多彩。

这一时期,奥林匹克运动的组织机构得到发展,国际奥委会成员国由第一次世界大战前的 29 个增加到 60 个,为奥林匹克思想在世界各地的传播作出了重要贡献。同时,各国际单项体育组织也相继成立,通过国际奥委会与各国际单项体育组织和各国家奥委会的协调,使国际奥委会摆脱了每届奥运会都存在的具体技术事务,更多地在领导、协调、决策等更高的层次发挥作用。

第二次世界大战结束后,世界政治格局形成了东西方两大政治集团对峙的局面,这对奥林匹克运动的发展产生了重大影响,而战后各国经济振兴和科技发展,促进了奥林匹克运动的发展,奥运会比赛场地及各种配套设施较前有了很大改观,为奥运会向大型化、艺术化方向发展创造了条件。先进的电子检测设备,确保了性别和违禁药物检查的顺利进行,使比赛的公正性得到加强。

进入 80 年代,西班牙银行家萨马兰奇出任国际奥委会主席。在萨马兰奇的领导下,针对奥林匹克运动所面临的各种问题进行了大规模的改革。萨马兰奇认为,过去的那种独立性原则,即在经济上不谋利、政治上不同政府联系的做法已不适应新时期的需要,需要通过一系列活动,改变以往人们对国际奥委会的形象,重塑奥林匹克品牌。在萨马兰奇倡导下,国际奥委会开始举办奥林匹克艺术节,在全球范围内的很多国家和地区建立奥林匹克博物馆,定期举办“奥林匹克日”纪念活动,定期召开奥林匹克科学大会等。国际奥委会还支持各国奥委会参加每年在希腊奥林匹亚开设的国际奥林匹克学会研讨会,支持各国举办体育集邮展览、体育题材的美术和文化展览或体育纪念品收藏展览等活动。

国际奥委会打破禁锢,与联合国组织、各国政府和其他民间体育组织密切合作,召开与体育有关的专题研讨会,包括世界体育科学代表大会、世界体育和环境代表大会、世界体育领域反对种族隔离代表大会、世界反兴奋剂代表大会,等等,以推动奥林匹克运动在全世界的发展,促进体育运动更好地为人类健康、和平和友谊服务。[①] 在国际奥委会的倡议下,2001 年第 56 届联合国代表大会通过了一项由世界上 170 多个国家提出的题为“通过体育和奥林匹克理想来建立一个和平和更加美好的世界”的决议,呼吁在 2002 年盐湖城冬季奥运会期间实现“奥林匹克休战”。自此,通过国际奥委会组织呼吁休战,成为很多国际组织翘首以待的重要时刻。

《奥林匹克宪章》(Olympic Charter)是国际奥委会制定的关于奥林匹克运动的最高法律文件。宪章对奥林匹克运动的组织、宗旨、原则、成员资格、机构及其各自的职权范围和奥林匹克各种活动的基本程序等作了明确规定,是约束所有奥林匹克活动参与者行为的最基本标准和各方进行合作的基础。

《奥林匹克宪章》随着奥林匹克运动的发展而逐渐完善,历经了 1908 年由顾拜旦起草的《国际奥委会的地位》逐渐形成的奥林匹克运动规章及其后的“奥林匹克规则”(Olympic Rules)、“奥林匹克章程”(Olympic Statues)和“奥运会规则”等。从 1978 年开始,国际奥委会正式使用“奥林匹克宪章”这一名称。随着奥林匹克运动的发展,国际奥委会在保持奥林匹克基本原则和精神始终如一的前提下,针对不断变化的情况,对《奥林匹克宪章》作过多次修改。现行的《奥林匹克宪章》在 1996 年 7 月 18 日亚特兰大第 105 次国际奥委会全会上获得批准。该宪章由“基本原则”“奥林匹克运动”“国际奥林匹克委员会”“国际单项体育联合会”“国家奥林匹克委员会”和“奥林匹克运动会”6 部分组成,共 74 款,对奥林匹克运动的思想、组织、活动和制度

①世界知识年鉴(2010—2011).北京:世界知识出版社,2011:1184.

等重要方面作了明确规定。

《奥林匹克宪章》的修订完善,使国际奥委会发展前行有了法律保障,在组织结构上不断更新,使国际奥委会同其他各个机构的联系日益密切。自1981年起,国际奥委会第一次有了正式的法律地位,从而得以以法人的身份参与处理各种重大事务,经济上大胆进行商业性开发,利用各种活动创造财富,为奥林匹克运动的发展创造了一个良好的经济基础。从23届奥运会开始,连续几届的奥运会主办国均未出现赤字,而且产生了良好的经济效益和前所未有的社会影响力。国际奥委会的良好信誉和经济上的巨大盈利,极大地调动了主办国家搞好奥运会的积极性。

这一时期发生的重要变化,是在肯定政治对体育的作用的同时,强调体育不应听命于任何一个国家的指挥;在肯定商业化的同时,对商业化采取一定的限制措施,并逐步废除了参赛者业余身份的原则,使奥运会向所有优秀运动员(包括职业选手)开放。这种务实的态度,促进了奥林匹克运动向健康的方向发展。奥林匹克运动从初期的探索到自身模式的基本形成,从第二次世界大战后的发展到停滞,以后又经80年代以来的改革,终于进入了一个生机勃勃的发展阶段。

第二节　历史时刻

奥运会的历史时刻,主要有两层含义,一是蒙特利尔奥组委是第一个提出“自我筹资”概念的奥组委,同时又留下了惨痛教训;另一个则是洛杉矶奥运会开启了财富之门,矗立起了奥林匹克历史上商业运营的里程碑。

1976年,加拿大蒙特利尔在先后五次申请主办奥运会后,终于赢来了第21届奥运会的主办权。这届奥运会最大的亮点是奥运火炬传递,采取了与以往不同的方式。奥林匹亚点燃的火种传到雅典后,不像以往用轮船、飞机或接力传递,而是利用卫星传到加拿大首都渥太华,随后进行火炬接力跑传递到蒙特利尔。最后,奥林匹克火焰的点燃则是由一对少年男女共同完成的。这是奥运会史上第一次、也是唯一一次由两人共同执行这一光荣的使命。不过由于非洲众国的抵制,参赛规模逊于慕尼黑奥运会,使该届奥运会蒙上了遭抵制的阴影,奥运会在各种争议中最终得以顺利举办。但随后的“蒙特利尔陷阱”之说却笼罩了整个世界,成为奥运史上抹不掉的一段历史,被视为奥运会在运营方面的失败案例,而其中内情也无人能探个究竟。

如果要投票评选历届奥运会在财政运营方面的失败案例的话，1976 年蒙特利尔奥运会很可能会名列榜首。该届奥运会被很多媒体作为反面教材报道，对以后的奥运会申办与举办城市发出了警告，如场馆耗资巨大，赛后运营不善，留下数十年的巨额债务，城市经济被严重拖累，等等。

“根据蒙特利尔奥运会奥组委完成的《1976 年第 21 届奥运会工作报告》记载，当届奥运会总投资为 15.96 亿美元，其中场馆建设成本占了最重的比例，达到 12.13 亿美元；组委会的运营成本为 2.07 亿美元，其他涉及加拿大联邦政府、魁北克省政府、蒙特利尔市政府的一些安保、医疗等花费为 1.76 亿美元。组委会通过发放彩票、钱币、纪念邮票等市场开发措施获得了 4.3 亿美元的收入，填补了运营成本。所以实际上，这届奥运会的债务主要产生于场馆的建设费用，达到了 9.9 亿美元。”①

“20 世纪 70 年代，正是‘石油危机’席卷全球之际，欧美各国经历了大规模的通货膨胀。而在从 1973 年到 1977 年的 4 年间，加拿大通货膨胀率高达 40%。以主要建筑材料钢铁为例，奥运工程刚刚开始时，钢铁价格为每吨 200 美元，但在仅仅 6 个月之内就攀升到了每吨 900 美元，而当工人们开始建设奥林匹克主体育场那令人惊艳的蒙特利尔塔时，钢铁的价格居然到了 1200 美元/吨。”②这座世人瞩目的体育场也引起了政府与工会之间的劳资纠纷，工会将奥林匹克主体育场的工地作为“战场”，进行了总计达 155 天的罢工，工程进度被严重拖延。在施工上的技术难题也让建设工程举步维艰，人们甚至担心主体育场难以如期竣工，要求国际奥委会将第 21 届奥运会易地举行的呼声不断增强。

这时，蒙特利尔所属的魁北克省接下了这个烂摊子，于 1975 年成立了直属于省政府的奥林匹克设施管理委员会，全权负责奥林匹克公园的建设，并且成了奥林匹克公园的所有者。奥林匹克公园最初预算是 3.1 亿美元，到了 1976 年 10 月份，建设决算却高达 9.22 亿美元，是最初预算的近 3 倍。奥运会后，奥林匹克公园留下了 7.9 亿美元的债务。

在此之后，魁北克省在全省范围内针对所有烟草产品征收 2% 的税收，每年从这项财政收入中拿出一部分偿还这 7.9 亿美元的债务，一直延续到了 2006 年的 11 月 14 日。2006 年 12 月，在蒙特利尔奥运会举办 30 年后，蒙特利尔奥林匹克设施管理委员会宣布，1976 年奥运会所欠下的债务终于还清。

---

①② 宣国祥，张永恒. 和局：后奥运时代. 北京：中国经济出版社，2008：60.

尽管蒙特利尔奥运会存在诸多争议,但其奥组委却是第一个提出"自我筹资"概念的奥组委,并且打造了现代奥运会市场开发的雏形。蒙特利尔奥运会组委会通过发放奥运彩票为组委会筹措了2.35亿美元的净收入,为组委会贡献了超过一半的收入。而现在作为奥运会收入重要组成部分的电视转播权的销售,在该届奥运会上仅仅贡献了3200万美元的资金。

蒙特利尔奥运会的赞助体系有两个分支,一个是官方供应商项目,另外一个是官方赞助商项目。两者主要在赞助形式上有所区别。奥组委发起官方供应商项目的初衷是希望得到免费的商品和服务,降低运营成本,因此供应商们主要是以提供产品的形式与奥运会相联系,得到的回报主要是使用奥组委和奥林匹克运动的标志,以及"1976年奥运会官方供应商"的字样。

蒙特利尔奥运会共有124家企业参与了官方供应商计划,多达628家企业参与了官方赞助商各个级别的赞助计划。虽然赞助体系与当代的国际奥委会市场开发模式颇为相似,但赞助商投入的资金却不可同日而语。以官方赞助商项目为例,最高的参与门槛为15万美元,而最低的居然只需100美元。这也就直接导致了参与企业数量众多但收益甚微的结果,蒙特利尔奥组委从市场开发活动中仅收益3500万美元。

由于蒙特利尔奥运会的失败和遭受抵制的阴影,第23届奥运会只有美国洛杉矶提出申办。1978年,国际奥委会雅典会议决定把举办权交给洛杉矶。

洛杉矶在没有竞争对手的情况下申办成功,但却成了美国人围攻的对象。不仅遭到洛杉矶市民的极力反对(支持率仅34%),且洛杉矶市政府、加利福尼亚州政府以及美国联邦政府都明确表示,不提供任何财政支持。洛杉矶奥运会成为1896年奥运会创办以来首次由民间承办的运动会,既无政府补贴,又不能增加纳税人负担,加之美国法律还禁止发行彩票,在这样的情况下,一切资金只能自行筹措。

为了奥运会的生存,国际奥委会同意奥运会经费可以不由主办城市负担,而以商业化的方式筹集。因此,洛杉矶奥运会成为历史上第一次由民间承办的奥运会。首先,组委会将电视转播权包装为一项专利产品出售,首度采用招标办法。各个有意竞标奥运会转播权的电视公司,存在银行的定金产生的利息,每天就能为组委会赢取1000美元,这也是洛杉矶奥运会组委会的"第一桶金"。最后,美国广播公司以2.25亿美元买下洛杉矶奥运会的转播权,并同意提供7500万美元的设备,并将转播权分别卖给欧洲、澳大利亚的机构，开拓了电视转播权的销售范围，总进账飙升到2.87亿美元。

在该届奥运会上，洛杉矶奥运会组委会提出了TOP计划，引导企业自相竞争，抬高赞助要价。可口可乐大战百事可乐，甩出1200万美元，富士则以700万美元击败柯达。最后，洛杉矶奥运会组委会以“5选1”的比例选定了32家赞助公司，仅此就筹集到3.85亿美元。在此前一届奥运会的赞助商达381家公司，总赞助仅900万美元。此外，凡赞助2.5万美元的个人，可保证奥运期间每天获得最佳看台座位两个，未取得独家赞助的商家若想到奥运会做生意，必须交纳50万美元。通过发行25种纪念币和2000张赞助券，集资近1亿美元。并且洛杉矶奥运会首次开创了分销奥运会比赛门票的先例，并严格控制赠票，洛杉矶奥运会门票总收入为1.23亿美元，占该届奥运会全部收入的1/4左右。与此同时，还发起了奥运会火炬全美接力活动，以3000美元为价码销售火炬接力的公里权，为奥运会获得4000万美元的额外收入。洛杉矶奥运会不依赖政府拨款，非但没有欠债，反而盈利2.25亿美元。

1984年洛杉矶奥运会，创造了承办奥运会比赛不再是赔本赚吆喝的历史。此后，世界各国都把举办奥运会视为摇钱树，并引发一轮又一轮的申办大战，从而改写了奥运营销的历史，建立了一套“奥运营销学”模式，为以后的主办城市如何运作奥运赛事提供了样板。

第三节　奥运奇才

说到奥运奇才，人们第一个会想到尤伯罗斯。正是他的“点石成金”让濒临经济绝境的奥运会重焕光彩，成为世界各国不惜代价争办的“香饽饽”。而在洛杉矶奥运会商业运作成功的背后，在尤伯罗斯的点金妙手的背后，还有一位奥运巨人，一位将奥运商业价值推向巅峰的伟人，那就是国际奥委会时任主席、国际奥委会已故名誉主席萨马兰奇。

20世纪70年代，尤伯罗斯是北美第二大旅游公司的老板，但除了在业界，几乎没有人听说过他。虽然他曾经投票反对把纳税人的款项用于奥运会，但因为他爱好体育，具有创建、发展和管理大型企业的经验，并精通全球公关事务，因此被一家名为科恩-费里的国际公司相中，游说他参与竞争洛杉矶奥运会组委会主席的职位，并一举成功，被选中担任奥组委主席。从此，尤伯罗斯开始大展身手，创造出奥运商业运营的系列杰作，被尊称为“奥运商业运作之父”。1984年，尤伯罗斯获得了国际奥委会颁发的杰出奥运组织奖。

尤伯罗斯上任之初，没有人愿意租办公室给奥组委，因为担心他们付不起房租。尤伯罗斯不得不自掏腰包，支付100美元为奥组委开了个账户。因为洛杉矶市政府禁止动用公共基金，加利福尼亚州又不准发行彩票，而两者都是奥运会筹款的传统模式。精于算计的尤伯罗斯于是用上了他所熟悉的种种商业手段，出售奥运会电视转播权，获利3.6亿美元，与可口可乐等公司大打心理战，赢得超出预计的860万美元赞助费，甩掉只肯出价200万美元的柯达公司，接受日本富士公司700万美元的赞助合同，等等。更重要的是，尽管洛杉矶奥运会受到了苏联等国的抵制，但在尤伯罗斯的努力下，洛杉矶奥运会依然让包括罗马尼亚在内的140多个国家和地区参加了比赛。他首创了奥运会商业运作的"私营模式"，不仅改变了以往奥运会赔本赚吆喝的历史，而且在没有任何政府资助的情况下，创造了2.25亿美元的盈利，把奥运会变成了人见人爱的"摇钱树"。

尤伯罗斯创造了奥林匹克奇迹，而支撑其创造奇迹的巨擘，就是萨马兰奇。没有萨马兰奇的锐意改革，开放商业开发大门，引入职业运动员参赛，强化电视转播的地位，奥运会就没有今天的社会地位，也没有现在的经济成就与辉煌。自然也不可能涌现出奥林匹克史上点石成金的尤伯罗斯。

1980年，萨马兰奇当选为国际奥林匹克委员会第七任主席。当时，萨马兰奇年届六旬，接手时的国际奥委会正处于一个十字路口。1976年的蒙特利尔、1980年的莫斯科，连续两届奥运会债台高筑，让奥运会陷入无人问津的境地。职业选手日益涌现，世界职业联赛水平日益提高，严重威胁到奥林匹克运动会的地位，奥运会"业余"的门槛遭到越来越多的诟病。萨马兰奇眼前的奥运会，破败不堪，岌岌可危。

正是这个看似柔弱的西班牙老人，用了21年的时间还给了世界一个奇迹，留给了全人类一个充满商机与活力的奥运会。银行家出身的萨马兰奇认为，"体育运动对于某些人来说可以成为目的，而不是他生活的其他内容的辅助手段，应该让他们在自己的国际体育组织允许的范围内赚钱。"正是其对体育运动与奥运会的独特理解，才有了其坚定不移、力排众议的魄力。

萨马兰奇始终牢牢地把握着国际奥林匹克运动的大方向。1988年前后，萨马兰奇四处奔波，在各奥委会成员国家之间全力斡旋，终于使东西方的运动员重新一起走上奥运会的竞技场。1990年，在萨马兰奇入驻奥委会的10年后，由其主持的《奥林匹克宪章》的修订彻底将"业余原则"删除。在萨马兰奇任期内，职业篮球步入奥运赛场，从1992年巴塞罗那奥运会开始，刮起“美国梦之队”旋风，职业足球运动员、网球运动员等相继亮相奥运赛场，极大地提高了奥运会的竞技水平，同时也提升了其商业魅力。

在萨马兰奇任期内，维护奥林匹克品牌形象是重中之重。盐湖城贿选丑闻发生后，国际社会对奥运会过度商业化质疑不断，不信任的危机直接威胁到了国际奥委会的声誉和地位。在萨马兰奇的努力下，不仅成功化解了来自各方的压力，纾解了危机，使国际奥委会的声誉得到维护，而且使奥运会重新获得了人们的喜爱和认可。

2001年，萨马兰奇在莫斯科宣布第29届奥运会举办地为北京的时候，这位老人已经81岁，他已经在这个岗位上奉献了21年。正是这短暂的21年，奥运会发生了翻天覆地的变化，这是一次成功的改革，它逐步把奥运会引向健康、持续的发展道路。2001年7月，满头稀疏白发的萨翁迈着坚定而又自信的脚步微笑着走下了国际奥委会主席的位置，他留给新任主席罗格的是一艘扬帆起航的巨舰。

回顾自己的职业生涯，萨马兰奇依然非常满意自己的两个决定。“作为国际奥委会主席的21年间，我曾经在莫斯科做出过两个重要的决定：第一个是选取我的继任者，就是罗格先生，他现在是国际奥委会的主席。第二个重要的决定，就是在我最后一任主席期间，授予北京举办2008年的奥运会。我相信北京奥运会将成为奥运历史上最佳的一届奥运会。”

第四节　商业奇迹

奥运会是一项国际性的超大型体育综合赛事，资金投入大，比赛持续时间长，涉及一个国家的多个城市，对主办国和举办地能够产生广泛而深远的影响，在很大程度上可以创造出前所未有的商业奇迹。

一、超大型综合赛事

夏季奥运会一般设有30个左右的大项赛事及300个左右的小项赛事，主办国可以根据本国国情和运动项目开展情况对小项赛事进行取舍，并可以增加适量的表演项目。2008年北京奥运会共设28个大项302个小项，小项比赛中男子女子分别有165项及127项，混合比赛有10项。如水上项目就包括游泳、花样游泳、跳水和水球等4个小项，其他27项赛事有足球、篮球、网球、羽毛球、田径、体操、乒乓球、手球、棒球、垒球、曲棍球、举重、排球(室内排球、沙滩排球)、摔跤、拳击、柔道、跆拳道、击剑、射箭、马术、帆船、赛艇、皮划艇、自行车、现代五项、铁人三项和射击。北京奥运会新增了男子及女子的公开水域游泳、小轮车(BMX)和乒乓球团体赛等小项。另外,将中国传统文化精髓武术加入表演项目,为武术进入奥运会正式比赛项目进一步创造了条件。争议多年的垒球和棒球项目受到冷落,明确从英国伦敦奥运会、巴西里约热内卢奥运会及2020年日本东京奥运会的比赛项目中取消。

大型综合运动会不仅是一个城市的狂欢盛会,往往还会让周边乃至更远的省市参与其中。北京是第29届奥运会的主办城市,另外还有其他6个城市参与协办2008年的奥运会。为了兼顾香港的马术市场的繁荣,奥运会不惜打破规章,将该项目从北京顺义易址到回归祖国的香港特别行政区举行,奥运会的帆船比赛在风景秀美的青岛市举行,按照惯例,奥运会的足球比赛赛场分布在河北秦皇岛、直辖市天津、经济发达城市上海和足球发达城市沈阳。英国伦敦奥运会除了主要赛场安排在首都伦敦外,足球比赛的举办城市主要有曼彻斯特、纽卡斯尔、格拉斯哥和考文垂等。

二、超大能经济拉动

超大规模运动会聚集了全球最优秀的竞技选手,吸引了全球政界、经济界、体育界、传媒界、娱乐界和地产界等各方面的目光,并且想方设法参与其中,产生出超大体量的经济拉动力。有人推论,举办一届夏季奥运会对该国的GDP产生的直接刺激效果超过了其他常规的政策法规的影响力。

奥运会对主办地和辐射地乃至主办国的品牌形象和经济发展,都显示出巨大的推动作用。无论是欧美发达国家还是亚洲新兴的发展中国家,都通过申办或承办奥运会(特别是夏季奥运会),来吸引全世界的注意力,并通过报纸、杂志、广播、电视以及现在最富人气的互联网,将该国的国家形象、积淀深厚的传统文化、独具魅力的风景名胜传播至世界各地。

为了筹办一次奥运会,主办地需要几年甚至近十年时间兴建各种体育场馆,改善交通路网,增添通讯服务等基础设施,改造升级宾馆饭店等旅游接待条件,需要投入上千亿的资金,需要投入大量的劳动力,从而给当地的金融保险、交通运输、餐饮旅游、电视转播(包括新媒体转播)、体育制造、通信网络、气象服务等各行业带来巨大的商机。

1988 年在韩国汉城举办的第 24 届夏季奥运会给韩国经济带来了积极的“奥林匹克效应”，为韩国经济创造了巨大收益。如为韩国建筑业、制造业和第三产业分别创造了 21 亿美元、22 亿美元、13 亿美元的产值。1988 年汉城奥运会共为韩国带来了 3 亿美元的盈利，显示出奥运会的商业价值。在举办奥运会的 1988 年，韩国的国内生产总值增长速度达到 12.4%，高于韩国“六五计划”(1987 年—1991 年)的平均值 9.3%。在筹备奥运会期间，特别是举办奥运会的前两年里，奥运会的拉动效应已经十分明显。从 1986 年起，韩国国内生产总值呈现高速增长的趋势，年平均增长速度超过 10%。

汉城奥运会最大的影响力在于向世界宣传了韩国和汉城，韩国成功地提升了国家的国际形象。当时尚处于劳动密集型和较低技术水平的韩国企业在世界范围内的知名度也得到了提高和认可。韩国的大企业，例如三星、LG 等，以赞助奥运会和做广告等形式将企业与奥运会嫁接，提高了其产品品牌的知名度，为其加速国际化经营创造了条件。韩国还通过汉城奥运会加强了与中国、苏联及东欧各国的联系，与这些国家建立外交关系后能迅速开展经贸合作，为扩大对外经贸关系奠定了基础。

悉尼奥运会被称为是奥运史上商业运作最成功的奥运会之一，其在环保、交通、场馆设计、志愿者服务以及经济收入等方面的成就赢得了世人的好评。悉尼通过筹办和举办奥运会，极大地推动了城市建设，改善了生态环境，促进了交通、旅游、房地产等相关行业的发展，从而大大地提升了悉尼的城市知名度，提高了其在世界上的地位。据统计，悉尼组委会收入突破了 17.56 亿美元，这一数字比澳大利亚政府在 7 年前申办奥运会时预计的收入多出了 80%。

希腊是奥林匹克运动的发源地，成功地赢得了 2004 年奥运会主办权。根据希腊政府部门报告，奥运会为希腊带来了 28 亿美元的直接收入。其中，电视转播和特许商品销售收入约 7.74 亿美元，国际奥委会的 TOP 奥运伙伴计划和希腊国内的各种赞助进账约 5 亿美元。此外，奥运会期间，游客还为希腊带来大约 70 亿美元的收入，这使希腊旅游业受益匪浅。

主办奥运会能够给当地百姓带来更多就业机会。据近几届奥运会举办国的统计资料显示，1998 年汉城奥运会为汉城提供了 30 万个就业岗位，其中服务业 16 万个，制造业 5 万个，建筑业 9 万个。1992 年巴塞罗那奥运会提供了 2 万人的就业机会。1996 年亚特兰大奥运会为佐治亚州提供了 8 万个就业岗位。2000 年悉尼奥运会共创造了 10 万个就业机会。北京奥运会申办成功后，有专家预测将会提供 100 万个就业机会，但目前还未见到权威的数据报道。

通过周密地推广“奥运—旅游”计划，奥运会可以带来当地旅游业的实质性增长，并且可以从奥运申办成功之日起一直持续到奥运会过后的相当长的一段时间。1992 年巴塞罗那奥运会之前，巴塞罗那的旅游业时常疲软，其收入只占 GDP 的 1% ~2% 。而因奥运会的影响，1994 年巴塞罗那入境游客增加了 4. 25% ，而奥运会 10 年后的 2002 年，巴塞罗那接待游客人次增加了 500% 。巴塞罗那在旅游目的地城市排名中的变化也体现了这次成功的奥运会给旅游业带来的效应：1992 年以前，巴塞罗那在世界旅游组织旅游目的地的排名是 16 位，到 1993 年已经跃居第 3 位。

在悉尼奥运会举办时，澳大利亚的入境游客创历史纪录，达到 4931 万人次，比 1999 年增长了 11 个百分点。奥运后 3 个月内，入境旅游人数增长 15% ，并增加了 3. 2 亿美元的外汇收入。悉尼奥运会后最突出的收益，就是会展旅游的持续增长。自 1993 年悉尼赢得奥运会主办权以来，澳大利亚在国际会议市场排名直线上升。按会议数量计算，1999 年澳大利亚在世界各国中排名第七，到了 2000 年排名上升至第四，超过了法国、西班牙、意大利等旅游目的地。2000 年，悉尼列国际会议市场排名第五位，2001 年上升到了第二位。这种会议旅游的快速增长，促进了澳大利亚旅游产业结构的调整。1990 年，会议、商务旅游仅占国内旅游的 15% 。2001 年，会议、商务旅游占到了 20% ，提高了 5% 。

三、超凡脱俗 TOP 计划

TOP 计划原称奥林匹克全球赞助计划，或称国际奥林匹克营销计划，它是指 TOP 计划中的赞助商通过向国际奥委会、奥运会组委会和 202 个国家奥委会提供资金、企业产品、技术和服务来支持和发展整个奥林匹克运动。如今，TOP 计划又改为 The Olympic Partner，即奥林匹克全球合作伙伴。可以说，没有 TOP 计划，就没有奥运会商业奇迹。所以，奥运会 TOP 计划，不仅构想制定是超凡脱俗的，其实施落实更是超凡脱俗的大手笔。从某一角度来看，TOP 计划既是奥林匹克在险境中逼上梁山的急中生智，也是国际奥委会最高决策层运筹帷幄的果敢决断。

在 20 世纪 80 年代中期以前，销售电视转播权是奥林匹克运动的主要收入，特别是 70 年代以来，出售奥运会电视转播权已经成为国际奥委会最主要的经济来源，最高的时候达到总收入的95%，而在奥运会电视转播权销售的全部收入中，有83%来自美国电视网。换句话说，美国电视网随时都捏着国际奥委会的生杀予夺大权。1976年，加拿大蒙特利尔奥运会表面上获得了规模庞大的628家公司支持，但42个官方赞助商平均每家仅提供5万加元，整个赞助计划获得的收益是微不足道的500万美元现金和1200万美元的实物，仅占那届奥运会总预算的2%。1980年，苏联莫斯科奥运会为生产17 500种不同产品的工商业机构发放了6872张许可证，但还是无法填补支出的亏空。即使普莱西德湖冬奥会背靠美国这个强有力的市场，也仅仅从近200家公司获得了2650万美元的现金赞助以及3000万美元的实物赞助。

面对各种困难和挑战，时任国际奥委会主席萨马兰奇与阿迪达斯公司老板豪斯特·达斯勒、ISL公司执行副总裁尤尔根·兰斯和后来的国际奥委会市场总监麦克尔·佩恩一起商讨，推出了将奥运会所有权利捆绑在一起——国际奥委会、冬季奥运会、夏季奥运会，还有超过160个国家和地区的奥委会，形成一个单一的四年独家营销一揽子方案。开始之时，有人戏言"TOP"只是个"奥林匹克谜题"（The Olympic Puzzle）。直到这一计划完全成熟，TOP这个代号才被赋予"奥林匹克计划"（The Olympic Programme）和现在的The Olympic Partners的概念。

TOP计划也称为顶级赞助商，又名奥林匹克伙伴计划，是国际奥委会为保证奥林匹克运动会顺利举办的充足而稳定的财源，是于1985年推出的一个市场开发计划，从全球范围内选择各行业内最著名的大公司作为国际奥委会的正式赞助商。它向整个奥林匹克运动提供资金支持，是目前国际体育市场开发最成功的项目。TOP伙伴享有在全球范围内产品、技术、服务类别的排他权利，这种类别的排他权利通过国际奥委会与各国（地区）奥委会和奥运会组委会以签订协议的方式在各国和各地区得到保障。

TOP计划每4年为一个运作周期。每个周期含一届冬季奥运会、一届夏季奥运会。加入该计划的企业将获得在全球范围内使用奥林匹克知识产权、开展市场营销等权利及相关的一整套权益回报。既然是国际奥委会的全球合作伙伴和顶级赞助商，因此国际奥委会要对入选企业实行严格的精英主义。每期的赞助商总数控制在10～12名之间。该计划作为奥运会的重要赢利模式，在遴选企业合作伙伴时十分挑剔并设定排他原则，国际奥委会在同一行业中只能挑选一家企业。成为TOP必须满足如下条件，即入选企业及其产品具有高尚品质和良好形象，居于世界领先地位，另外能够协助推行国际奥委会营销计划,保证奥运会的顺利进行。

奥运 TOP 计划就像一场充满无穷诱惑的超级游戏,要加入这场游戏,赞助企业不但要有钱,还必须具备优秀的产品品质、卓越的服务能力和相当的品牌知名度及美誉度。高高的门槛,使得此前的中国企业一直不敢问津奥运 TOP。

自这场游戏开展 20 年来,不乏真正的游戏赢家,如大家熟知的可口可乐、三星、柯达;当然,也有不少失意者,他们在这场游戏中投入大量的金钱与精力,结果却得不偿失,中国最早加入 TOP 计划的电脑巨头联想公司大概属于此列。还有一些玩家,可能取得过阶段性的胜利,却未能将游戏进行到底。自 4 年一期的 TOP 计划实施以来,一共有 24 家顶级企业参与这场超级游戏,不少企业自参与起一直坚持至今,期间也有 IBM、博士伦、施乐、UPS 等 13 家企业合约期满后离开,快餐巨头麦当劳则在一度打算退出后继续前行。第 6 期(2005 年—2008 年)奥林匹克全球合作伙伴包括中国联想集团、美国可口可乐公司、源迅公司、通用公司、美国恒康人寿保险公司、伊士曼柯达公司、麦当劳公司、日本松下电器产业株式会社、韩国三星电子有限公司、斯沃琪集团有限公司、威士国际组织。

TOP 计划经过 30 多年的发展,已经为奥林匹克运动的发展和奥林匹克精神的传播做出了巨大的贡献,并且身价不断看涨。自诞生之日起第一期门槛为 400 万美元,到了北京奥运会第 6 期计划,已经达到 6500 万美元。

TOP 计划自 1985 年推出,已成功运作了 6 个周期,目前正在实施第 7 期计划。截至第 6 期,已有 64 家国际著名公司成为计划的赞助商,共获赞助金 26.57 亿美元。综观这 6 期 TOP 计划的成员,6 届全部参加的有可口可乐、柯达、威士和松下 4 家公司,参加其中 5 届奥运会 TOP 计划的有时代公司的《运动画刊》1 家,参加 4 届的有恒康人寿 1 家,参加 3 届的有施乐、三星、麦当劳等 3 家,参加两届的有三茂、兄弟、飞利浦、博士伦、UPS、IBM、Swatch 和 Sema 等 8 家,参加 1 届的有联邦快递、理光、Mars、美国邮政、通用和联想共 7 家。第 6 期 TOP 计划有可口可乐、通用电气、恒康人寿、柯达、麦当劳、松下、三星、斯伦贝谢、斯沃琪、维萨、联想 11 家合作伙伴,其中唯一一家中国企业联想于 2007 年底宣布退出下一期计划,而宏基很快宣布加入,成为 2010 年温哥华冬奥会和 2012 年伦敦夏季奥运会这两届奥运会的顶级合作伙伴。

第五节　品牌运营

奥运会是世界上运作最成功的体育赛事之一,形成了独特的、无可替代的奥林匹克品牌,其品牌形象与品牌价值也在不断提升。国际奥委会通过实施奥林匹克营销计划,为国际奥委会、奥运会组委会乃至各国奥委会募集到巨额资金,用于支持和发展世界奥林匹克运动,帮助人们实现奥林匹克理想和提升奥林匹克精神。

品牌是指企业及其所提供的商品或服务的综合标识,是通过名称、名词、符号或设计,或者是它们的组合等这些要素及一系列市场活动而表现出来的结果所形成的一种形象认知度、感觉、品质认知以及通过这些表现出来的客户忠诚度。奥林匹克品牌对赞助商来说,其商业价值在于它所包含的那些非商业价值因素,借此来提升自己品牌的价值。魏纪中认为,国际奥委会一百多年来不断发展,无外乎就是打造夏季奥运会和冬季奥运会的信誉和品牌,营造出世界上最大的注意力经济。

国际奥委会把它的无形资产与世界上最有信誉、最具品牌价值的大企业融合,以此来提升其品牌指数,通过世界各国最高水平的电视机构(一个国家和地区授予一家机构)进行传播,再加上风生水起的移动互联网等新媒体如虎添翼般地进行全方位立体转播,将国际奥林匹克品牌不断演绎、不断升值。为了提高和扩大品牌效应,国际奥委会采取了全面保护奥林匹克标志和排他性局部垄断的手段,TOP 计划有着严苛的排他性,电视转播和新媒体转播机构的严选也是如此。对于赞助商、电视转播商和新媒体转播商来说,破坏奥林匹克的品牌形象就是破坏自己企业的品牌。因此,参与到奥林匹克的各方都有责任和义务维护和强化品牌形象,做到共生、共赢、多赢。

国际奥委会是奥林匹克品牌的法定拥有者,享有开发奥林匹克品牌资产的绝对权利。但是作为一个非营利组织,在如何开发奥林匹克品牌资产方面并没有太多经验。国际奥委会认识到,品牌资产开发是一个专业性很强的工作,需要专业的人员,专门的机构和特定的经营方式才能完成。国际奥委会把这项工作交给由达斯勒成立的国际体育管理公司负责。经过多年的实践摸索,国际奥委会已经形成了一个“战略规划—批准监督—项目实施—委托管理”这样一个系统的品牌资产开发体系。从 TOP 计划到视觉资产管理,从市场调研到广告公关宣传,无一不是和专业公司合作开展的。正是国际奥委会创造的这一品牌资产管理体系，确保了奥林匹克品牌资产的保值、增值和价值最大化的实现。

有了奥林匹克品牌，奥运会营销计划往往能够顺利实现。奥运会的主要收入渠道有赞助收入、电视转播权（新媒体转播权）收入、门票和奥运特许产品收入以及其他收入。赞助计划包括国际和国内层次的计划，国际是全球合作伙伴计划，国内则有奥运会合作伙伴、奥运会赞助商、奥运会供应商三个层次；电视转播权和新媒体转播权出售收入是收入的重要组成部分；门票销售收入包括开幕式、闭幕式门票和各类赛事门票，奥运特许经营收入包括纪念商品、纪念币、纪念邮票销售收入等。另外，还有政府拨款以及社会捐赠收入，等等。以 2001—2004 年国际奥委会市场收入为例，全部收入的最大来源是电视转播权的售卖，约占 52%；其次是商业赞助，约占 32%；第三项收入是门票销售收入，约占总收入的 14%；奥运特许专利产品销售收入约占 2%。

一、商业赞助

在 1984 年洛杉矶奥运会之前，商业开发往往是雷声大雨点小，商业赞助一度处于混乱无序状态。奥运赛场的低门槛标准使得一些全球顶级商家耗巨资投注奥运赛场，与一些名不见经传的微型公司混在一起，极大稀释了企业品牌。1985 年，国际奥委会 TOP 计划开始施行，奥运会赞助收入在整个奥林匹克营销活动中占有很大的比例，而且比重逐渐增大收益日益稳定，为主办国奥组委和国际奥委会获得了持续稳定的收入，促进了整个奥林匹克运动的繁荣。

奥运会赞助模式是奥林匹克运动和一个想为奥运会提供支持的实体公司之间的合作关系。奥运会赞助主要分为 3 个等级：第一级为 TOP 计划，是由国际奥委会管理的全球奥运会赞助；第二级为奥运会赞助商，是由奥运会组委会所管理的赞助商计划，这个计划是由奥运会主办国建立的直接为举办奥运会提供支持的；第三级是国家赞助商，由国家奥委会管理的直接为一个国家的奥委会和奥运会参赛队提供支持的赞助商计划。奥运会赞助的层次不同，赞助商需要付出的价码就不一样，商业回报也不一样。

北京奥运会充分利用东道主经济腾飞的良好势头，在商业赞助方面取得了不菲成绩。为做好奥运赞助商计划的实施工作，北京奥组委提前进行了大量市场调研工作，涉及行业包括家用电器、办公设备、乳制品、物流、快递、轮胎、互联网内容服务、通信网络设备、旅游、接待等。凡是符合北京奥运会需要的产品，都视为奥运会的赞助类别，并根据行业发展状况等各方面情况来综合确定该行业赞助的基准价位。北京奥运会赞助商包括北京奥运会合作伙伴、奥运会赞助商与奥运会供应商3个等级。合作伙伴包括中国移动、中国石化、国家电网、一汽大众、中国国航等10家，赞助费用约1亿元人民币；赞助商有海尔、伊利、青岛啤酒、燕京啤酒、恒源祥等10家，赞助费用约8000万人民币；供应商又包括独家和一般供应商，共30多家，涉及印刷服务、饮食、酒、票务服务、文具等行业，其中独家现金与实物折合约4000万人民币，一般供应商为1600万左右。

北京奥运会期间，燕京啤酒、青岛啤酒与百威啤酒共同助力北京奥运会，打破了奥运会市场开发都必须遵循的排他性原则，既保证了国际奥委会的权威性，又根据中国国情在一个行业内允许多家企业参与其中并最大限度地确保赞助企业的商业利益。中国的两家啤酒巨头——燕京啤酒和青岛啤酒一直瓜分着中国啤酒市场，就在燕京啤酒成为2008年北京奥运会赞助商后的第二天，青岛啤酒也通过“不可抗拒的门路”加入了北京奥运会赞助商的行列。燕京啤酒和青岛啤酒同为2008年奥运会国内啤酒赞助商，加上2004年曾与国际奥委会签约了的2008年奥运会国际啤酒赞助商——百威啤酒，北京奥运会一下子拥有了3家啤酒赞助商。

这一特例有悖于国际奥委会关于奥运会市场开发的排他性原则。北京奥运会组委会方面表示，签下3家啤酒赞助商的确“不完全符合国际奥运会的排他性原则”，但这是北京奥组委和国际奥委会经过多次认真地磋商，考虑到啤酒(类别)在北京奥运会所处的一种特殊环境和条件下做出的一种特殊安排。为了保证3家中外啤酒企业能够在赞助奥运的过程中实现多赢而不是恶意竞争，北京奥组委和三方达成共识——每个企业在遵守奥运章程的基础上，与其他企业相互尊重，可以充分行使自己的宣传推广权益。这3家啤酒企业除了在赞助商的称谓上有所不同外，在宣传推广和接待等方面享受的权益基本一致。

百威啤酒是长期的体育赞助商，青岛啤酒也有体育赞助的尝试，燕京啤酒还赞助过中国女足并漂洋过海赞助过NBA，以拓展北美市场，但由于缺少专业化的体育赞助运营管理团队，后两家对北京奥运会的奥运赞助远远没有达到预期效果。有人甚至说国内企业的奥运赞助就是政府行为，不需要也从来没有考虑过投入与产出的比例。

二、电视转播

奥运会电视转播权收入是迄今为止奥林匹克运动最大的一笔单项收入。从2008年北京奥运会开始,以互联网为主体的新媒体转播权售卖有了难以估量的市场地位,给原本已经炙手可热的电视转播市场再添了一把燃料,给奥运会平添了又一条掘金之道。所以说,奥运会品牌经营的“电视转播”部分,实际上已经与时俱进发展成为“电视转播+新媒体转播”。奥运会TOP计划将夏季奥运会电视转播权和冬季奥运会电视转播权打包售卖,增加了奥运会收益的连续性和稳定性。

2007年12月18日,国际奥委会与中国中央电视台签订了“2008年奥运会中国地区互联网和移动平台传播权”协议。此举是国际奥委会首次将互联网、手机等新媒体作为独立转播机构,与传统媒体一起列入奥运会的转播体系。中央电视台成为唯一一家拥有中国大陆和澳门地区奥运新媒体转播权的机构。为了确保刚刚推出的奥运新媒体版权保护,国际奥委会高度关注并强调,新媒体的版权保护工作是具有全球性影响的工作,一旦出现问题将影响国际奥委会和全球持权转播商的共同利益,希望中央电视台成为在奥运版权保护工作上的合作典范。

根据国际奥委会的授权要求,中央电视台新媒体传播的地域范围限制在中国大陆和澳门地区,同时新媒体传播要求限制内容下载、超期限使用以及打击盗链等非法转播行为。中央电视台对奥运版权保护工作高度重视,组织专门团队、运用多种技术手段,建立版权保护联盟,运用法律武器和管理手段,借助政府和全社会资源全方位开展对奥运新媒体的版权保护工作,实现了北京奥运会赛事新媒体转播“零盗版”。国际奥委会的自动监控系统表明,90%以上的北京奥运会非法转播都发生在境外发达国家,发生在中国的侵权行为都得到了迅速、有效的制止。时任北京奥运会协调委员会主席的维尔布鲁根代表国际奥委会,对中国奥运版权保护工作给予了高度评价,认为中国出色的反盗版工作为北京奥运会的成功举办奠定了基础,为全球奥运反盗版工作树立了榜样。

自2008年北京奥运会开始,新媒体转播权的售卖就得到异乎寻常的欢迎,新媒体转播费用一亮相就超过了传统电视转播。北京奥运会期间,中央电视台电视转播费为780万美元,而新媒体转播权则高达1000万美元。当然,国际奥运会充分理解中国中央电视台方面对传统电视的偏爱,兼顾培育与完善奥运会新媒体转播的中国市场。从奥运赞助商经费中挤出一部分充当中央电视台新媒体广告费用,就另当别论了。

1960 年意大利罗马夏季奥运会时,国际奥委会开出的电视转播权费用为 39.4 万美元。仅过了 4 年,1964 年的第 18 届日本东京夏季奥林匹克运动会电视转播费就跃升到 150 万美元。1976 年加拿大蒙特利尔奥运会这一费用达到 2500 万美元(2.5 千万美元)。2008 年北京奥运会达 8.94 亿美元。2012 年伦敦夏季奥运会时,电视转播费首次超过了 10 亿美元达到 11 亿 8000 万(见表 1.1),这个数字是罗马奥运会的 2100 多倍。

表 1.1　历届奥运会电视转播费

年代	举办城市	季节	转播费(万美元)	电视网
1960	斯阔谷	冬季	39.4	CBS
1960	罗马	夏季	55	CBS
1964	因斯布鲁克	冬季	59.7	ABC
1964	东京	夏季	150	NBC
1968	格勒诺布尔	冬季	250	ABC
1968	墨西哥城	夏季	450	ABC
1972	札幌	冬季	640	NBC
1972	慕尼黑	夏季	750	ABC
1976	因斯布鲁克	冬季	1000	ABC
1976	蒙特利尔	夏季	2500	ABC
1980	普莱西德湖	冬季	1550	ABC
1980	莫斯科	夏季	8700	NBC

续表

年代	举办城市	季节	转播费(万美元)	电视网
1984	萨拉热窝	冬季	9150	ABC
1984	洛杉矶	夏季	22 500	ABC
1988	卡尔加里	冬季	30 900	ABC
1988	汉城(首尔)	夏季	40 300	NBC
1992	阿尔贝维尔	冬季	24 300	CBS
1992	巴塞罗那	夏季	40 100	NBC
1994	利勒哈默尔	冬季	30 000	CBS
1996	亚特兰大	夏季	45 600	NBC
1998	长野	冬季	37 500	CBS
2000	悉尼	夏季	71 500	NBC
2002	盐湖城	冬季	55 500	NBC
2004	雅典	夏季	79 300	NBC
2006	都灵	冬季	61 300	NBC
2008	北京	夏季	89 400	NBC
2010	温哥华	冬季	82 000	NBC
2012	伦敦	夏季	118 000	NBC

奥运会独特的内容和至高无上的地位吸引着全世界眼球,其光晕和感召力是全球独一无二的,所产生的注意力经济也是绝无仅有的。电视转播商争取到奥运会转播权之后,再分售给各个国家和地区,谋取最大化商业利益。2008 年,中央电视台以 1000 万美元(实际支出 750 万美元)拿到北京奥运会新媒体转播权之后,通过分售给新浪、搜狐、网易等商业门户网站,获利

超过了1亿美元。

最初,奥运会赛事转播权是在电视台和奥运会组委会之间进行的,收益不能为奥林匹克大家庭共享。为此,国际奥委会决定直接签署并缔结一切有关奥运会电视转播权的协议,并在已经有了"新闻委员会"的基础上,另外专门设立了"广播与电视委员会",专门负责制作或委托制作有关奥运会的国际电视信号,并将其传输给国际奥委会授权的各国转播商。1992年,时任西班牙国家电视台总工程师的马诺洛·罗梅罗提出了奥运会公用信号制作的标准和理念,为奥运会电视转播的国际化和标准化传播铺平了道路,保证了世界各国运动健儿在奥运会舞台上表演的公平、公正待遇。2004年雅典奥运会,以中央电视台为核心的制作团队代表中国第一次参与到奥运会公用信号的制作当中,并顺利完成了乒乓球、羽毛球和现代五项这三个项目的奥运会公用信号制作任务。2008年,东道主中央电视台建立了一个244人的公用信号制作团队,承担了乒乓球、羽毛球、篮球、排球、网球、现代五项以及武术表演等7个项目的电视公用信号制作任务,制作、播发了510个小时的电视公用信号,占北京奥运会全部公用信号的13.4%。2012年伦敦奥运会,中国取代日本成为体操项目的公用信号制作团队,表明我国的公用信号制作已经具备了世界先进水平,能够胜任更为复杂的公用信号制作任务,为奥运会电视转播做出了积极贡献。

国际奥委会负责签署并缔结一切有关奥运会电视转播权的协议。为了使世界上最广泛的观众观看奥运会,国际奥委会只将电视转播权出售给能够确保相应国家或地区的观众免费观看奥运会的转播商。这是根据2007年7月1日起生效的国际奥林匹克宪章第48项"Media coverage of the Olympic Games"的要求,即最大覆盖原则和排他性原则"The IOC takes all necessary steps in order to ensure the fullest coverage by the different media and the widest possible audience in the world for the Olympic Games. All decisions concerning the coverage of the Olympic Games by the media rest within the competence of the IOC"。

根据国家广电总局在2000年颁布的《关于加强体育比赛电视报道和转播管理工作的通知》,"为维护体育比赛电视报道和转播的正常秩序,防止国内外重大体育比赛电视报道和转播中出现不协调的现象与事故,要求加强广播电视系统对体育比赛,尤其是国内外重大体育比赛电视报道和转播管理的有关问题。重大的国际体育比赛,包括奥运会、亚运会和世界杯足球赛

(包括预选赛),在我国境内的电视转播权统一由中央电视台负责谈判与购买,其他各电视台(包括有线广播电视台)不得直接购买”。由此看来,尽管中央电视台长期“垄断”中国大陆奥运会电视转播权,争议颇多,甚至有人以议案形式“上书”到“两会”,但现状似乎很难改变。

三、门票销售

门票销售是由组委会进行的一项基本业务,收入排在营销计划总收入的第3位。1996年亚特兰大奥运会入场券从1995年5月1日起就开始预订,组委会对票价实行等差制:在540个场次的各类门票中单项比赛的门票在25美元左右,热门项目和决赛的票价都在200美元以上。其中,预计肯定有美国“梦之队”参加的男篮决赛的票价最高,可达350美元,且还供不应求。开幕式和闭幕式的门票在200到600美元,门票的销售率达82.7%。价值1万美元一套的豪华套票尤为抢手,早早被美国和世界各地的“大款”订购一空。

2000年悉尼奥运会开幕式和闭幕式80%的门票价格为1382澳元(折合近900美元),80%的游泳决赛门票价格为455澳元,80%的拳击决赛票价为355澳元,50%以上的篮球决赛的票价为455澳元,超过50%的田径决赛票价是455澳元。

2004年雅典奥运会各项赛事的票价从10欧元到300欧元不等。在计划出售的530万张门票中,68%的门票票价在10欧元到30欧元之间。开幕式的票价高达100欧元至950欧元,闭幕式的票价为50欧元至750欧元。所有门票的平均价格只有35欧元,比悉尼奥运会低34%。雅典奥运会面向公众发行的门票有300万张,其中2/3的门票价格在30欧元以下,最便宜的门票为11欧元。最抢手的门票是游泳和田径两个大项,价格一般都在40欧元到90欧元之间。

北京奥运会门票总销售量超过700万张,其中销往海外的部分约占25%,境内部分约占75%。开幕式门票200—5000元,闭幕式门票150—3000元,比赛门票价格从30—1000元不等,北京奥运会门票预算收入1.4亿美元。

北京奥运会门票销售分为四个阶段。2007年6月,北京奥运会第一阶段的门票预售工作开始,北京奥组委规定,开闭幕式门票实行实名制政策,并和比赛门票一起采用抽签办法产生,对公众销售的2.6万张开幕式门票将花落谁家,一时成了人们纷纷议论的焦点,谁被抽中好似中了彩票大奖,未中者自叹运气不佳。第一阶段结束后,向公众销售的开闭幕式门票及大部分热门比赛项目的门票也被抢购一空。北京的市民及单位会有一定的优先选择机会,笔者就是在第一阶段通过网络选购,幸运地买到了乒乓球、女排和男子足球等1/4比赛的门票。

2007年12月,第二阶段门票预售开始,实行先到先得制,新一轮的热抢开始了。一大早,人们通过各种方式证明了自己对门票的渴望和对奥林匹克的热爱,中国银行前早早地排起长龙,电脑前也早早地做好了准备。结果是民众热情过高,瞬间网络访问量过大,以至于票务网络瘫痪,网上订购无法实现,呼叫中心电话没法挂机,银行还要给排队买票的观众提供饮食。于是,北京奥组委不得不宣布第二阶段推迟。2008年5月5日,人们还在享受五一小假期的惬意时,北京奥运会第三阶段门票预售开始,奥组委依旧使用抢票这一屡试不爽的办法来吊足人们的胃口,结果不到1小时,很多比赛项目及场次售罄,第二天就仅剩下京外比赛门票可售。2008年7月22日下午,北京奥组委公布了奥运会境内公众第四阶段的预售票政策。从2008年7月25日起,北京2008年奥运会最后的82万余张体育比赛门票将通过场馆售票亭面向公众发售。公众可使用现金或Visa卡在售票亭排队购票,每次排队只能购买1个场次,最多两张体育比赛门票,门票当场领取。根据北京奥组委此次公布的购票政策,此阶段售票只面向公众个人,不接受团体购票。值得注意的是,此次在售票方式上与前几个售票阶段有所不同,采用了售票亭售票的方式,购票人可现场领取门票。由于每个售票亭所售比赛门票均不同,北京奥组委特别提醒公众要提前了解各售票亭的售票信息,安排好时间。对于京外的上海、天津、沈阳、秦皇岛等赛区的场馆售票亭只销售当地足球比赛门票。据北京奥组委票务中心介绍,此次销售的82万张门票中,北京地区场馆的门票约25万张,涵盖了500多个场次,包括"鸟巢""水立方"和"五棵松场馆群"等热门场馆在内的所有场馆均有门票出售,部分热门场馆出现了一天内就卖光所有门票的情况。

四、特许产品

奥运会特许经营,是指奥组委授权合格企业生产或销售带有奥组委标志、吉祥物等奥林匹克知识产权的产品。为享有这一权利,特许企业将向奥组委交纳一定的特许权费,以此对奥运会做出贡献,并制定相应的特许计划，旨在推广奥林匹克理念和奥运品牌，为公众提供接触奥运的机会，激发奥运热情。历届传统的特许产品有纪念章、T恤衫、棒球帽等具有庆祝和纪念意义的产品。如今的特许经营计划已发展成为一个完整的，设计统一、品种丰富、品质优秀的商品计划，以便更好地宣传和推广奥运会的整体形象。

为了开发奥林匹克品牌资产，每届奥运会都开发了很多主题产品，让那些没有直接参与奥运的大众体验奥运会带来的愉悦感。这包括邮票，纪念币等，其销售收入为筹集举办奥运会的经费做出了积极的贡献。1928年阿姆斯特丹奥运会开支的1.5%来自发行纪念邮票，1972年在慕尼黑发行的纪念币获得收入2.06亿美元。从1984年开始，奥组委还推出了奥运吉祥物。2004年雅典奥运会吉祥物是以古希腊陶土玩偶“达伊达拉”为原型的雅典娜和费沃斯兄妹，由名不见经传的小公司设计的这个造型奇特的吉祥物，为雅典奥运会创造了非凡的经济价值。这些奥运主题产品不仅给大众带来了独特体验，也给奥运举办国带来了不菲的收益。据统计，雅典奥运会的奥运产品开发总产值达到了7.6亿美元，专营零售创造利润2.01亿美元，超过预计利润的102%。奥运会还通过授权一些纪念品生产商使用奥林匹克标志，在其销售额中提取10%～15%的商标许可收益。

北京奥运会特许经营计划围绕品牌管理的思路设计和管理特许产品，采取细分市场的营销策略，开发出高、中、低端不同层次的产品，以定位不同的目标顾客群。

整个计划由国内计划和国际计划组成。国内计划自2003年下半年开始，国际计划自2004年雅典奥运会结束后就开始。所有特许产品的设计和制作都将遵循中国奥委会与奥组委编制的相关标志的图解手册和使用指南，并对零售商进行销售目标管理，核定特许零售商合同年度的指导性销售任务指标，并以此作为考核特许零售商业绩的依据，并规定各零售点应做到特许商品种类齐全，购物环境舒适安全。

北京奥运会特许经营计划规定，特许零售商可以发展次级分销商、分销商须符合北京奥组委的分销商选择标准，同时特许零售商向北京奥组委承担以下义务：特许零售商按营业面积每年根据每个店面营业面积的大小向北京奥组委缴纳5000～20 000元人民币不等的特许加盟费，主要用于零售网络规划、市场调查、管理和培训、市场管理等；特许零售商应每年向北京奥组委按照年度销售收入的2%缴纳市场营销费，作为北京奥组委组织集中宣传促销的专项经费。

发行奥运会邮票与纪念币也是奥运会特许产品的主要收入渠道之一，历届奥运会都从中获得了巨大的经济收入。2000 年官方的悉尼奥林匹克纪念币计划共包含 8 枚金币、16 枚银币和 28 枚铜币，在 1997 年 10 月和 2000 年 3 月发行。其间总共销售了 340 万枚铜币、70 万枚银币与 14.5 万枚金币。为悉尼组委会募集了大量的资金。

北京奥运会纪念邮票计划包括普通邮票项目、个性化邮票项目和邮品以及奥运会纪念币和流通币，题材主要以体育（奥林匹克运动、国际奥委会形象、组委会形象、中国奥委会形象、奥运会项目、火炬接力、开闭幕式等）、文化（中国传统文化，北京传统文化和人文景观）、比赛场馆等内容为主。

五、火炬传递

奥运会火炬传递成为奥运会收入渠道又是尤伯罗斯的杰作。当然，在很多人眼中，这种敛财方式有点“不择手段”。

1984 年第 23 届奥运会上，尤伯罗斯不仅充分挖掘奥运会本身的潜力，更把火炬接力也变成了一台“超级印钞机”，大大提前了奥运会的赚钱周期。当尤伯罗斯提出把奥运火种从希腊运至纽约，再横贯大陆进行接力跑时，洛杉矶奥运会组委会一下子炸了锅，反对意见此起彼伏。尤伯罗斯说，充当奥运会火炬手是一种莫大荣誉，有义务向当地慈善机构捐款，用于当地建设体育设施、推广体育活动、培养体育人才，将浓郁的“商业化”之举活生生地说成了支持体育、声援奥运会的“义举”“善举”。起初对“火炬接力生财计划”持反对态度的萨马兰奇在听他这么说之后大为赞赏，他出面说服了认为现代奥林匹克应该是“圣洁”聚会的希腊人。得到国际奥委会首肯以及希腊当地政府同意之后，尤伯罗斯开始全面实施自己的创意，让每一棒火炬接力最后取得了圆满的成功，美国人为自己能当一名火炬手而感到自豪。

1996 年亚特兰大奥运会，可口可乐第一次成了奥运火炬手选拔的独家官方赞助商。期间，可口可乐的品牌曝光度无人能及。可口可乐的巨大成功极大引发了赞助奥运大获成功的三星公司的兴趣。2004 年雅典奥运会，经过不懈努力的三星，终于打破可口可乐的独家“垄断”，成为国际奥委会的火炬接力全球合作伙伴。为此，他们将给国际奥委会一大笔赞助费来享用火炬传递的权利。

2008 年 3 月 24 日希腊当地时间 12 时，北京奥运会圣火正式点燃。奥林匹克历史上路程最长、参与人数最多的火炬传递拉开序幕。21 880名火炬手、众多护跑手、围观的人群构成了绵延13.7万公里的流动风景，这是一个向世界传播奥林匹克精神，同时营销中国的重要秀场。来自世界各国的各种组织，通过各种选拔途径脱颖而出的每个火炬手，以及他们接力奔跑的每段路的背后，都有他们基于自己的角色想要表达的内容，期望世界能够听见，其中也包括以此来寻找奥运精神和自己品牌结合的商业潜力。

北京奥组委规定，每个城市传递的路程要控制在40~45公里之间，每天安排208名火炬手传递圣火，传递时间安排在上午9点到下午5点30分之间。有限的时间和路段，对于途经城市来说弥足珍贵。对于企业来说，参与奥运火炬传递的门槛虽然很高，但这仍然是奥运各级赞助商们最为看好的营销良机。可口可乐、三星和联想最终成为北京奥组委火炬接力全球合作伙伴。

第二章
最疯狂的赛事——足球世界杯

提及世界杯之疯狂，说到足球世界杯之商业运作水平之高及创造商业财富之能力，尽人皆知，没有任何其他赛事可以比拟。

足球世界杯的疯狂首先是球迷的疯狂。每当世界杯来临，球迷们奔走相告，废寝忘食，或购买门票现场观战，或聚集一堂呐喊狂呼。为了钟爱的球队或者球星乃至某一个传球或某一次犯规动作及某一次射门，等等，他们或举杯痛饮呐喊高呼，或各抒己见互不相让，或各自拥趸口角相向，甚至剑拔弩张拳脚相加。一旦球队赢得大力神杯，球迷的喜庆狂欢便达到高潮，他们往往会涌上街头进行庆祝，喇叭声，礼炮声，人群欢笑声与电视转播的高分贝将疯狂推向极致。

为世界杯疯狂的另一群人则是商家，他们全力进入世界杯市场，或寻找商机，或探求明星运动员作为赞助对象，或思考研发最新产品，绞尽脑汁赢取最大利润。

为足球世界杯疯狂的当然还有电视转播商。自世界杯预选赛开始，全世界最有实力的电视转播商就为之厉兵秣马，不惜斥巨资通过各种途径拿到转播权，全力投入到转播中来。独家直播世界杯（包括预选赛），某种程度上是电视转播机构的身份地位的象征。疯狂的还有足球解说员，因为忘情高呼“伟大的格罗索，他继承了意大利左后卫的光荣传统，伟大的意大利左后卫再次灵魂附体，这是一个理论上的绝杀，他不是一个人在战斗！他不是一个人！！意大利万岁！！！”，黄健翔得到了球迷拥戴，却黯然离开了中央电视台，令人唏嘘不已。

毫无疑问，足球称得上是世界第一运动，足球市场上蕴藏的利润更是大得令人难以想象，已然形成庞大的足球产业体系。足球产业是市场经济的必然产物，是人们对足球运动的需要发展到一定规模和层次以后产生的结果，包括足球比赛的商业运作和电视转播、足球场地及队伍的投入和产出、足球运动无形资产的开发、足球用品的生产和销售，以及与足球产业有关的餐饮业、运输业和广告业等方面的经营。

很难计算，滚动的足球带给了世界多少财富。腰缠万贯的球星，商贾云集的赛场，商家必争的广告阵地，精彩纷呈的电视画面，举“足”轻重的国际足联，无不让人趋之若骛。

第一节　疯狂的市场

疯狂的足球促进了欧洲五大联赛的诞生。欧洲五大联赛不仅云集了全世界最负盛名的球星，吸引了全世界的球迷和体育媒介（特别是电视转播商和新媒体转播商），吸纳了最优秀的经纪人，而且衍生出了一批知名的俱乐部。2005 年，欧洲主要盈利足球俱乐部的收入前 10 名见表 2.1。

表 2.1　2005 年欧洲主要盈利足球俱乐部排名

俱乐部	年收入（百万欧元）
皇家马德里	276
曼联	245
AC 米兰	234
尤文图斯	229
切尔西	221
巴塞罗那	208
拜仁慕尼黑	190
利物浦	181

续表

俱乐部	年收入(百万欧元)
国际米兰	177
阿森纳	171

英超是当今足球产业市场开发最好的联赛,也是世界上最有钱的体育赛事之一,它的许多大牌俱乐部都是上市公司并挂牌交易,而且股票业绩不俗。

电视转播费和新媒体转播费是英超的主要收入来源,因其天价转播费曾经在2003/2004赛季逼退中央电视台体育频道,使其放弃转播,从而使该赛季的球赛未能进入中国公众视野。5年前,中央电视台和英超方面谈判时,价码为3个赛季1800万美元。2010年,新加坡电信有限公司Sing Tel以1.9亿英镑的价格购得3年英超地区转播权。同一年,香港I－Cable公司和中东阿布扎比集团的购价则分别达到1.46亿英镑和2.25亿英镑,与2007年天盛5000万美元的价格相比均高出太多。①

当腾讯、新浪、乐视各自付出了1800万美金获得了2015—2016赛季英超的新媒体转播权时,中央电视台再次高调宣布购买英超版权进入中国球迷视野。当然,中央电视台方面也付出了高昂的转播费用。德勤会计事务所提供的数据显示,2014/2015赛季,英超以32.6亿英镑的总收入绝冠足坛,而其转播版权的收入就高达17.5亿英镑。这一数据是中超2014/2015赛季转播收入的340倍。②

在英国足球超级联赛打拼多年的球队收入都不菲,最有钱的俱乐部如曼联、利物浦、阿森纳的年收入已经超过1亿英镑,稍微有名一点的运动员一个赛季即可赚取100万英镑以上。

像美国职业体育联赛一样,英超联赛(EPL)已经可以通过评估广泛的收入流来增加财富。作为职业足球联赛的巨头,英国著名俱乐部曼彻斯特联

①刘溪若.门户退出英超直播,免费时代终结.新京报,2014－8－26.

②周恒.英超时隔13年重登央视,上赛季转播收入是中超340倍.中国经济网,2015－8－6.

队总价值达到了 6.5 亿英镑，单在 2005 年就有 1.57 亿英镑的收入。其中，主要来自于比赛收入（6600 万英镑）、媒体（4800 万英镑）以及商务赞助和商品促销（4300 万英镑）。①

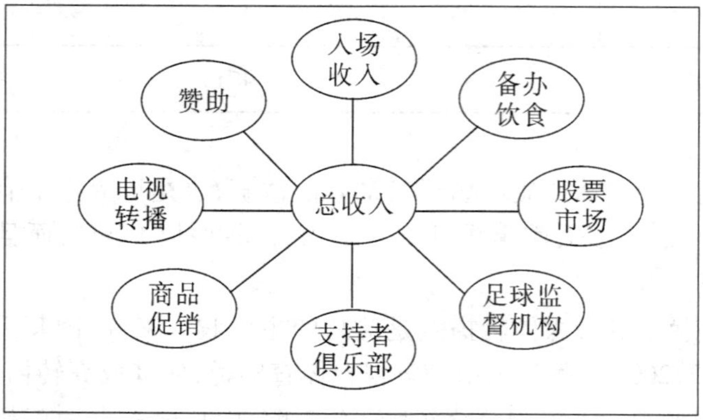

图 2.1　英格兰足球俱乐部收入来源（来源：Szymanski and Kuyers）

英国足球超级联赛的巨额收入令人艳羡，2005 年，切尔西俱乐部年收入已达到了 1.15 亿英镑，有形资产为 1.8 亿英镑，而另一英超豪门曼联俱乐部以年收入 1.48 亿英镑居全部俱乐部之首（见表 2.2）。

表 2.2　2005 年 EPL 俱乐部总收入和有形资产样表

俱乐部	收入（百万英镑）	有形资产（百万英镑）
阿森纳	91	46
阿斯顿维拉	47	42
切尔西	115	180
利兹联	99	40
利物浦	82	43

①Bob Stewart. *Sports funding and finance*. Elesewier Press, 2007.

续表

俱乐部	收入(百万英镑)	有形资产(百万英镑)
曼联	148	130
纽卡斯尔联	71	94
托特纳姆热刺	65	46
平均	89	78

这个收入的差异可被解释为一个简单的事实：最有钱的俱乐部同时也是最成功的俱乐部，具有更加广阔和深厚的球迷基础。简而言之，商业的成功培养了赛场上的成功，而赛事的胜利又带来额外的商业收益，更进一步地促进了赛场上的成功。Szymanski 和 Kuypers 所做的关于英超联赛的研究发现，俱乐部平均年收入与在联赛中的表现之间存在着非常紧密的联系。例如，1972 到 1990 年间，收入较高的俱乐部是利物浦、曼联、托特纳姆热刺。这三个俱乐部在这一时期的成绩也都名列前五，这一事态现在已经更加明朗。在最近 10 年里，曼联超过了利物浦，成为财力最雄厚的俱乐部，也是成绩最好的俱乐部。当阿森纳和切尔西不断加深他们的现金池时，其成绩也获得了提高。

英超职业体育俱乐部还面临着如何将运动员计算为资产的问题。(见表 2.3)这个问题产生于职业体育联赛，联赛中的球队可以通过一个转会市场来交易球员。在英超联赛中，高额的转会费是很正常的，这个问题的处理方法是将转会费列为资产，并在运动员的合同期限内进行摊销。以曼联足球俱乐部 2003 年从葡萄牙转会来的球员罗纳尔多为例，他的转会费是将近 1200 万英镑，与曼联签了 5 年的合同。运用直线折旧法，他的转会费将被摊销成 240 万英镑一年，作为费用计入在合同约定的 5 年中的每一年里。在两年以后，他的估价将会是 720 万英镑(1200 万减去 480 万)。在这 5 年合同的末尾，他的价值在财务技术上为零。如果他在该期间取得了进步，他的转会费可能比 1200 万英镑的购买价格还要高。

表 2.3 2005 年曼联足球俱乐部运动员估值

运动员	合同期限(年)	转会费(百万英镑)	年度费用计入(百万英镑)
费迪南德	7	31	4.5
霍华德	6	2.5	0.4
史密斯	5	7	1.4
鲁尼	6	25	4.2
罗纳尔多	5	12	2.4

整个足球运动产业在蓬勃发展,与之有关的各类团体也正在从中不断攫取更多更大的利益。国际足联 2003—2006 年的财务报告显示,其取得了 3.03 亿瑞士法郎的盈余。2006 年 12 月 31 日,国际足联的资本净值达到 7.52 亿瑞士法郎,这也是国际足联 103 年历史中的最高数据。在截至 2014 年 12 月的世界杯 4 年财务周期中,国际足联的总收入再创新高,达到 57.2 亿美元,其中 3.58 亿美元作为奖金颁给了参赛队伍,用于世界杯的开支为 22.2 亿美元(主办国承担绝大部分的开支项目,比如体育场馆的建设)。

国际足联拥有耀眼收入的来源,无疑是众所周知的世界杯。随着世界杯赛事的迅猛发展,国际足联的收入激增,它的现金储备从零增长到现在的 15.2 亿美元。与此同时,国际足联过度商业化和对世界杯主办国"盘剥"的争论也未曾停歇。2010 年南非世界杯收入 49 亿美元,其中逾七成被国际足联抽走,而投入 43 亿美元的东道主亏空巨大。2014 年巴西世界杯时,巴西政府的预算是总投入 149 亿美元,收入 140 亿美元,亏损了 9 亿美元。同时遭到诟病的,还有国际足联官员的"不透明收入"。其中,最富争议且处于风口浪尖的人就是执掌国际足联近 20 年的国际足联主席布拉特。在国际足联的财务报表上列出人事薪酬高达 3.97 亿美元已经令人咂舌,但你无法在其中找到布拉特的薪水,这难免让人浮想联翩。用国际足联财务官卡特纳的话来说,他们没有必要公开这些数据。早在 2002 年时,国际足联官员就透露布拉特的收入高达 170 万英镑,如今这个数字据说已经是那时的 10 倍了。①

①朱铁. 什么造就了强权人物布拉特? 东方早报,2015-6-4.

第二节　疯狂的球员

疯狂的足球市场,让无数青少年视足球绿茵场为财富天堂的神殿。他们将足球运动员视为偶像英雄,不惜一切代价去各种足球学校或足球培训机构进行训练,以期追随偶像的足迹有朝一日成为闪闪发光的球星。就连已经过了做明星梦时期的人,也乐于沉湎其中,时不时找人踢上一场球乐和乐和,或梦想孩子尽快成长,将其培养成足球明星,以圆自己的球星梦。

疯狂的足球市场背后是一群疯狂的球员,而疯狂的球员背后是一年年疯长的球员薪水。创刊于1946年的《法国足球》(*France Football*)是法国的一份双周刊足球杂志,以其摄影作品、统计数据和欧洲联赛的报道而闻名。《法国足球》杂志是金球奖的合作伙伴,亦是每年金球奖的官方公布媒体。2010年7月,国际足联与《法国足球》杂志达成协议,将世界足球先生和金球奖合二为一,两个奖项合并后将继续保留金球奖这个名字,而国际足联评出的其他单项奖将维持原名不变。全新的金球奖于2011年1月10日在瑞士苏黎世颁发,而且双方的合作将至少维持5年。

《法国足球》长期致力于全球顶级足球运动员的收益跟踪研究,据其近年来的追踪统计,世界上前10位足球运动员的年薪从2007年起就都超过了1000万欧元,而顶尖上的那几位大牌巨星的收入更是天文数字。在2013年1月8日的瑞士国际足联总部,梅西连续4年捧起了象征足坛个人荣誉最巅峰的FIFA金球奖。从2009年包揽世界足球先生和《法国足球》金球奖,到获得FIFA金球奖,梅西金球4连霸超越克鲁伊夫、范巴斯滕、齐达内、罗纳尔多等传奇巨星,成为世界足球史上第一人。从2011年开始,梅西的年收入连续雄踞全世界足球运动员榜首(除2012年贝克汉姆意外超出外)。2014年,梅西的年收入达到了超乎寻常的7100万欧元。

世界杯赛场上大放异彩的足球明星,成为世界足球明星收入排行榜中的常客。克里斯蒂亚诺·罗纳尔多(C罗)、罗纳尔迪尼奥(罗迪)、范佩西、亨利、鲁尼、巴拉克、舍甫琴科、皮耶罗、特里和杰拉德等都是代表各自国家队征战世界杯并有了出色表现之后,被世界一流俱乐部争来抢去。

唯一没有为英国国家队在世界杯做出多么杰出的贡献,但却是国际足坛商业宠儿的,可能是英国足球巨星贝克汉姆。这位外形俊朗、永远有着一副迷人表情的"全球范",在H&M广告中只穿着一条平角内裤在比弗利山庄的街道上天马行空般奔跑，在 2007—2012 年达到职业生涯中争金夺银巅峰，六度登上全球收入最高的足球运动员榜单，并四度夺冠（见表 2.4）。

表 2.4　世界足球明星收入排名（单位：万欧元）

2007 年		2008 年		2009 年		2010 年	
球员	收入	球员	收入	球员	收入	球员	收入
罗迪	2400	小贝	3240	小贝	3500	小贝	3020
小贝	1700	梅西	2860	梅西	3100	C 罗	2870
托雷斯	1670	罗迪	1960	罗迪	2210	梅西	2410
亨利	1570	C 罗	1830	席尔瓦	1700	伊布	2360
卡卡	1550	伊布	1750	阿扎尔	1680	阿奎罗	2330
巴拉克	1530	亨利	1700	里贝里	1650	莱万多夫斯基	2220
拉姆	1430	图雷	1660	亨利	1650	卡卡	1890
C 罗	1520	托雷斯	1630	罗纳尔多	1400	罗迪	1810
舍甫琴科	1270	卡卡	1510	鲁尼	1310	亨利	1580
皮耶罗	1150	伊布	1400	兰帕德	1260	鲁尼	1510
特里	1140	鲁尼	1350	埃托奥	1100	兰帕德	1290
杰拉德	1130	兰帕德	1300	欧文	941	伊布	1280
卡拉瓦多	1050	特里	1170	范尼	809	埃托奥	1130
2011 年		2012 年		2013 年		2014 年	
球员	收入	球员	收入	球员	收入	球员	收入
梅西	3300	小贝	3600	梅西	4100	梅西	7100
小贝	3150	梅西	3500	C 罗	3950	C 罗	5900
C 罗	2920	C 罗	3000	内马尔	2900	内马尔	4000
埃托奥	2330	埃托奥	2400	鲁尼	2400	席尔瓦	3010
鲁尼	2060	内马尔	2000	伊布	2350	范佩西	2810
阿奎罗	1880	阿奎罗	1900	法尔考	2120	贝尔	2610
图雷	1760	鲁尼	1800	阿奎罗	1970	鲁尼	2470

为了让更多球迷变为“疯狂的球员”，世界豪门足球俱乐部会在联赛间歇期选择性（主要是经济发达地区和目标群体所在地）地进行一些访问比赛，拉近与世界各国广大拥趸的距离。2015年，皇马、拜仁以及参加国际冠军杯中国赛的AC米兰和国际米兰等四大欧洲豪门在同一个夏天先后来华，此前还有2012年北京合力万盛国际体育发展公司与西班牙足协签署了协议，确定未来7年的西班牙超级杯（这项赛事后因经费问题还没开始就已搁浅）将在北京举办5届，反映出中国商业足球赛事的巨大号召力和吸引力。

欧洲顶级豪门球队来中国比赛，越来越多地注重培养自己的球迷群体，他们几乎都会安排青少年足球训练营的活动。拜仁慕尼黑自然不必说，出访北上广的他们，在上海和广州都安排了青训营的活动，巴塞罗那也把拉玛西亚的青训营短暂地挪到了中国。就连切尔西和沙尔克这种根本没有商业赛事安排的球队，也在中国开起了短暂的青训营，这就是中国体育市场的吸引力。相比以往纯粹的一锤子买卖的比赛，欧美豪门球队的目光更长远，更注重培养长期的市场。访华的时候，安排一个小小的青训营，成本几乎可以忽略不计，但是对于自身形象的建立却有很大的帮助。现在，几乎所有的欧洲豪门，都在中国建立了专门的办公室，以培育更多的球迷，发掘更多的球员，开拓更大更深的中国足球市场。①

2002年韩日世界杯，平均每场比赛的上座率都达到了94%，在日本举行的比赛上座率高达98%，中国队“意外顺利”地出线挤进世界杯赛场，带动了更多中国球迷去日本韩国看球，对这两国经济的发展起到了拉动作用。

中国破天荒踢进足球世界杯，有人说是功勋教练米卢蒂诺维奇化腐朽为神奇。稍有商业体育常识的人就会意识到，中国国家足球队“意外顺利”取得韩日世界杯的出线权，是国际足联、亚足联和韩日世界杯组委会的联手杰作。

为了让中国队顺利出线，小组赛全部是鱼腩部队，过去经常刁难的裁判也纷纷施以眷顾，使得中国队最终能在沈阳五里河体育场毫无争议地踢进世界杯。这是世界杯历史上第一次由两个国家联合主办的球赛，由于有13亿人口的中国队参加，韩日世界杯堪称最完美的一届世界杯。时任国际足

①何鹏楠. 揭秘欧洲豪门来华捞金：足球环境好，市场诱人. 2015-07-28. http://sports.qq.com/a/20150728/037309.htm.

联副主席的郑梦准说,韩日世界杯实际上是韩日中三国世界杯。中国队出线结果刚一出来,韩日世界杯主办地就纷纷举行庆祝活动祝贺中国队出线,而且召开了一系列研究如何接待中国球迷和观光客赴现场看球的会议。

承办中国队的比赛,成为日韩两国精心策划的内容。伴随着中国队征战世界杯,紧跟而来的是10多万中国足球迷。他们口袋里的钞票,令日韩两国的商家垂涎欲滴。由于中国队分组赛全部安排在了韩国,韩国方面早早就做好了各方面的接待工作。日本则特别希望中国能再次"意外"晋级16强,唯此才有可能招待更多疯狂不已的中国球迷来到日本本土观赛、购物、旅游。

2006年德国世界杯前后,超过了100万外国球迷涌入足球比赛地,对当地体育用品业、餐饮业、传媒业、酒店业、家电业等行业带去了直接收益,增加了近10万个就业岗位。12座比赛场馆中,有11座在德甲联赛中继续发挥着作用。

第三节 疯狂的球场

疯狂的球员齐聚世界杯赛场,使世界杯成为一次酣畅淋漓的运动大餐。在有钱就任性的时代,世界杯球场是最疯狂的地方,它将世界上最有钱的人聚集在了一起。

足球世界杯拥有广阔的球员表演舞台,决赛球场长105米,宽68米,赛场面积达7140平方米。足球赛场通常安排有足够多的现场观众,一般都有5万人以上的观众看台。巴西里约热内卢的马拉卡纳体育场(Maracana Stadium)、英国伦敦的温布利体育场(Wembley Stadium)、南非足球城体育场(South African Soccer City Stadium)、西班牙巴塞罗那诺坎普体育场(Camp Nou)和墨西哥城的阿兹特克球场(Aztec Stadium)都是全世界球迷耳熟能详的名字。

作为现代足球的发源地,英国自然少不了历史悠久又极具代表性的大型足球场——位于伦敦的温布利体育场是英格兰国家队的主场,同时也承办英格兰国内各项比赛的决赛。该球场最早建于1923年,于2007年重建,被公认是世界上最伟大的球场之一。英格兰夺取1966年世界杯时,它也是见证者。如今这座全新的温布利球场是耗费了7.8亿英镑重新改造的产物,拥有9万个座位,有可以浮动关闭的顶棚,是全世界最大的可封顶式体育场。2007年新温布利球场投入使用并承办了当年的英格兰足总杯决赛。2011年6月,欧足联宣布2013年欧洲冠军联赛决赛将再次在新温布利举行,以此庆祝英格兰足总杯成立150周年。

南非世界杯决赛地足球城体育场因“呜呜祖拉”这一独树一帜的喇叭声,让全世界球迷印象深刻。2010年世界杯决赛,新装修的足球城体育场吸引了全球的目光。为了满足世界杯决赛的需求,世界杯组委会将足球城体育场从7.8万人的容量扩大到近9.5万人。

诺坎普体育场从1957年9月24日以来一直是西班牙巴塞罗那队的福地主场。巴萨坐镇诺坎普,共赢得13次联赛冠军,12次西班牙国王杯冠军。这个现今欧洲最大的体育场自落成以来,经过了多次改造。1957年诺坎普球场揭幕时,可以容纳约9.3万名观众,1982年举办世界杯时增加到了12万。后来因当地政府禁止向球迷提供站席的新规出台,1990年诺坎普的座椅减少到9.9万个。在俱乐部新主席罗塞尔上任之后,就通过开放球场来改变俱乐部的财政状况,包括可以在诺坎普举行婚礼,甚至可以邀请到巴塞罗那的当家球星梅西、哈维等一起参与,价格自然也不菲。

位于墨西哥城的阿兹特克球场始建于1966年,历时4年,共有三层席位,能容纳10.5万名观众。作为一个划时代的标志性建筑,阿兹特克球场总是让人回味无穷。阿兹特克球场是世界上唯一一个两次举办世界杯决赛的体育场地,世界杯那些令人难以忘记的经典场面也跟它紧密地联系在一起。1970年世界杯决赛,球王贝利用几近完美的演出告别了他的国家队生涯。1986年世界杯,马拉多拉正是在这里,在阿根廷与英格兰的四分之一决赛中,完成了“上帝之手”的经典之作。

亚洲几座超过10万观众的足球场,因为缺少历史沉淀,加之没有举办过高规格赛事难以引起世人关注。马来西亚吉隆坡的武吉加里尔国家体育场(National Stadium Bukit Jalil)坐落在马来西亚超现代化城市吉隆坡,可以容纳11万名观众同时观看比赛。武吉加里尔国家体育场是为举办1998年的英联邦运动会而建,并从那以后成为马来西亚足球队的主场。2007年,亚洲杯足球赛决赛在此举行。

印度盐湖体育场(Salt Lake Stadium)又被称作青年体育场,位于印度西孟加拉邦首府加尔各答,能容纳12万名观众,传统的加尔各答足球德比(东孟加拉对巴甘莫哈）一直在这个体育场内举行，它也是印度国家足球队、印度球会巴甘莫哈、穆罕默德和东孟加拉队的主场。

有人将朝鲜平壤的五一体育场（Rungrado May Day Stadium）视为世界上容量最大的球场。这座位于朝鲜首都平壤大同江绫罗岛的体育场可以容纳15 万名观众。五一体育场虽然是能举办各种比赛的综合体育文化基地，但是目前则主要作为世界最大的（参演者 10 万余人）团体操和文艺演出的表演场馆。1989 年，五一体育场作为第 13 届青年联欢会的主场馆，举行了开、闭幕式。

巴西里约热内卢的马拉卡纳体育场，一直被公认为世界上规模最大的足球场。马拉卡纳体育场，有 15.5 万个座位可容纳 20.5 万人。第四届世界杯足球赛于 1950 年 7 月在巴西举行，巴西和乌拉圭的冠军争夺战就是在这里打响的。1950 年的世界杯采用循环赛制，巴西在前两轮发挥出色，7∶1 狂扫瑞典，6∶1 大胜西班牙。7 月 16 日的最后 1 轮，巴西同乌拉圭交锋，这实际上成了决定冠军归属的决赛。最终，乌拉圭 2∶1 逆转获胜抢走冠军，获得了他们第二个世界杯冠军。

马拉卡纳的设计容量为 15.53 万人，包括座票和站票。决赛一战，马拉卡纳体育场创下世界足球史上观众人数的最高纪录，迄今未被打破。国际足联官方数据是199 854人，其中包括173 830名购票者，其他则通过其他途径进入球场。至于22 万观众的说法，则是包括 2 万多站在球场附近山上观赛的球迷。

尽管没有球迷现场闹事，这场决赛还是被戏称为“马拉卡纳惨案”，被叫作“22 万人出席的葬礼”。时任国际足联主席的法国人儒勒斯 · 雷米特没有看到乌拉圭踢进的第二个球，场上比分 1∶1 时，他从贵宾席下到更衣室，为冠军颁奖做准备。按所有人预想，冠军非巴西莫属。可一出通道，雷米特就傻眼了：球场一片死寂，没有卫兵，没有国歌，没有颁奖仪式。雷米特孤身一人，在人群中被挤来挤去，他只得把金杯夹在腋下，以免磕碰。

雷米特在其自传《世界杯的神奇历史》中写道：“所有一切都预见到了，唯独没有预料到乌拉圭夺冠。”雷米特当时无法颁奖，他只好转身回去。过了一会，他回到球场中央，孤身一人把雷米特杯颁给了乌拉圭球队队长瓦雷拉。那应该是世界杯历史上最寒酸最寂静的冠军颁奖，没有仪式，没有国歌，没有欢呼喝彩。

表 2.5　德国世界杯、南非世界杯、巴西世界杯赛场一览表

德国世界杯		南非世界杯		巴西世界杯	
运动场	容量	运动场	容量	运动场	容量
奥利匹克	66 021	埃利斯公园	55 686	马拉卡纳	73 531
汉堡 AOL	56 114	德班大球场	62 760	巴西利亚	63 009
汉诺威 AWD	50 000	足球城	88 460	圣保罗	65 807
多特蒙德	82 932	自由州	40 911	新水源	52 048
傲赴沙尔克	53 804	曼德拉海湾	42 486	卡斯特朗	58 704
科隆	46 000	姆博贝拉	40 929	米内朗	57 483
金融银行	43 324	莫卡巴	41 733	贝拉里奥	50 287
瓦尔特	40 000	洛夫托斯	42 858	伯南布哥	42 849
戴姆勒	40 000	开普敦	64 100	潘塔纳尔	42 968
安联	66 000	皇家班佛肯	38 646	拜沙达	41 456
弗兰肯	45 500			沙丘	42 086
岑特拉尔	38 898			亚马孙	42 377

北京工人体育场和国家体育场(鸟巢)是中国国内最为知名的两座足球场。

1958 年 9 月 5 日,北京工体项目被正式确定为首都工人阶级向建国十周年的献礼工程。随即,建设者们用 11 个月零 13 天的时间将工体项目工程全部建设完成。1959 年 9 月 13 日,一座巨大的椭圆形建筑,在当时北京东郊的一片大苇坑上拔地而起,成为当时“北京十大建筑”之一、能容纳 7 万观众的北京工人体育场。为迎接 2008 年北京奥运会,自 2006 年 4 月 18 日起,工人体育场奥运改扩建工程对体育场进行了全面改造,成为具有观众座席

6.2 万人的奥运会足球比赛场,场内设施完全满足奥运会足球比赛技术标准要求,拥有 24 个看台,可容纳约 7.1 万名观众。

国家体育场位于北京奥林匹克公园中心区南部,为 2008 年第 29 届奥林匹克运动会的主体育场。工程总占地面积 21 公顷,建筑面积 25.8 万平方米,场内观众座席约 9.1 万个,其中临时座席约 1.1 万个。2008 年,鸟巢体育场举行了奥运会、残奥会开闭幕式,田径比赛及足球比赛决赛。奥运会后,鸟巢体育场成为北京市民广泛参与体育活动及享受体育娱乐的大型专业场所,并成为具有地标性的体育建筑和奥运遗产。近年来,一些国际大型足球赛事相继选择在鸟巢举行,包括西班牙德比、AC 米兰对阵国际米兰的国际冠军杯中国赛等。

巴西里约热内卢的马拉卡纳体育场,见证了世界杯足球赛“22 万人葬礼”,而中国工人体育场酿就的“5 · 19 事件”,则至今仍是中国足球的痛,是中国足球世界杯之旅永远的伤疤。

1985 年 5 月 19 日,当时的世界杯预选赛小组赛中国队最后一场对中国香港,在北京主场的比赛中只要战平就可小组出线。然而,中国队以 1∶2 失利,只列小组第二名,未能进入第二阶段的比赛。一些球迷因为不能接受中国队失利的事实而出现了一些不冷静、不理智的言行。“5 · 19”成为中国足球最惨痛的记忆。中国球迷对世界杯的热切期望在这一年再次破灭。

第四节　疯狂的金球

在国际足联看来,世界杯的每一个细胞都闪烁着财富金色。在将足球魅力传播到世界每一个角落的同时,这个单项体育行业协会也像一个跨国垄断公司,将一项体育产品的商业价值挖掘到极致,这个拥有 80 多年历史的产品品牌就叫世界杯。

世界杯为什么能吸引那么多的队伍参加?为什么能让球迷为之疯狂、为之痴迷、为之狂欢哭泣?世界杯怎么能够让组委会和国际足联赚得盆钵全满?赞助商又为何不惜血本,争抢着用金钱铺满世界杯大道?电视转播商为何不惜万金地趋之若鹜?同时,还有各种靠世界杯赚钱的投资商,他们又为何如此乐此不疲?

20 世纪 70 年代以前,国际足联一直依靠四年一届世界杯的简单收入维持自身运营,自身经费问题难免捉襟见肘。1974 年,阿维兰热成为国际足联掌门人。曾在巴西经营一家大巴士公司并担任过一家信托和化工公司董事的阿维兰热极富商业头脑,在他眼中,国际足联是一个企业,它经营的产品是足球,最核心产品即是世界杯。为了让更多人接触和了解足球,了解世界杯,1977 年他还为 20 岁以下的选手创立了国际足联世界青年锦标赛。1982 年,阿维兰热将世界杯决赛阶段的参赛队伍先由 16 支增加到 24 支,再增加到 1998 年法国世界杯时的 32 支,增加了亚非拉第三世界国家的参赛名额,扩大了世界杯的全球影响力。为了树立国际足联的品牌形象,阿维兰热亲手参与设计并建造了苏黎世国际足联总部大楼。阿维兰热积极倡导并促进第三世界国家的足球发展,为足球的南南对话和南北对话打下了坚实的基础。阿维兰热的政治智慧和经营理念,为开发和推广世界杯并使之蓬勃发展创立了良好基础。

一、举国参与

足球世界杯能够让一个国家欢呼雀跃彻夜狂闹,既因为足球广泛的群众基础,又源于足球会让一个国家更多的城市参与。一般来说,世界杯足球赛参与城市都在 10 个左右,而在 2002 年韩日联合承办第 17 届世界杯时,韩国和日本均有 10 座城市参与其中,包括韩国的釜山、大邱、大田、光州、仁川、济州、全州、首尔、水原和蔚山,日本的茨城、神户、宫城、新潟、大分、大阪、埼玉、札幌、静冈和横滨,几乎涵盖了这两个国家的全部主要城市。2006 年德国世界杯传统足球城市悉数参与进来,柏林、汉堡、法兰克福和斯图加特均在其中,2010 年南非世界杯,从首都约翰内斯堡到德班、开普敦以及人们不太熟悉的布隆方丹和伊丽莎白港等,参与城市纵贯全南非。

如果说承办世界杯是举国参与,那么从世界杯预选赛算起,则可谓全球参与。第 21 届俄罗斯世界杯将于 2018 年 6 月 14 日至 7 月 15 日在俄罗斯联邦境内的莫斯科、圣彼得堡、喀山和叶卡捷琳堡等 11 座城市中的 12 座球场进行,这是世界杯首次在俄罗斯也是首次在东欧国家举行。

俄罗斯世界杯共有 32 支球队参加比赛,除去东道主俄罗斯自动获得参赛资格以外,其他 31 支球队将通过参加亚洲、非洲、欧洲、大洋洲、南美区和中北美及加勒比地区的预选赛获得参赛资格。

根据世界杯参赛名额分配,欧洲 13 席(不包括东道主俄罗斯)、非洲 5

席、南美洲 4.5 席、亚洲 4.5 席、中北美及加勒比地区 3.5 席、大洋洲 0.5 席。2018 年的附加赛对阵方案，亚洲第 5 名将对阵南美洲第 5 名，而中北美及加勒比地区第 4 名则将与大洋洲冠军争夺一个名额。

俄罗斯世界杯的亚洲区预选赛总共分为三轮。第一轮由亚洲国际足联排名最低的 12 支球队（第 35 ~46 名）参加，他们在 2015 年 3 月 12 日和 3 月 17 日以主客场两回合定胜负的形式决出 6 个胜者，然后和亚洲排名前 34 位的球队共同参加第二轮的 40 强赛；第二轮 40 支球队将分成 8 个小组，每组 5 队，8 个小组第一和 4 个成绩最好的小组第二将晋级俄罗斯世界杯预选赛亚洲区第三轮的 12 强赛，亚洲区的 40 强赛于 2015 年 6 月 11 日至 2016 年 3 月 29 日进行；第三轮 12 强赛中，12 支球队将分为两组进行比赛，小组前两名直接晋级，两个小组第 3 名之间的胜者获得附加赛资格。中国国家足球队已经打入 40 强赛，主场承办城市经过激烈竞争，最终分别定在深圳、长沙、武汉、西安。

1930 年，首届世界杯足球锦标赛在乌拉圭举行，从此世界杯每 4 年举办一次。为了避开奥运会这项国际上规模最大、影响力最强的超大体量综合性赛事，世界杯选择了在夹缝中生存，即在每一个奥林匹克周期的中间时间举行。

世界杯的举办，历来与举办地的经济实力有一定关系，第一届世界杯的举办就因为乌拉圭政府承诺专门修建世界杯体育场，并支付所有参赛队的旅费和食宿费。在随后的若干年里，足球世界杯的举办权大都被欧洲以及个别足球水平比较高的美洲国家霸占，法国、德国、英格兰、西班牙、意大利等都是经济发达、足球水平高的国度。2002 年，世界杯第一次来到了亚洲，由韩国和日本两国共同承办，这两个国家都是亚洲经济发达、足球水平最高的代表。

迄今为止，世界杯大部分在欧洲及拉美国家举办，这不仅反映出这些地区足球水平高、竞技成绩好，以及广大民众对足球的热爱与追求，同时也反映出世界杯主办国经济发达，有足够实力承办规模盛大的赛事。近年来，世界杯将赛事搬到亚非国家，扩大了这项赛事的国际化影响，有利于赛事在全球的商业化推广，对提高亚非地区的足球水平和发展其足球经济也有着直接的刺激和拉动作用（见表 2.6）。

表 2.6　历届世界杯举办地

届数	时间	举办地	所属地区	届数	时间	举办地	所属地区
第 1 届	1930	乌拉圭	南美	第 11 届	1978	阿根廷	南美
第 2 届	1934	意大利	欧洲	第 12 届	1982	西班牙	欧洲
第 3 届	1938	法国	欧洲	第 13 届	1986	墨西哥	北美
第 4 届	1950	巴西	南美	第 14 届	1990	意大利	欧洲
第 5 届	1954	瑞士	欧洲	第 15 届	1994	美国	北美
第 6 届	1958	瑞典	欧洲	第 16 届	1998	法国	欧洲
第 7 届	1962	巴西	南美	第 17 届	2002	韩日	亚洲
第 8 届	1966	英格兰	欧洲	第 18 届	2006	德国	欧洲
第 9 届	1970	墨西哥	北美	第 19 届	2010	南非	非洲
第 10 届	1974	德国	欧洲	第 20 届	2014	巴西	南美

2010 年南非世界杯,不仅是对南非近年来经济发展迅速的肯定,也是国际足联将世界杯作为足球均衡发展的举措。南非世界杯期间,全世界 21 位元首和首脑现场观看了世界杯比赛,其中包括德国总统、比利时国王和王后及首相、智利总统、克罗地亚总理、厄瓜多尔总统、美国副总统、加纳总统、洪都拉斯总统、荷兰国王、俄罗斯总统、乌拉圭总统、摩纳哥王子、卡塔尔元首、苏里南总统、安哥拉总统、玻利维亚总统、加蓬总统、巴拉圭总统和肯尼亚总统。如此众多的政府要员出席世界杯,表明了世界杯的特殊地位。

南非世界杯 1/4 比赛德国对阿根廷,默克尔在百忙之中赶赴开普敦为德国队加油,她的低调、朴素、谦和、平易近人等品格给世人留下了深刻印象。默克尔抵达开普敦后,获安排入住市内索菲特银河大酒店顶楼 400 多平方米的总统套房。默克尔认为,这个安排过于奢华,坚持要入住 70 多平方米的普通商务客房,房价只是总统套房的 1/20。默克尔这种平实、朴素的风范,成为南非世界杯的另一道风景。

2014 年巴西世界杯开幕前,媒体曝光巴西政府为承办该赛事花费超过 110 亿美元,罗塞夫承受着巨大的舆论压力,一度陷于千夫所指的境地。随着巴西世界杯出人意料地获得成功,罗塞夫有可能成为最大的受益者。著名媒体 Vocativ 分析认为,巴西世界杯将成为罗塞夫连任的最大因素。

二、稀缺资源

申办世界杯比赛的竞争越来越激烈,足以显示出这项运动的魅力和其对举办地经济发展带来的巨大影响。每隔 4 年,全世界的足坛巨星们都会在世界杯的舞台上向球迷们展示自己的足球技艺,令全世界球迷们兴奋不已。世界杯足球赛已不仅仅是一场场对抗激烈、精彩纷呈的厮杀,它已经演变成为价值上百亿美元的产业。从商业角度来说,它运作的是辉煌的垄断性“稀缺”产业。

足球是这个世界当之无愧的第一运动,现在还是当之无愧的世界第一媒体运动。世界杯赛场有着无数的拥趸,没有机会来到现场摇旗呐喊的球迷,则围坐在电视机旁或守候在电脑边感受赛场内外的气氛。参加世界杯的足球运动员,都是各国联赛中的佼佼者,其中不乏世界级的明星。从 1930 年的乌拉圭到 2014 年的巴西,世界杯足球赛历经 80 多年的发展,在 16 个国家轮流举办,赛场观众人数突破 500 万,参赛国达到了 209 个。

在这项全世界最顶尖的足球赛事中,参赛的 32 支国家队不仅获得了巨大的荣誉,而且在经济方面也将获得巨额的奖金——只要跻身 32 强决赛圈就会获得近千万美元的奖金。

在 2010 年世界杯期间,参加南非世界杯的 32 支球队瓜分了 4. 2 亿美元奖金,这一数值在 2014 年巴西世界杯上飙升至 5. 76 亿。冠军奖金由 4 年前的 3000 万美元提高至 3500 万美元,亚军与季军的奖金也分别提高了 100 万美元和 200 万美元,分别升至 2500 万美元与 2200 万美元。

在 2014 年巴西世界杯上,由于赞助费用的水涨船高,国际足联(FIFA)破纪录地收入 45 亿美元,其提供 2 亿美元作为奖金发给各国足协,209 个成员国在七月底收入 25 万美元分红,并在 2014 年年初收到后续的 50 万美元。尽管在 2011 年中国从亚洲区 20 强赛出局,也得到了总数 75 万美元的分成。

2002 年中国男子足球队“意外”打进韩日世界杯决赛圈,虽然最终 3 战皆败,在 1 球未进的情况下吞下了 9 球,但这并不影响中国队拿到巨额的奖金,小组赛 3 战皆败早早回家的中国队仍然获得了约 1900 万元人民币的比赛奖金。

四年一度的赛事,在参赛球队眼中是稀缺资源。世界杯决赛阶段在1982年以前都是16支参赛队伍,亚洲和非洲各有一个参赛名额。1974年,巴西人阿维兰热当选国际足联主席后,积极主张扩大世界杯规模,使亚洲、非洲和大洋洲的球队拥有更多的参赛机会。1982年世界杯的球队,有13支来自欧洲、3支来自南美洲、2支来自非洲、2支来自亚洲和大洋洲、2支来自中北美洲,加上东道主和上届冠军,共24支球队参加了决赛阶段的争夺。1998年法国世界杯时,决赛阶段参赛队伍扩大到32支。

随着世界各国足球运动的发展水平的不断提高,进军世界杯的资格赛争夺愈演愈烈。1982年,参加预选赛的球队121个,到1994年,猛增到147个。这么多的球队去争夺仅有的32个参赛资格,惨烈状况可想而知。中国队自1958年第一次参加世界杯资格赛后,至今奋战了50多年,仅仅在韩日世界杯侥幸获得出线权,第一次走向了决赛阶段,大部分时间都停步于预选赛征程上。

四年一度的世界杯赛事,在球迷眼中机会难得。等了四年,终于等来了全球精彩绝伦的足球对决,等来了自己心目中的足球英雄,等来了可以振臂呐喊的欢呼时刻。四年一度的世界杯赛事,在电视转播商和新媒体转播商眼中是稀缺资源,近似饥饿营销的世界杯最后的决战,收视时间弥足珍贵,广告时段的费用更是天文数字。四年一度的赛事,在赞助商、广告商眼中是稀缺资源。在世界杯决赛场赢得广告席位,在全世界精英人群眼中展示商界豪门的形象,是众多商家的第一选择。而挤进电视赛事广告,也会收到不错效果。2010年4月间,中央电视台针对世界杯赛事展开了一次以"赛事套装"为主题的集中招标,除了赛前广告、赛中广告,加时赛、点球大战也作为广告资源推荐给了客户。令人咋舌的是,点球大战15秒广告标的价为180万元一场,每秒开价12万元。

三、神奇影响

世界杯足球赛不单是一项体育赛事,它还具有无穷的魅力和丰富的精神内涵,是各种国家荣誉、体育伦理、个人感情交融的平台。在关注各个球队竞争的同时,国家荣誉、体育伦理、个人感情的互相交融在世界杯举办期间得到最大化的体现。四年一次的世界杯足球赛的品牌形象历尽80多年的巩固与发展,除了卓越的产品品质这个内在的核心外,精心设计的品牌形象以及不断深入、不断加强、不断赋予新元素的传播工具也是延续品牌生命力的手段。

世界杯的神奇影响是一种注意力经济，能够在很长一段时间内促进当地经济发展。世界杯所形成的注意力经济，还有着良好的投入产出比例。

2006 年 6 月 9 日至 7 月 9 日德国慕尼黑、汉堡等 12 个主要城市承办了这一赛事。赛事给德国经济的发展带来了巨大机遇，大大地改善了近来德国经济疲软的局面，并激发了德国国内经济的增长。电视转播费用与门票收入在世界杯的整体收益中是含金量最高的两大收入板块。其中仅美国电视网络一家，就向德国世界杯付了 2.5 亿美元的费用。

据官方数据统计，2006 年 FIFA 世界杯组织委员会创造了 5.56 亿欧元的总收入，主要包括票房收入 2.62 亿欧元，FIFA 的支持 1.77 亿欧元，以及 6 个官方赞助商的赞助费 6500 万欧元。当地组织委员会的费用总计 4 亿欧元，主要用于赛事、广告和旅行费用的有 2.11 亿欧元，第三方提供的服务费用为 1.02 亿欧元，最终产生了 1.56 亿欧元的盈余。根据事前的协议，当地组织委员会有权获得其中的 1.11 亿欧元的利润份额。包括 3200 万欧元的底线，7500 万欧元的 60% 份额以及额外的 400 万欧元（见表 2.7）。

表 2.7　2006 年德国世界杯收入（单位：百万瑞士法郎）

<table>
<tr><th colspan="2">收入来源</th><th colspan="2">收入金额</th></tr>
<tr><td rowspan="3">电视转播权</td><td>美国</td><td>176</td><td rowspan="3">1660</td></tr>
<tr><td>欧洲</td><td>751</td></tr>
<tr><td>世界其他地区</td><td>733</td></tr>
<tr><td colspan="2">营销权</td><td colspan="2">714</td></tr>
<tr><td colspan="2">接待权</td><td colspan="2">260</td></tr>
<tr><td colspan="2">许可权</td><td colspan="2">92</td></tr>
<tr><td colspan="2">住宿和票房</td><td colspan="2">31</td></tr>
<tr><td colspan="2">OC2006FIFA 世界杯利润分成</td><td colspan="2">79</td></tr>
<tr><td colspan="2">其　他</td><td colspan="2">22</td></tr>
<tr><td colspan="2">总收入</td><td colspan="2">2858</td></tr>
</table>

当然,世界杯属于大进大出,其中奖金和参赛球队的出场费就是一笔不菲的费用(见表2.8)。

表2.8　2006年德国世界杯支出(单位:百万瑞士法郎)

2003—2006期间支出	881
支付给球队的款项(奖金)	332
支付给OC2006FIFA世界杯	250
对球队和参赛者的补偿	104
信息技术	46
权益保护	35
保险费	16
裁判	16
世界杯网站	13
球迷相关费用	13
其他	56

第五节　盈利法宝

世界杯创造着一个又一个的财富神话,征服着一个又一个的商业领地,这不仅让体育界感悟良多,也吸引了一大批经济学家、社会学家探究个中幽径。那么,世界杯引无数豪门巨贾一掷千金的秘诀是什么呢?

一、玩转电视魔杖

在世界杯的财富征途上,阿维兰热所做的最正确的一件事是将足球与当时尚未十分普及但技术已经成熟的电视传播对接起来。这个伟大决定创造的由“电视台—足球—广告商”构成的商业模式也奠定了世界杯今天的盈利基础:电视转播、商业赞助和门票。

阿维兰热掌权后,国际足联开始发掘足球运动的商业特性,电视转播权问题自然成为国际足联考虑的重点问题。1954 年瑞士世界杯开辟了电视转播世界杯足球比赛的先河，世界杯电视转播在很多国家居所有体育赛事的第一位。

四年一度的世界杯，累计观众超过了包括奥林匹克运动会在内的其他所有赛事。1998 年的法国世界杯足球赛全球收视观众达到了 334 亿，几乎是 1986 年墨西哥世界杯的 3 倍，当时一共有 135 亿观众在电视机前收看了世界杯比赛。2002 年，韩日世界杯的比赛转播信号覆盖了 213 个国家，遍及全世界五大洲的各个地区，转播时间总计达 4.11 万小时（这还是在大量欧美国家与赛事举办地有时差的情况下），总共 64 场比赛的电视观众累计超过 400 亿。2002 年有中国队参赛的 3 场小组赛，每场比赛的收看人数都超过了 1.6 亿，特别是中国队和世界冠军巴西队的较量，整个中国将近 2 亿的观众收看了这场比赛，当德国与巴西的决赛上演时，吸引了 2.5 亿中国人。该届世界杯，中国通过中央电视台收看世界杯的观众超过 70 亿人次。2010 年南非世界杯期间，中央电视台综合频道、体育频道、军事农业频道、数字高清频道和风云足球等五个频道总播出时间达到 2420 小时，超出 2006 年德国世界杯时的播出总量 1020 小时，五个频道平均每天超出近 33 小时，报道规模创历届之最。中央电视台体育频道曾经连续两周位居全国收视排行首位，单日最高收视率为 7.74%，平均收视率达到 4.72%。通过南非世界杯整体运营，中央电视台全台收入远远超过预期。

另一方面，国际足联吸引越来越多的国家加入世界杯大家庭，参与到世界杯预选赛乃至最后决赛，这些国家的电视机构自然跟进，这是电视转播收视率一路高升的原因之一。全世界进行世界杯电视转播的电视机构，从 1986 年墨西哥世界杯的 166 个，到 1998 年法国世界杯的 200 个。电视转播时间则从 1 万小时到 1994 年美国世界杯的 1.65 万小时，1998 年世界杯更是创了新高，64 场比赛总共转播了 2.97 万小时。2002 韩日世界杯，电视转播时间大幅攀升，总计达 4.11 万小时。

收视率的大幅上升，带来了转播权的大幅升值。如今签订的世界杯赛事转播协议不仅要付保证金，而且协议中还包括利润分成比例。一些世界著名的广播电视公司机构，如美国的 ABC、NBC，英国的 BBC，以及欧广联等，向国际足联签约购买世界杯转播权后，其经营性收入的利润还须按规定的比例再上缴国际足联。2006 年德国世界杯，有 200 个国家购买了决赛的电视转播权，就电视转播权签署了 207 份转播协议。据知，FIFA 将 2002 年和2006年世界杯的转播权捆绑销售给了德国基尔希传媒公司和瑞士ISL，其费用就达到27亿美元，是1998年法国世界杯转播费用的整整10倍。

2010年，国际足联意识到新媒体转播权的特殊价值，全面开放了世界杯新媒体转播权，但新媒体售卖不被国际奥委会重视，其在售卖中的权重明显难比传统电视转播权。2014年巴西世界杯，在售卖20多亿美元的媒体转播费用中，电视转播权依旧占据着相当重要的比例，新媒体只能以一定比例的溢价搭售出去，不大受到重视。

在日本，2010年世界杯和2014年世界杯的独家转播权最终卖了3亿美元，韩国的售价为1.8亿美元。相比之下，央视获得中国大陆"守门人"的付出费用十分低廉，仅为1.2亿美元。

中国有着全球最多的世界杯电视观众，平均每场南非世界杯比赛能够吸引1750万中国人观看，超过巴西、德国、南非等地。国际足联曾经邀请调研机构对2010年世界杯和2014年世界杯的中国媒体版权费用进行调查，发现这两届大赛的转播销售额至少应该达到2亿美元，而不是1.2亿。

2001年，一家香港公司曾经买断了2002年世界杯和2006年世界杯在中国的独家转播权，并已经向国际足联交纳了保证金。最后，由于与国家广电总局在2000年下发的《国家广播电影电视总局关于加强体育比赛电视报道和转播管理工作的通知》不相符，美好构想最终没有成型。①

在中国地区，世界杯足球赛独家转播权的购买由中国中央电视台负责，并由中央电视台分售给各地方电视台。在2001年底，中央电视台以2495万美元(约合人民币2亿元)的价格买断了2002年与2006年两届世界杯的转播权，然后向地方电视台转售，最后中央电视台通过两届世界杯收获了十多亿人民币的广告收入。

二、完善赞助方略

世界杯赞助项目向来都是抢手货，许多国际知名公司都会因为加入了国际足联赞助商行列而自豪，国际足联也常为自己的赞助成员的豪门阵营而欣喜。经过100多年的磨炼，国际足联已构建了一个成熟的商业赞助体系，使世界杯成为一台庞大的赚钱机器，为国际足联的日常运转提供了足够

①黄融.央视垄断世界杯直播引非议，服务不到位球迷体验受损.南方都市报，2014－6－25.

的资金支持。

2006 德国世界杯,国际足联执行二元结构的赞助方案,将合作伙伴分成两类,一类是官方合作伙伴(Official Partners),一共是 15 家,另一类是官方供应商(Official Suppliers),一共是 6 家。在世界杯决赛阶段,官方合作伙伴可在全球范围使用国际足联授权的各类标识并进行相关的市场营销活动,而官方供应商的权限仅限于主办国境内。无论是官方合作伙伴还是官方供应商,均从具有排他性和高识别率的国际足联官方标识中获益,通过各种营销手段,这些赞助商将自己的产品、服务和品牌成功地与世界杯赛事联系在一起,无论是锁定特定消费群体,还是乘机延展其产品线,抑或是执行每一个具体的市场战略,赞助商们都会得到不错的回报。例如,阿迪达斯在德国柏林修建了 4 万平方米的足球公园,按 1:10 的规模搭建了柏林奥林匹克体育场的复制品,可以容纳 1 万名球迷通过大屏幕观赏实况转播。国际足联当下的赞助商有两类,一类为主赞助商,可使用国际足联标识 8 年,赞助金额为 2.5 亿美元;另一类为单届世界杯赞助商,可使用当届世界杯标识 4 年,赞助金额为 8000 万美元。

目前,国际足联赞助商项目(The FIFA Sponsorship Programme)的时间范畴是 2007 年到 2014 年,其中包括国际足联的旗舰产品——2010 年和 2014 年两届国际足联世界杯(FIFA World Cup)。根据不同的职责和不同的授权范围,国际足联将其市场合作伙伴分为三个层次:国际足联合作伙伴(FIFA Partner)、国际足联世界杯赞助商(FIFA World Cup Sponsors)以及主办国支持商(Host National Supporter)。FIFA 赞助商有阿迪达斯、可口可乐、阿联酋航空、起亚、索尼和维萨卡,世界杯赞助商有百威啤酒、嘉实多、大陆集团、麦当劳、MTN 电信公司和萨蒂扬软件公司。

国际足联合作伙伴与国际足联的关系最为紧密,在合同有效期内,作为合作伙伴,一家企业可以全面参与国际足联的各种活动,不仅包括重大赛事,还包括一系列发展项目。在市场方面,国际足联的合作伙伴具有排他性的营销权力,在国际足联授权和相关法律的保护下,理论上可以在重要时点、重要场合将竞争对手"屏蔽"。

国际足联世界杯赞助商的权力,仅限于该届世界杯这一项赛事之中,并全球有效。在世界杯赛事中,他们提供的产品和服务具有排他性,并且可以使用国际足联的商业标识。此外,国际足联世界杯赞助商还能将国际足联授予的特许版权应用于自己的二线品牌上。

相比之下,举办国支持商所受限制最多。对象只能是举办国的当地企业,并且只能在举办国国内进行营销活动,它们的产品同样具有排他性。从市场细分角度出发,这是为了更好地迎合不同企业对于世界杯赛事的不同商业诉求。这种差别化赞助模式,既可以满足长期追随者如阿迪达斯、可口可乐等国际大牌进行全球营销的长期战略,也可以令一些举办国本土公司在世界杯赛事期间精确锁定目标受众。

作为巩固自己的顶级合作伙伴地位,一些公司为了获得一份8年期的长约支付了2.5亿到3亿美元,或者是每年支付3000万到4000万美元。对于次一等的单届世界杯赞助商,8000万美元是国际足联的底线。美国《商业周刊》曾刊登一篇有关阿迪达斯向耐克展开防守反击的文章,指出每年阿迪达斯要投入1.25亿美元,用于赞助国际足联的全球赛事以及该机构旗下的6支顶级球队。

2010年南非世界杯期间,国际足联合作伙伴有阿迪达斯、可口可乐、阿联酋航空、现代汽车、索尼以及维萨卡等6家赞助商。世界杯赞助商有百威英博、嘉实多、大陆集团、麦当劳、MTN电信公司、萨蒂扬软件公司、Seara(巴西一家全球食品供应商)以及英利能源。另外,英国石油南非公司、MTN电信公司等5家企业成为南非世界杯的主办国支持商。

2010年2月3日,中国英利集团绿色能源控股有限公司成为南非世界杯赞助商。根据协议,英利方面将为2010年南非世界杯的20个训练基地提供太阳能电池板,并享有包括部分世界杯足球赛门票、场地广告宣传和媒体版权在内的全球市场营销权。这不仅是中国首家获得世界杯足球赛全球赞助权的企业,也是全球范围内首家赞助世界杯足球赛的可再生能源公司。

英利集团对世界杯赞助营销情有独钟,2006年德国世界杯期间,英利便作为光伏电池供应商,为当时的世界杯赛场凯泽斯劳滕球场提供1兆瓦的光伏组件。3年前,英利也是最早将公司LOGO印到欧洲顶级联赛球队(西班牙甲级联赛奥萨苏纳队)球衣上的中国企业之一。英利集团表示,赞助世界杯既是对英利在全球范围的品牌推广的重视,也是因为曾在足球营销中尝到过甜头。凭借赞助南非世界杯,该公司还将参与南非当地重大商业活动的并网项目。①

中国公司对世界杯的赞助并不鲜见。鸿星尔克为朝鲜队提供了南非世界杯比赛服装、鞋、包等,并为朝鲜队的世界杯热身、参赛费用提供支持;格

---

①王龙云.世界杯的商业游戏怎么玩?2010-05-30.http://worldcup.qq.com/a/20100530/000309.htm.

力电器为两座世界杯球场和一个世界杯官员办公大楼提供空调系统;浙江大丰体育设备有限公司为纳尔逊·曼德拉湾球场提供5万个座椅。

应该警觉的是,“2014年巴西世界杯的多家一级赞助商,集体被外界唱衰”。此间评论认为,“在资本全球化与移动互联网的冲击下,赞助世界杯的性价比似乎越来越低”。

索尼公司CEO平井一夫尽管表示要“重塑索尼”,但依旧未能让这个昔日的电子消费巨头重现辉煌,虽然通过出售写字楼物业等方式在2012财年实现“扭亏”,但这家公司的破产传言仍不绝于耳。

作为世界杯赞助常客的阿迪达斯日子也不好过,阿迪达斯刚刚发布的2014年第一季度财报显示,集团获得业务收入35.33亿欧元,同比下降6%;净收入2.04亿欧元,同比下降34%。这已经是阿迪达斯的营业收入连续两年下跌了。

可口可乐与现代汽车的处境也颇为尴尬。可口可乐近期公布的2014财年第一季度财报显示,营收为105.8亿美元,低于2013年同期的110.4亿美元;净利润为16.2亿美元,同比下滑8%。①

三、开发广告资源

广告开发是赛事收入的重要来源,世界杯市场开发的逐步成熟,吸引了众多赞助商,成为赛事收入的重要来源。目前,世界杯广告的类型有场地内广告、活动广告和印刷品广告等。各家电视转播商的电视广告不在此考察范畴之内。

场地内广告是世界杯赛事广告中最普遍的形式,设置广告区域,在场地边、场地上、球门后等场内其他地方悬挂或摆设广告设施。因广告牌摆放地点曝光度的差异,分为不同的广告区域,制定不同的广告价位,吸引并满足各种赞助商的需求,加大广告开发收入。常见的有场地滚动广告、观众席广告、背景牌广告、记分牌广告、引导牌广告和横幅等。

2010年,太阳能企业英利成了中国在世界杯上的唯一一个官方赞助商。2014年,英利再度参与竞标,以不低于8000万美元的价码拿下巴西世界杯球场广告,长达8分钟的广告在64场足球赛事中进行了循环播放。英利负

---

①姜中介. 2014年巴西世界杯多家一级赞助商营销缘何集体被唱衰? 21世纪商业评论,2014-6-12.

责人表示，世界杯赞助极大地提升了品牌的知名度，并为品牌开辟新市场带来了不少的商业契机。在圣保罗的一场比赛结束后，旅居巴西的华人球迷特意找到英利的展位向员工表达自己的激动之情。通过一场球赛，这家光伏企业知名度大为提高，真正实现了品牌的逆袭。①

活动广告是指参与世界杯赛事时所做的各类广告以及在参与活动时的曝光率。与世界杯赛事相关的活动大致有：新闻发布会、开幕式、颁奖仪式、酒宴、世界杯赛事推广宣传活动等。

印刷品广告是把世界杯比赛期间的印刷品，如票务、证件、秩序册、宣传海报、信封、信纸等，作为一种广告载体进行传播的形式。世界杯赛事入场券上的广告标志、赛事工作人员佩带的证件上的广告标志、运动员号码簿以及赛事秩序册和宣传画报等都可以作为体育广告的载体。在印刷品广告中，通常是按照广告宣传或 LOGO 印刷的不同位置划分价位。比如在秩序册、封面、封底、整版彩色插页等的广告价格就比其他页码上的高得多。

在 2002 年德国对阵巴西的这场举世瞩目的世界杯决赛中，足球绿地四周分享最后广告晚餐的，没有一个中国企业的广告牌，这从经济角度让我们清醒地看到了中国企业在这方面与世界其他国家企业间存在的差距。世界杯也让我们清醒地看到，中国企业和中国球迷一样，都只是世界杯的看客。中国的电视观众有时候会注意到，在有中国队参赛的那 3 场比赛中，会有中国企业的名字出现在赛场，那是电视镜头无意拍到的观众席中"某某企业啦啦队"的标语牌，是违章带入赛场的另类"非法广告"。

四、联动门票销售

世界杯门票稀缺，远远超过其他任何商业赛事。紧巴巴的门票很早就被全世界球迷所关注。如何做足世界杯门票分配的文章，组委会优先考虑政府机构、赞助商和电视转播商的球票分配，然后是各个赛场的门票销售，尽可能保证让看台满座。赞助商拿到世界杯球票之后，会充分兼顾上下游合作商家的利益。同时，组合营销往往也是屡试不爽的利器。如韩日世界杯期间，现代汽车在世界各地举行的"购现代汽车赠世界杯门票"的促销活动，受到广泛欢迎。

---

①Tiffany. 2014 年世界杯品牌营销之十宗"最". 2014 - 7 - 15. http://www.a.com.cn/info/al/2014/0714/273190.html.

世界杯足球赛门票的销售是世界杯赛事营销的重要环节，门票收入是其盈利的三大基础支柱之一。世界杯门票销售的渠道及形式主要有组委会统一销售和授权代理机构销售两种方式。随着世界杯足球赛在全球近一个世纪的成功推广，门票销售显得越来越人性化，从粗放单一的定价模式演变为全球化背景下不同阶段、不同价位的灵活多变的销售模式，以赢取更多精确的市场。

国际足联尽可能多地选择世界各国的足协为其销售世界杯门票，来扩大世界杯赛事的市场覆盖率，让广大球迷能够随时随地买到世界杯门票。国际足联规定，世界杯门票的50%由东道主分配及销售，其余50%的分配和销售权归国际足联，其中部分球票给予国际足联的赞助商和电视转播商及新媒体转播商。

最近几届世界杯，组委会与赞助商、电视转播商（包括新媒体转播商）、球票销售代理、旅行社和航空公司通力协作，实行门票联动销售，形成购票（包括机票代理）—购物（包括保险等服务类销售）—现场观战—旅游观光（包括餐饮住宿）—沿途购物等一体化组合营销，实现了利益最大化。

一般来说，世界杯公开发售的门票有100万张左右，而球迷的实际需求则以千万计。2006年德国世界杯的门票总共有293万张，而能够公开发售的球票却只有110万张。来自世界杯官方的数据显示，全球球迷对世界杯门票的需求是20∶1。2002年韩日世界杯300万张门票中，韩国和日本两个主办国各分得75万张。这引起韩日方面的不满，他们认为至少应该得到100万张。因为世界杯门票申请书刚一出来，申请人数就已达2600多万，大大超过原定人数。此时的世界杯门票绝对称得上是价比黄金了，世界杯门票资源的稀缺再次得以验证。

1998年法国世界杯期间，共有35万左右的摩洛哥旅客申请赴法国观看比赛，因为法国政府管理不当和组委会的疏忽，这些游客最终没能成行。这不但使法国政府损失了巨额的旅游收入，而且使那些原先得到旅行社承诺后来又没能取得票的球迷们大为不满，以至于引起了一些事端。俄罗斯吸取了法国世界杯的这一教训，承诺2018年俄罗斯世界杯期间，所有外国球迷可以凭比赛门票免签入境观看比赛，并研究球迷凭比赛门票免费通行于俄罗斯各个城市之间的可能性。

而2006年的德国世界杯组委会采用实名制订票，使得球票无法转让，购买球票的球迷需提供国际认可的信用卡，直接使用信用卡支付。如果游客无法成行，球票只能作废。由于签证手续烦琐而复杂，中国球迷如果想去德国看球，一般都会选择通过旅行社得偿所愿，"世界杯观战团"线路报价从2万元提高至3.68万元。"世界杯悬疑揭秘之战"——阿根廷对阵荷兰，价格高达4.99万元。①

2014年巴西世界杯，在巴西利亚、圣保罗、里约热内卢、萨尔瓦多、福塔莱斯、纳塔尔、累西腓、库亚巴、贝洛奥里藏特、库里提巴、玛瑙斯和阿雷格里港等城市举行，行程遍及整个巴西大陆。巴西世界杯组委会及早和有关方面精心协作，推出了世界杯旅游观赛全攻略。当然，对世界各国的足球迷而言，全套餐的价格自然不菲。

北京一名负责巴西世界杯游的旅行社透露，巴西世界杯旅游最便宜的是6万多元人民币，更高的巴西世界杯游可达十几万元人民币。深圳一家旅行社代售的单场小组比赛的价格最低超过5万元人民币，贵阳一家旅行社类似项目开出的价格最低则是8万元人民币。观赛套餐包含机票和食宿，还有当地的一些旅游项目。价格便宜的项目，早已售罄。

盛开国际体育因为"天价世界杯"遭到有关方面质疑。在2013年12月的计划启动仪式上，盛开国际体育公布了一些价目。6天5夜的行程包含机票、四星级酒店住宿、全程餐食、一场小组赛和当地观光，价格是7万元人民币，其中这场小组赛的门票是官方票务计划6档门票中第二低的一档，门票价格最低975美元，约合人民币6025元。中央电视台《焦点访谈》中提及的9.8万元开幕式门票套餐(盛开国际体育解释为Business Box，商务座席)中，约2.5万元人民币为官方票务计划门票本身价格，剩余7万多元为机票、酒店、观光等附加服务项目价格。盛开国际体育称，价格包含门票本身和机票、食宿、观光等相关服务，其中门票和国际足联指定价格一致。②

盛开国际的半决赛和决赛门票更加金贵，仅观看一场半决赛就要8万多元，两场半决赛加一场决赛，就至少要39.8万元。盛开国际成立于2009年，2010年获得了南非世界杯门票的中国代理权，它是一系列顶级赛事在中国的独家官方代理商，包括欧锦赛、温网等，是2014年巴西世界杯在中华区的独家代理公司。

采取门票联动销售方案之后，世界杯延伸产品营销变得不再那么重要。

---

①吴海名．旅行社叫卖观赛线路世界杯门票价比金贵．市场报，2006－6－3．

②王子轩．世界杯游很"烧钱"，旅行社价格最低要5万元．北京青年报，2014－3－20．

世界杯延伸产品是指与世界杯赛事相关的产品，包括吉祥物、纪念品、邮票、纪念章以及印有世界杯赛事标志的衣、帽、鞋、袜、围巾、汗巾、助威棒等。2006年第18届德国世界杯前，国际足联和世界杯组委会以350万欧元的巨额许可费将世界杯吉祥物“格里奥”的产权与制造权出售给了尼奇公司，并在全球范围内创造了1400万欧元的销售额。

世界杯邮票、纪念章的开发及其产权出售，更多的是其不断升值的收藏价值。在2014年巴西世界杯举办地马拉卡纳和圣保罗竞技场等世界杯球场门前，能看到不少人举着的牌子上面写着回收比赛门票，也能见到久违的老球票。据了解，世界杯门票是收藏爱好者青睐的物件之一。最近几年，世界杯门票的价值不断提升。如1930年在乌拉圭举行的第一届世界杯门票，普通场次门票的收藏市场价格已高达350美元，决赛场的门票以3000美元求购也难如愿，2002年韩日世界杯全套门票价格则攀升至5000元人民币。而未使用过的门票则更是凤毛麟角，价格也常常是使用过的门票价格的5～10倍。①

①何柳. 收藏爱好者最爱收门票，韩日世界杯全套值5000元. 大连晚报，2014－7－9.

第三章
最奢侈的赛事——美洲杯帆船赛

环海航行，充满浪漫，充满传奇，充满惊险刺激。从哥伦布发现新大陆到麦哲伦环球航行对“地圆说”的证实，从中国明代的郑和下西洋开辟海上丝绸之路到现代航海家翟墨行经亚非美洲的 15 个国家地区和岛屿，成为“单人无动力帆船环球航海中国第一人”，无不印证着人类征服自然、征服海洋的能力和潜力。帆船运动的发展，是人类对大海的敬畏，对大海的向往，是人类一次次挑战海洋的真实写照。

美洲杯帆船赛这项古老而又年轻的赛事比赛船只价格高昂，3000 万欧元的帆船只属于入门级别。美洲杯帆船赛的赞助商都是经济实力极为雄厚的企业，如宝马、欧米茄、沃尔沃、微软、普拉达、甲骨文和路易威登等都是赞助商的常客。美洲杯帆船赛媒介曝光率高，新媒体很早就成功介入到比赛中来，为赛事品牌和赞助商品牌增强了张力与活力。

帆船运动从来就不是一项大众体育运动，而是一项贵族运动，美洲杯帆船赛更是一场轰轰烈烈的“烧钱运动”。在美洲杯帆船赛 160 多年的历史当中，从来都是欧美富商高贵又时尚的竞技舞台，直到 2005 年中国人才开始感受并参与该项比赛。

美国有线电视新闻网（CNN）的创始人特纳和甲骨文公司（Oracle）的创始人兼 CEO 埃里森都是福布斯全球富豪榜上的常客。微软公司联合创始人保罗·艾伦、美国前总统肯尼迪、钢铁大王卡内基、石油大王洛克菲勒、普拉达老板帕特里奇奥·贝尔泰利、华尔街巨头 J. P. 摩根等，以及近十几年里兴起的硅谷新贵，都是帆船运动的爱好者或是美洲杯帆船赛背后主要的出资人和赞助商。摩纳哥国王阿尔伯特二世、好莱坞明星汤姆·克鲁斯等各界名流也都是帆船运动的积极参与者。

传媒大亨默多克也是帆船运动的爱好者。默多克一直追求简单的生活,但帆船绝对是他生活中重要的组成部分。默多克是一个不放弃、不服输的人,在一次帆船比赛时,默多克的手被缆绳剐伤鲜血直流。但已年届 64 岁的他"轻伤"不下火线,经过简单治疗坚持打着石膏继续比赛。

2005 年,"中国之队"成立并首次参加美洲杯帆船赛,成为美洲杯历史上第一支参赛的中国船队,此举得到了国内著名企业汇源果汁的冠名赞助。当地时间 2011 年 6 月 15 日,第 34 届美洲杯帆船赛组委会在美国旧金山宣布,中国、法国、意大利、新西兰、韩国、瑞典、美国等 8 支参赛队伍将参加 2013 年的比赛。

胸前别着中国之队的徽章,上面写着"中国之队,美洲杯的挑战者",中国之队舵主汪潮涌介绍他投资创办的中国之队是"一支真正意义上的中国队",因为"我们的船是自己造的,展现了中国科技创新的最新成就。大部分队员都是从中国各训练基地挑选出来的,展现新一代的中国人形象。"①

2007 年,"中国杯"帆船赛事在广东深圳大亚湾举行,三十多支中外船队参加了这次中国帆船处女赛事,众多的赞助商对此倍感兴趣,开启了中国帆船赛事与全球顶级的美洲杯帆船赛的对接之旅。

第一节　悠久历史

美洲杯帆船赛诞生于 1851 年,是所有体育竞技项目中历史最为悠久、文化积淀最为古老的体育赛事。现代奥运会的创始人顾拜旦在美洲杯帆船赛产生 12 年之后才出生,英格兰第一个足球俱乐部在美洲杯帆船赛产生 15 年之后才成立,而世界一级方程式锦标赛在美洲杯帆船赛产生一个世纪后才诞生。美洲杯帆船赛与奥运会、世界杯足球赛以及 F1 方程式赛车一起被誉为"世界范围内影响最大的四大传统体育赛事"。

1851 年,英国国王筹备于水晶宫举办首届世界博览会,英国皇家舰队决定邀请纽约游艇俱乐部的美国朋友参加一个环怀特岛的帆船赛,奖品为百金杯(后来也称基尼杯)。时任纽约游艇俱乐部的船长约翰·斯蒂文(John

①刘丹. 中国之队将再次亮相美洲杯帆船赛. 中国新闻网,2011 - 6 - 16. http://www.chinanews.com/ty/2011/06 - 16/3115694.shtml.

Steven)带队参加了此次比赛,他集合了当时一些富有的商人组建了船队,并选择乔治·斯蒂尔斯(George Steers)设计赛船。1985年8月22日,名为“美洲号”的大帆船甩开了包括卫冕船队在内的14支英国对手,最终赢得了比赛。

自豪的胜利者纽约游艇俱乐部喜不自胜,把高27英寸、纯银制成的基尼杯带回了美国。在其后的岁月中,根据赛事的“送让契约”,基尼杯被赠予纽约游艇俱乐部。契约规定,此次帆船比赛为国家之间本着友好竞争的原则,每隔数年举办一次的常规赛事。自此,每届比赛的获胜者在获胜后的第四年就在本国的海域举办一次由各国船队参加的帆船赛,这就是美洲杯帆船赛的由来。

美洲杯帆船赛是世界帆船航海运动竞技水平最高的赛事。“只有第一,没有第二”,是美洲杯帆船赛的标志性语言,用多种语言写在美洲杯历史展览的入口处,“追求卓越”则成为与之合作的伙伴所追求的精神。对于在34届美洲杯帆船赛中获得过29次冠军奖杯的美国队而言,“只有第一,没有第二”和“追求卓越”俨然就是其民族精神的写照。在2013年第34届美洲杯帆船赛总决赛中,美国甲骨文队曾在一度落后于新西兰酋长队7分的情况下,用不可思议的8连胜完成了美洲杯总决赛历史上耗时最长的一场惊天大逆转,成功卫冕。

帆船运动源自于古代居住在海河区域的人们水上出行与交通运输活动。那时,没有现代化汽车等交通工具,居住往来于大海边和河道旁的居民,只能够靠水吃水,选择驾帆摇橹作为远行手段。久而久之,彼此间熟悉的人们免不了要“竞赛”一番,慢慢地就有了今天帆船运动的雏形。

现代帆船运动始于16~17世纪的荷兰,帆船起初被用作政府征税和传令的交通传送工具。后来,很多贵族建造了帆船用来进行娱乐和体育活动,这大概是最早的帆船运动。据有关资料记录,最早的帆船比赛诞生于老牌商业体育发祥地英国。1660年,在英格兰的泰晤士河上,展开了一场由约克郡公爵和查尔斯二世各自拥有的一支船队组成的竞技。

18世纪,帆船俱乐部和帆船协会相继诞生。1720年前后,英、美、德、法、俄等国家先后成立了帆船俱乐部或帆船竞赛协会。1812年,英国创建了皇家帆船中队,1844年美国成立了纽约帆船俱乐部。此后,各国之间开始举办经常性大规模的帆船比赛活动。1870年,美国和英国首次举行横渡大西洋的美洲杯帆船赛。

1906 年，英国的 B. 史密斯和西斯克·史坦尔专程去欧美各国与帆船领导人商谈国际帆船的比赛等级和规则，并提议创立国际帆船竞赛联合会。1907 年，世界第一个国际帆船组织——国际帆船联合会正式成立，总部设在伦敦，迄今已有 120 多个成员国和地区。

当下，各种帆船赛事五花八门，法国伊尔国际帆船赛、荷兰斯巴帆船赛、德国基尔周国际帆船赛、悉尼霍巴特帆船赛、世界环球航海大赛等，左右着全球风帆走向。"中国杯"帆船赛的启程以及中国之队参与到美洲杯帆船赛竞争行列中，丰富了世界帆船运动的内涵。在全世界所有帆船类赛事中，最为重要的赛事是奥运会帆船赛和美洲杯帆船赛。

美洲杯帆船赛分预赛和决赛两部分，决赛每四年举办一次，四年间在世界各地举办分站预选赛——"路易威登挑战赛"，旨在选出挑战上届冠军的船队。决赛的地点在上届冠军俱乐部所在的国家进行。美洲杯帆船赛每支参赛船队要有 17 名船员，赛前各俱乐部可以进行练习，但不得使用比赛用船。

第 32 届美洲杯帆船赛是 130 多年来欧洲第一次成为美洲杯的主场，同时也是中国船队第一次参加这项伟大赛事。中国之队出征该赛事，不仅对中国体育界而言意义重大，也标志着美洲杯首次由来自五大洲的队伍共同参加，创造了美洲杯参赛队伍最完整的历史。第 32 届美洲杯帆船赛还打破了历史惯例，将比赛由每四年才举办一次，改为四年中在法国、德国、意大利、瑞士、西班牙以及美国等国连续举办 13 场"分站赛"的模式，进一步拉近了以上各国与帆船运动的距离。分站赛的形式为"群发赛"，即所有赛船同时从起点出发，情景蔚为壮观。分站赛结束后，根据各队的分站赛成绩，决定路易威登杯的分组情况。路易威登挑战赛以两两对决（两只船队之间展开争夺）的方式选出参加美帆赛决赛船队。

2006 年，中国选手徐莉佳在世界帆船帆板激光级锦标赛一举夺得女子组冠军，成为首个为中国夺得奥运帆船项目世界冠军的运动员。2008 年，年仅 20 岁的徐莉佳在青岛奥运帆船中心举行的帆船激光镭迪尔级奖牌轮争夺赛中，从 70 多个国家和地区的 77 支队伍中杀出重围夺得了第三名。2012 年 8 月 6 日，在伦敦奥运会帆船激光镭迪尔级女子单人艇中，徐莉佳再展神威一路领先夺得冠军。徐莉佳在帆船运动上的优异表现，为中国帆船运动的开展做出了积极贡献。

每年 4 月下旬举行的法国伊尔国际帆船赛，5 月下旬的荷兰斯巴帆船赛及6月下旬的德国基尔周国际帆船赛是著名的欧洲三大帆船赛事，每年都有来自世界各地的大批帆船选手涌入欧洲。欧洲三大帆船赛事的规模和水平都大大高于奥运会，中国帆船队曾多次参加这三大赛事并斩获过冠军。近几年，法国、荷兰和德国这三个国家已经将这几项比赛办成了闻名全球的帆船节，其中以德国基尔周帆船赛的节日气氛最为浓烈，场面最为宏大。比赛期间，来自世界各国的帆船爱好者纷纷赶来观赛。比赛期间，组委会还同时举办大型船艇展、汽车展及大型文艺活动等。

创建于1945年的悉尼—霍巴特帆船赛是世界著名远洋帆船赛事，每年在澳大利亚举行一次，吸引着来自世界各地的航海爱好者。比赛起点为悉尼湾，终点为澳洲第二古城霍巴特，全程640海里，最快的选手不到3天就可以完成航程。1997年，中国香港帆船协会会长郭志梁亲自驾船参赛，为亚洲获得了第一个该项赛事的冠军。

第二节　奢侈船队

美洲杯是世界上历史最悠久的体育赛事之一，从创立以来就一直受到各界的极大关注。纯银基尼杯的荣耀、海上远帆的浪漫以及中流击水的潇洒，使这项比赛逐渐演化成了商界的至高角逐，是最奢侈的帆船大集汇。

美洲杯帆船赛是当今世界吸引全球富豪、王公贵族和企业CEO参与的贵族运动。每逢美洲杯帆船赛赛季，都能吸引很多世界名人来观看决赛盛况。第32届美洲杯帆船赛比赛时，摩纳哥国王阿尔伯特二世、甲骨文公司总裁拉里·埃里森、微软创始人之一的保罗·艾伦以及好莱坞明星汤姆·克鲁斯等重量级人物的参加，使赛事更加具有明星色彩和财富魅力。第31届美洲杯帆船赛冠军瑞士阿灵基队，受到了当时世界首富比尔·盖茨出资赞助。瑞士是一个没有海岸的内陆国家，能够获得美洲杯帆船赛冠军，在全球引起了很大的轰动。

美洲杯帆船赛是世界上耗资最大的比赛，每一条参赛船只都有着极高的科技含量，凝聚着能工巧匠的创意与心血，价值少则几千万美元，多则上亿美元。

年轻的中国之队船主汪潮涌是信中利投资集团董事长兼总裁，船队整体预算可支配资金4亿元人民币。2006年7月，在中国广东东莞，第一艘中国制造的美洲杯大帆船CHN95正式开工。CHN95被命名为“龙之子”，是美洲杯赛历史上的第95艘赛船。CHN95船长26米,身价不菲,是世界各地精英组成的专业设计团队的杰作,40位工匠花费了两万工时,使用了2000立方米的木材和4000平方米的碳纤维布,镶嵌了13种昂贵组合材料,耗资1亿元人民币。中国之队全队17名船员,其中包括4名中国专业船员,另有数十人负责船队的管理、训练以及中国本土船员的选拔和测试。除了前期的投资之外,船队每年维修、保养、停泊以及培训水手等各种费用加起来,超过1亿元人民币。

瑞士阿灵基队曾夺得第31届与32届美洲杯帆船赛冠军,船主为瑞士籍意大利人埃内斯托·贝尔塔雷利。在2011年福布斯全球财富排行榜上,贝尔塔雷利以106亿美元位列第81位,是富可敌国的瑞士首富。

贝尔塔雷利所接管的家族企业瑞士雪兰诺(Serono)公司是欧洲最有声誉的生物制药企业。贝尔塔雷利10岁开始跟随其父亲进入商界,17岁时帮助公司制作年度预算,31岁时正式接替父亲成为整个家族企业的国际公司CEO。接手家族制药企业后,贝尔塔雷利颇具前瞻性地将企业的研发重心由传统制药调整为生物制药,企业的发展因此步入快车道,不久便跻身世界制药业三甲行列。此后,他开始从事投资生意,其投资领域包括对冲基金、房地产、私募股权融资等。贝尔塔雷利用10年时间,带领公司进入全球领先地位,成为欧洲最大、世界第三的医药公司。2006年,贝尔塔雷利将自己的制药企业转让,从中获利133亿美元。

贝尔塔雷利不仅是成功的商人,还是技艺高超、履历不凡的航海高手。2000年,酷爱帆船运动的贝尔塔雷利组建了瑞士阿灵基队,而这支船队在2003年便勇夺美洲杯帆船赛冠军,成为这项国际顶级赛事中首度参赛便登上最高领奖台的船队。2007年,阿灵基队成功卫冕。贝尔塔雷利不仅是船队的幕后老板,还身体力行参加比赛。在这两届美洲杯上,贝尔塔雷利是阿灵基队中唯一的瑞士本土选手。2003年,他在船上是出谋划策的导航员,2007年,他则担纲绞盘手,干起了艰苦的重体力活。2010年,瑞士阿灵基队在第33届美洲杯中败给挑战者美国甲骨文队,无缘成就三连冠伟业,当时贝尔塔雷利是阿灵基队的舵手。

不难理解,纵横商海多年的贝尔塔雷利缘何对帆船情有独钟,因为这项运动与经营国际企业有异曲同工之妙,二者都要求决策者拥有非凡的智慧、胆识和魄力,而且有时必须要料敌先机、算无遗策,乃至见风使舵、随机应变，方能克敌制胜。①

贝尔塔雷利酷爱帆船运动，舍得在帆船运动研发方面大把花钱。为了瑞士阿灵基船队一鸣惊人，贝尔塔雷利聘请洛桑联邦理工学院担任船队官方科学顾问，全力支持科研人员研究建造了最符合帆船运动生物力学的“阿灵基”赛船，并且连续两次夺得美洲杯冠军。

美国甲骨文船队是不折不扣的金主集中地，从早期的洛克菲勒、摩根到卡内基再到 CNN 的创始人特纳以及现在的甲骨文公司的老板拉里·埃里森，美国甲骨文船队基本上是一些具有划时代精神的大企业家的前赴后继大亮相。

美国有线电视新闻网（CNN）的创始人泰德·特纳，在帆船运动中也是一个响当当的人物，曾经多次赢得比赛。1977 年，他带领船员夺得了美洲杯冠军，那一年夏天，他成为全体美国人和媒体关注的焦点。他的一位队员回忆当初比赛时的情景说：“只要有特纳参加的比赛，所有船只都得从黎明到黄昏进行激烈地角逐，而且到了晚上，当别人想休息时，特纳还要继续战斗，并且彻夜不停。”特纳也曾经评价自己是“世界上最伟大的帆船运动员”。并且说：“我从不放弃，我的船上有许多面旗帜，但没有一面白旗，这就是我的人生。”②

现在，美国宝马甲骨文队的船主是美国 IT 行业敢于叫板盖茨的人拉里·埃里森，他曾一度登上世界富豪排行榜榜首。埃里森热爱各种冒险刺激的运动，在帆船上的投入更是大手笔。生活在硅谷的埃里森把自己的船队注册在旧金山金门帆船俱乐部，其梦想是将来在旧金山的港口举办美洲杯挑战赛。在宝马甲骨文队的赞助商名单上，宝马和甲骨文是船队最大的两个赞助商。此外，世界上最大的保险公司德国安联保险被冠以“船队唯一的主赞助商”荣誉，甲骨文老板还把自己的另外一个公司拉进赞助商行列，瑞士著名的奢侈钟表制造商吉拉德·佩罗斯也在其中。这个队伍有 1.5 亿欧元的可支配资金，拥有两条船和 37 名船员，平均年龄 37 岁，参加美洲杯的历史为 166 年，曾经获得过 12 次美洲杯挑战赛的胜利。

美洲杯的申办更是一场经济实力的较量。与奥运会选择主办城市相仿，美洲杯帆船赛也需要通过复杂且严格的选拔程序来确定决赛主办城市。

---

①孙飞. 阿灵基队幕后老板兼船长富可敌国，身家超百亿美元. 青岛日报，2012-4-16.

②张媛媛. 福布斯富豪迷恋帆船赛. 世界新闻报，2011-3-22.

申办城市不仅耗资巨大,还要具备良好的比赛条件。决赛主办地的申办费用是 9000 万欧元,分站赛举办地费用 1000 万欧元。这对很多经济实力不够雄厚的地区而言,都是天文数字。

第 32 届美洲杯仅欧洲就有 60 个港口城市申办。为了获得主办权,西班牙国王亲自出马。最后,瓦伦西亚以稳定的风力、良好的海港条件、全民动员的态度脱颖而出,在付出了 9000 万欧元申办费后拿到了主办权。西班牙瓦伦西亚自治区副主席兼美洲杯帆船赛执委坎波斯表示,除了付出 9000 万欧元的申办费之外,瓦伦西亚美洲杯帆船赛直接用于比赛和基础设施建设的总投资将达 21 亿欧元,西班牙政府向第 32 届美洲杯帆船赛提供了 10 亿欧元的支持。西班牙日报《世界报》报道说,瓦伦西亚已经同意支付 1.05 亿欧元(约合 7000 万英镑)来筹办第 33 届该项赛事,比举办 2007 年的比赛多支出了 1500 万。不过赛事也给当地人民带来了好处,瓦伦西亚地区人口总共 100 万,而美洲杯帆船赛给这个地区提供了 60 万个就业机会,其中包括酒店、旅游、度假等。

如果说 F1 汽车大赛是当代汽车先进技术的竞争的话,美洲杯帆船赛恰恰是当代造船综合技术的较量,包含了流体力学与空气动力学,涉及 IT、电子、航海和材料等领域。与 F1 相同,在美洲杯帆船赛中,金钱和技术决定一切。没有上亿美元,难以造出一艘可以在美洲杯帆船赛上称霸的帆船。只有金钱没有技术,也是空话。19 世纪 70 年代以来,先进技术成了美洲杯帆船赛最为重要的武器。那些拥有世界级航海家的船队未必能够取得胜利,只有拥有最快速度帆船的船队才能够夺取冠军。

现代航海技术的发展为美洲杯比赛提供了继续进步的基础,从比赛条件到帆船材料不断进行变革。到了 1995 年,先进技术促使美洲杯发生了更大的变化。美洲杯比赛的距离加长了,比赛的海域更富有挑战性,比赛更加精彩。与此同时,各支帆船队之间为了争夺霸主地位进行的间谍战也更加激烈了。各支帆船队竭尽全力保持参赛帆船底部的秘密,将船体形状、龙骨、船艏、尾翼特地掩盖起来,以躲避竞争对手密探的眼睛。保密对于参赛船只非常重要,因为美洲杯帆船赛的胜利往往依靠设计来取胜,以此来提高帆船的航行速度。

以前,上届冠军和可能发起挑战的一两艘帆船,必须在参赛帆船还在船坞的时候就要透露即将参赛的帆船的某些细节。但到了 2007 年,参赛的各帆船队只是透露表面情况,真正的技术细节全部保密。

第三节 奢侈媒介

主办美洲杯帆船赛,可以起到提升国家形象的作用,虽然不能说明主办国以此就能跻身超级强国的行列,但全球媒体对主办城市和主办国的宣传报道,却对主办方有着非同凡响的意义,这是赛事举办地最直接的无形资产的增值收益。

美洲杯赛事由美洲杯管理公司(ACM)进行管理,目前的电视转播已经覆盖全球200多个国家和地区,观众累计达29亿。据这项赛事的国际权威统计数据显示,它的媒体价值能够和奥运会、世界杯、F1三项赛事并驾齐驱,比如第31届美洲杯帆船赛在欧洲举行,累计观众达到29亿人,全球赛事转播达到211个国家和地区。第32届美洲杯帆船赛规则的改变,以及第33届美洲杯帆船赛分别从船的技术性能、比赛环境等方面对规则进行进一步的修订,以此来增加比赛的观赏性和激励性,进而增加比赛的收视,吸引更多的观众。这是美洲杯帆船赛电视转播权开发出来的绝对价值,也是其与各电视转播商谈判的筹码。

传统电视在美洲杯帆船赛举办期间风光无限,新媒体也开始崭露头角。在第32届美洲杯帆船赛中,阿尔卡特和移动网络运营商ISP合作,为赛事提供了空前的媒体覆盖,向移动用户提供特别制作的赛事内容,阿尔卡特的新型媒体“交钥匙”解决方案使帆船爱好者们无论何时何地,都能随心所欲地通过因特网和手机观看精彩赛事并参与互动。阿尔卡特推出的创新媒体业务,不仅使组委会大大受益,而且也使各参赛队和比赛赞助商受益匪浅。

作为第32届美洲杯的四个主要赞助商之一,阿尔卡特具有独家新媒体版权并提供移动及互联网业务。如提供并出售媒体版权,并且提出精确的版权定义,区分电视广播以及新媒体版权,又如提供直播视频等。同时,提供原始内容信息,包括赛事信息、独家视频、精彩赛点、新闻、电子期刊、采访及独家图片和独家3D动画等。

通过赛事直播(Live Sailing)和虚拟电视(Virtual TV)两项新业务,观众可在手机和个人电脑上观看美洲杯帆船赛的实况报道。赛事直播业务首开美洲杯帆船赛新闻报道之先河,第一次通过手机为用户提供有关帆船赛的最新动态图像和文字报道。赛事直播业务提供的动态图像包括从各个角度拍摄的比赛画面、帆船航线、风向、赛船至终点距离以及历次比赛的档案资料等。虚拟电视业务还能使宽带用户通过个人电脑将第 32 届美洲杯帆船赛实况尽收眼底。虚拟电视能够播放各场船赛的实时三维动态图像,提供有关船赛的最新消息、精彩瞬间的现场点评以及全程赛事安排等,用户还可搜索已结束的分站赛的资料。

在美洲杯帆船赛上,其 LOGO 及其相关墙纸下载大受欢迎,今日热点以 SMS 或 MMS 的形式推送到手机终端上,移动游戏、聊天论坛、赛事直播和今日热点赛事等,都在移动终端上得以呈现。

第四节 超级赞助

美洲杯帆船赛是当今世界最奢侈的运动,价格高昂的船只,令人咋舌的参赛报名费,超乎想象的高额申办费用,以及庞大船队的维护运营和船员工资,每一项都是天文数字。没有巨富财团作为支撑,没有源源不断的赞助经费,就没有金碧辉煌的美洲杯。

美洲杯帆船赛号称世界上赞助金额最高的体育赛事,形成了成熟的商业模式和超级豪华的赞助商阵容。在美洲杯的赛场上,可以看到路易威登、宝马、丰田、甲骨文、普拉达、阿尔卡特、欧米茄等世界著名企业的醒目标志。美洲杯比赛像一场商标大展示,船帆上、船身上、衬衫上、帽子上、支援船上的赞助广告铺天盖地,很多队连队名都奉献给了出钱最多的赞助商。

美洲杯的每一支参赛船队都有雄厚的财富支持,彰显出赛事以突显企业实力和合作精神的灵魂精髓。在比赛现场的观众眼里,在电视转播和新媒体转播画面中,透过清晰可辨的船身或船帆上赞助商的 LOGO,船队背后的强大支持无处不在。

甲骨文老板拉里 · 埃里森是《巴伦周刊》全球30 名最佳 CEO 之一,也是 2009 年全美薪酬最高的 CEO,《巴伦周刊》评价他是“科技界精力最充沛也最具争议性的领导人之一”。他爱飙车、开喷气式飞机,甚至想玩战斗机,曾经在夏威夷冲浪时跌断过脖子、玩山地自行车时摔断过眉骨、玩帆船时遭遇导致 6 名船员丧生的特大风暴。为了体验低空飞行,拉里 · 埃里森曾多次在晚上 11 点宵禁后,驾着飞机飞过邻居家的上空。拉里 · 埃里森极为热爱帆船运动。在 2010 年 2 月 14 日,拉里 · 埃里森收到了一份最好的情人节礼物——甲骨文船队夺得第 33 届美洲杯帆船赛后。拉里 · 埃里森这样解释自己为什么热爱帆船运动,“这是一项集体运动,获胜代表着集体努力的结果,就好像一个公司一样，不过在商业社会打拼比与海洋上的风浪搏斗更刺激”。

2 月的美国旧金山湾依然寒风凛冽，但对埃里森而言，这一点寒风与即将迎接的巨大幸福相比微不足道。他站在自己出钱建造的那艘价值 1 亿欧元的纯白色帆船上，迎着寒风，接过那个当今世界大多富豪都羡慕不已的银质奖杯，深情地放在嘴边亲吻，然后高高举起。船员们在他身后欢呼鼓掌，睽违 23 年之久的美帆赛奖杯终于再次回到了美国人手中。为了庆祝胜利，向来出手阔绰的埃里森自掏腰包。当天晚上，旧金山湾附近的居民欣赏了足足半个小时的华丽烟花表演。①

欧米茄与海洋的渊源无可争辩，自水手依赖高精度的海洋计时器进行导航以来，帆船和计时之间就一直存在某种联系。欧米茄是唯一获得海洋天文台认证的腕表品牌。长期以来，欧米茄始终是一些最伟大帆船选手的首选。

虽然全球定位系统等技术早已超越了欧米茄航海计时腕表，人们对欧米茄坚固可靠且具备优异防水性能的海马系列腕表的需求，却依然有增无减。欧米茄为最有竞争力的帆船选手和帆船赛事提供赞助和官方计时，延续了它与航海之间的紧密联系。

欧米茄与新西兰队（Team New Zealand）的合作关系始于 1995 年，当时彼得·布雷克爵士正是欧米茄的名人大使。罗素·库茨掌舵成为队长时也同时成为欧米茄名人大使，直至他离开新西兰队加入阿灵基船队为止。库茨的继任人迪恩·巴克于 2001 年加入欧米茄大家庭。彼得·布雷克爵士自专业帆船赛事退役后，作为主要赞助商之一，欧米茄继续为他的布雷克远征队（Blakexpeditions）项目提供支持，直至他在 2001 年不幸早逝。作为彼得·布雷克爵士的继任者，新西兰酋长队队长迪恩·巴克不仅在新西兰酋长队延续爵士的传奇，他也同样关注海洋生态。从 2001 年一直到 2013 年第 34 届美洲杯帆船赛，巴克一直担任欧米茄名人大使。罗素·库茨于 1995 年圣地亚哥美洲杯赛事期间担任新西兰船队的舵手，他于 2005 年成为欧米茄名人大使，并于同年参加 RC－44 系列赛。欧米茄和女子单人帆船赛选手艾伦·麦克阿瑟也有着长期的合作关系，2005 年 2 月 7 日，她以 71 天 14 时 18

---

①参见：埃里森，硅谷最张扬最具争议的 CEO. 2010－4－15. http://biz.ppsj.com.cn/2010－4－15/2567412847.html.

分 33 秒的成绩打破了单人环游世界的航行纪录,而正是欧米茄计时服务为她记录下了扣人心弦的每一秒钟。为了表彰她的卓越成就,艾伦·麦克阿瑟被伊丽莎白女王亲自授予“女爵士”的称号。

最近,欧米茄与环保人士、电影制片人雅安·阿瑟斯·伯特兰在多个项目上保持密切合作,旨在提升海洋环保的意识。其中一大亮点是由雅安·阿瑟斯·伯特兰与迈克尔·皮托携手欧米茄合作拍摄的纪录片《海洋宇宙》。欧米茄还与阿瑟斯·伯特兰创立的美好星球基金会组织深入合作,在印尼苏拉威西北部和南部地区启动“守护地球,从此刻开始”(Timeforthe Planet)的环保项目。

2013 年,全球最负盛名的帆船比赛——美洲杯帆船赛在美国旧金山举行。欧米茄有幸支持新西兰酋长队及其队长迪恩·巴克出战所有分站赛以及总决赛。新西兰酋长队驾驶拥有高科技的 AC72 赛艇征战第 34 届美洲杯帆船赛,赛艇之名源自其傲人的长度(72 英尺)。赛艇最高时速可达风速的两倍,尽显非凡工程设计。AC72 上装有电视摄影机及麦克风,从而使赛况报道达到前所未有的水平。与以往相比,帆船运动爱好者们可以身临其境般地欣赏扣人心弦的比赛,这就要求船员们不仅心理素质要过硬,还要具备极佳的运动风范。欧米茄对品牌标志与名称能够出现在这艘双体船上深感荣幸。欧米茄现已展望 2017 年,期待能够在第 35 届美洲杯帆船赛中延续与新西兰酋长队的合作,以便再创辉煌。

在路易威登世界里,品牌传承、精湛工艺、奢华时尚、旅行艺术、艺术合作、基金会和美洲杯帆船赛构成了其核心元素。其中,“美洲杯帆船赛,一生的追求,自由、勇敢、技巧和能力——路易威登品牌的真正内涵”尤为精辟。2015 年到 2017 年,从朴次茅斯到百慕大,第一轮路易威登美洲杯世界系列赛事已于 2015 年 7 月 23 日至 26 日从英国朴次茅斯港起锚。

在 160 多年的美洲杯帆船赛发展历程中,卫冕者每次只能与一位挑战者比赛。1970 年,曾有两位挑战者想要打败卫冕者,因此必须组织一次淘汰预选赛。1983 年,挑战者预选系列赛在美国罗德岛避暑胜地纽波特举行的美洲杯赛事上正式被命名为路易威登杯。同年,首届路易威登杯的获胜者 AustraliaII 在历史上首次打败了美国卫冕者,成功终结了美国船队 132 年的霸主地位。自 1983 年起,任何希望获得美洲杯参赛资格的选手必须首先赢得路易威登杯,才能获得进军决赛的资格。当时,法国 Baron Rich 队的船长 Bruno Troubl 为了让旗下队员更专心受训,积极备战,便向路易威登主席

Henry Racamier 寻求赞助。而 Henry 马上发现了路易威登同美洲杯帆船赛的共同特点:精益求精,既重视传统,又寻求创新。“没有第二名”的美洲杯帆船赛精神和路易威登对产品工艺以及设计一丝不苟、细节考究、追求完美的特性不谋而合。1983 年,路易威登集团首次将其名号赋予美洲杯分站预选赛,即路易威登挑战赛,目的是选出优胜船队,与上届冠军在美洲杯卫冕赛(决赛)中一较高下。

路易威登与美洲杯帆船赛秉承着最悠久的合作伙伴关系,多年来已成为勇敢拼搏和追求卓越的代名词。2015 年,路易威登再次兑现了对美洲杯帆船赛的承诺,成了美洲杯世界系列赛事、预选赛和季后赛的冠名合作伙伴,以及第 35 届赛事的推广合作伙伴。按照美洲杯商务委员长哈维·席勒的话说,“自 1983 年以来,路易威登一直在美洲杯中扮演着重要角色,而此次签署的协议是迄今为止涵盖合作领域最广的一份协议。随着时间的推移,我们建立起了体育界独特的长期伙伴关系,这种关系经过 30 余年的合作历程得到了加强。根据本协议,路易威登将参与整个赛事的全部环节”。路易威登首席执行官迈克尔·伯克表示,“多年以来,路易威登一直以能够与美洲杯合作而感到自豪。今天,我们做出了一个全面的承诺,让我们能够携手承办这一伟大的赛事。美洲杯帆船赛事的圣杯,见证了挑战者们横跨大洋的技能,并以此作为毕生的追求。竞赛所需的自由、勇敢、技巧和能力完美体现了路易威登品牌的真正内涵。我们的传承中所包括的航行、探险、技术和设计,将促进竞赛不断突破,超越极限”。

对路易威登而言,这并不仅仅是支持一项伟大的体育赛事,它同时反映了路易威登品牌特有的开创精神,自创立伊始一直持续到今日。路易威登将在 2015 年 7 月已经起锚的赛事的所有领域中扮演重要角色,涉及岸上活动的安排、水上赛事的进行、国际电视直播以及网络平台信息传输。路易威登美洲杯预选赛、季后赛和路易威登承办的美洲杯比赛将于 2017 年 6 月在百慕大举行。

第五节　中国起锚

纵观世界最高级别的竞技场,奥运会、世界杯、F1 都逐渐有了中国选手的身影。2005 年,全球四大顶级赛事的美洲杯也开始有了中国之队的身影,也许很多人对这一领域不怎么关注,但这正是中国吹响向海洋进军号角的第一步。

美洲杯帆船赛一向以巨额的投入而闻名于世,大多数发展中国家和地区一般望尘莫及。2005 年美洲杯,中国人通过重组法国挑战队,在海上运动领域迈出了令人瞩目的一步。中国之队第一次在美洲杯赛场上扬起风帆,同时也承载了无数热爱帆船运动者的梦想,还有许多企业的期望。

中国之队成立于 2005 年 3 月,由中国信中利投资集团总裁汪潮涌和法国 Le Défi 体育管理公司共同投资。信中利公司是中国领先的风险投资集团,而 Le Défi 体育管理公司是一家有着两届美洲杯参赛经验的法国队伍。中国之队的幕后推手是从华尔街归来的信中利投资公司的 CEO 汪潮涌及其夫人李亦非,通过动用家族基金 5000 万美元投资美洲杯帆船赛,组建中国之队。钟情于帆船赛的汪潮涌将他的梦想变成了现实,被媒体称为"中国最敢花钱、最敢玩的富翁"。

中国之队拥有三个超级伙伴,即 2005 年 5 月加入的瑞士制表先锋泰格豪雅,2005 年 6 月加入的西班牙雅致陶瓷,以及 2006 年 8 月加入的世界著名洋酒品牌芝华士。2006 年 10 月,亚洲帆船界的泰斗、前香港皇家游艇俱乐部主席、亚洲几艘顶级大帆船的所有者兼船长庞辉先生加入中国之队,成为队伍的荣誉主席。中国之队参加 2005 年美洲杯帆船赛的消息一经传出,就有不少国际品牌纷纷找上门来洽谈赞助。汇源果汁为中国之队提供赞助,成为第一家出现在美洲杯赛场的中国品牌。汇源果汁集团成立于 1992 年,是中国最大的果汁饮料生产商,其生产的纯果汁在中国果汁市场的占有率高达 47%。赞助美洲杯帆船赛,是汇源果汁集团公司的国际化进程迈出的重要一步,为汇源果汁集团在全球市场提升品牌知名度,展示汇源品牌形象提供了一个难得的平台。

美洲杯帆船赛主办机构的首席执行官伯尼福斯评价道,"我们为把中国纳入第 32 届美洲杯帆船赛感到异常兴奋。这一步具有非常积极的意义,并与我们在全球范围内进一步推广美洲杯的愿望相符合。美洲杯所创造的价值决不仅限于西方,它们最终属于全世界。"

中国之队参赛,使得来自五大洲的船队第一次齐聚美洲杯帆船赛。通过美洲杯帆船赛组委会、中国之队和 MTV 的共同努力,在美洲杯历史上首创了美洲杯之夜演唱会,为第 32 届美洲杯的开幕式注入了新的元素,也注入了中国文化的概念。此外,十二支美洲杯帆船队的基地顶楼,只有中国之队是面向公众完全免费开放的。①

飞速发展的经济和开放的姿态给予中国人更多追求个性生活的自由。有人说，衡量一个国家的经济实力，在某种程度上要看这个国家海港的桅杆数量。在中国经济发展最为迅猛的这几年，中国"新富"迅速涌现。那些白手起家，身价上亿的新富们，除了努力在财富规模上与西方发达国家接轨以外，也正努力学习着发达国家富豪们的生活方式，帆船逐渐成为这些富豪们的娱乐工具，国内也出现了一批热衷于推广帆船赛事的专业人士，于是"中国之队"及中国杯帆船赛应运而生。

中国杯帆船赛源于一次磅礴的洲际远航"纵横四海"，2004 年一群航海勇士从法国船厂定制了一艘 12 米长的新型双体帆船，并从名著《堂吉诃德》中得到灵感，将帆船命名为"骑士号"。骑士号从法国拉罗谢尔港口起航，穿越半个地球，横跨欧非亚 7 个海区，航行 1.1 万海里回到深圳。此后，这些最早接触到航海运动的中国人萌生了一个创办中国人自己的帆船赛事的想法。

2007 年，中国杯帆船赛在深圳大亚湾举办了第一届比赛，以后每年举办一届。2005 年，中国组建了第一支参加美洲杯的队伍——中国之队，在美洲杯的历史上首次扬起风帆。2008 年第 29 届北京奥运会帆船比赛项目在青岛举行。这都为帆船运动在中国的发展起到了宣传和推广作用。

2007 年，中国国家体育总局批准设立中国杯国际帆船赛，比赛每年举行一届，赛事为期 4 天，由拉力赛和场地赛组成。这是首个由中国人创办的大帆船国际赛事，是目前唯一在国内举行的大帆船赛事，也是唯一一个以"中国杯"命名的自主帆船品牌赛事。8 年以来，新华社、人民日报、中央电视台（包括中国网络电视台）等国内主流媒体和 CNN、BBC、ESPN、路透社、新加坡《联合早报》和凤凰卫视（境外）等国际权威媒体，共 300 家单位和 800 多名媒体记者对中国杯帆船赛赛事进行了现场采访报道，给予了持续的关注。在国内外众多媒体的关注下，中国杯帆船赛在创办短短 8 年的时间里，迅速成长为亚洲地区最具影响力的国际性大帆船赛事。2008 年、2009 年、2012 年，中国杯帆船赛三度荣获亚洲游艇盛典"亚太地区最佳帆船赛事"，2010 年，中国杯帆船赛成为中国首个被列入国际帆联大帆船赛历的赛事。

首届中国杯国际帆船赛由中国帆船帆板运动协会和深圳第 26 届世界大

①中国挑战者首次备战美洲杯，3 千万欧元建帆船. 2005－3－12，China Sailing.

学生夏季运动会组委会执行局主办，深圳市龙岗区人民政府、深圳市盐田区人民政府协办，深圳市体育局和深圳市纵横四海商务咨询有限公司承办。

在首届中国杯帆船赛上，有来自 15 个国家和地区的 60 多艘大帆船参加了此次比赛。除了本土船队外，香港共有 27 支队伍参加了比赛，还有来自美国、巴西、澳大利亚等国家的多支队伍参加了比赛。来自国内超过 200 家媒体、海外 30 多家主流媒体对中国杯国际帆船赛事进行了全程报道，引起了巨大的社会反响。

创立 8 年来，中国杯帆船赛已经汇集了亚洲、欧洲、美洲、大洋洲和非洲这五大洲的船队，每年赛事都会吸引 30 多个国家和地区的近百支船队前来竞逐，由博纳多锋仕 40. 7 组成的统一设计组别赛已经使中国杯迅速成为亚洲最具影响力的大帆船赛事。

中国杯不仅仅是一场航海盛事，更是一场集结体育、时尚、艺术、经济于一体的海上嘉年华，赛事期间的“蓝色盛典 · 时代骑士勋章授勋仪式”“航海论坛”等一系列丰富多彩的附属活动都同期上演，2013 年第七届中国杯帆船赛更是吸引了 5 万名观众蜂拥而至，成为金秋十月深圳的重要盛事。

在中国杯比赛间歇期，中国杯全年提供“大帆船航海体验”“企业款待帆船游”“亲子帆船游”“帆船夏令营”“出海观赛款待”“航海开放日”等多种融合体育、艺术、文化、商务的活动，让大帆船运动更接地气，让越来越多的人能够一起扬帆，感受大帆船运动的魅力。

稀缺的帆船材质、精彩激烈的比赛、丰富多彩的关联活动，携手搭建起来的是一个高品质的商业展示平台，在诸多国际企业希望开拓高端市场的大背景下，中国杯无疑是一个推广营销的高端平台。中国杯如同一个新媒体，未来的重点将是运营在帆船这种生活方式下的群体，而非传统时代运营赛事产品本身。在微信时代，很多商业形式是革命性的，这将对帆船这种高端小众的体育运动带来新生机。

中国杯国际帆船赛的起航，在政治、经济、文化方面为中国在大海上开启了一扇窗，让中国与世界更为亲近。这不仅仅是一项水上体育赛事，同时还提供了丰富、前卫、高端的艺术娱乐活动，更是一个展示中国前卫艺术、传统文化的国际性舞台。艺术元素的加入，让中国杯的内涵更加丰富深远，海洋主题的突显，令艺术活动更加充满活力，充满人文和环境的关怀，完美地实现了文化艺术与高端体育运动的有机结合。

中国杯帆船赛的与众不同之处，在于打造自主品牌赛事。正因为其良好的品牌和所具备的长期发展潜力，被众多赞助商看好。中国电信商务领航成为帆船赛全球战略合作伙伴之一，同时，作为全球合作伙伴的还有腾讯网、联想 Thinkpad 等，入门门槛是 300 万元，高级赞助商达 7 家之多，同时还有各种供应商、支持单位等，他们除提供若干相应的产品支持外，也需要交纳数额不等的费用，这是中国杯的主要收入来源。赛事组委会计划在未来几年内投资 2～3 亿元资金，全方位打造这一项赛事。

2015 年 6 月，由中国帆船帆板运动协会、湖南省体育局、湖南省旅游局和长沙市人民政府联合主办，长沙市旅游局、长沙市体育局、中国帆船帆板运动协会俱乐部管理委员会和湖南裕乐湘旺投资管理有限公司等联合承办的“中国长沙湘江国际帆船赛”定在湖南省长沙市湘江橘子洲头举行。这是深入贯彻落实国家发展体育产业的重要举措，是落实长沙市委市政府《关于加快现代旅游业发展建设旅游强市的决定》的具体行动。通过举办“快乐长沙，魅力湘江”为主题的国际帆船赛事，有助于持续提升长沙旅游品牌，加速长沙旅游产业发展，推进长沙国际化文化名城建设，打造“快乐长沙”的城市形象，推动长沙建设成为世界旅游目的地。

据知，除了深圳颇具影响力的中国杯帆船赛和湖南长沙市刚露头角的中国长沙湘江国际帆船赛，中国大陆还有一些地方也在积极筹划主办帆船赛事。中国的帆船比赛，特别是中国杯帆船赛是否要借鉴美洲杯的盈利模式，还有待进一步商榷。美洲杯已有 150 多年的历史，中国杯帆船赛才刚刚起步，还在摸着石头过河。美洲杯的报名费高达 135 万欧元，而中国杯报名费仅 1000 元人民币。最重要的是，中国的帆船运动刚刚兴起，市场的培育、媒介的关注、民众的参与和赛事品牌的提升，还需要一个漫长而曲折的过程。但至少，中国自己的帆船赛事已经从此扬帆起锚，并逐渐呈现出星火燎原之势。

2015 年 6 月 27 日夜，一场不同寻常的狂欢让世界的目光聚焦在瑞典哥德堡这座北欧海港城市。全球顶级的远洋环球帆船赛——沃尔沃环球帆船赛(2014—2015 赛季)颁奖典礼在此举行。来自各参赛国的上千名受邀嘉宾盛装出席，远洋帆船运动传统强队悉数亮相，来自北欧艺术家们的精彩表演倾情助兴，还有由艺人扮演的北欧神话中的女巫和精灵穿梭在酒会现场，其隆重盛大的场面堪比奥斯卡颁奖盛典。代表中国参赛的“东风队”一举登上此前一直由西方远洋帆船运动传统强队垄断的领奖台，历时 9 个月，跨越四大洋，航行近 4 万海里，经停 11 个国家，劈波斩浪，最终摘得 2014—2015 赛季沃尔沃环球帆船赛总成绩的季军，创造了该项赛事 41 年历史中中国船队的最佳成绩，在远洋帆船运动的历史上，浓墨重彩地烙上了中国印记，彰显了中国风采。这一佳绩也必将载入中国帆船史册。①

①胡诚. 勇夺 2014－2015 赛季沃尔沃环球帆船赛季军，中国船队创造历史. 2015－7－31. http://news.xinhuanet.com/2015－06－30/c_1115764091.htm.

第四章
最烧钱的赛事——赛车

随着我国汽车产业的快速发展,人们对汽车的理解和认识也在逐步加深,作为汽车产业链的下游环节,汽车运动产业近年来开始在国内逐渐发展起来。热衷于汽车运动的人越来越多,除了喜欢观看汽车赛事外,中国职业车手的队伍也在迅速壮大,他们已经开始出现在国际顶级汽车赛事中。汽车运动已经成为一部分中国老百姓文化生活的重要组成部分,观看各类汽车赛事更是成了都市时尚人群的生活方式。

2005 年 4 月,A1 世界杯汽车大奖赛中国车队成立暨交车仪式在北京钓鱼台国宾馆举行,这意味着世界顶级车赛中开始有中国车手代表中国参加较量。A1 世界杯汽车大奖赛是国际汽联正式批准的高水平场地汽车系列赛之一,各参赛国只准组建一个车队代表该国参赛,每个车队只允许一辆赛车参赛,赞助商必须是该国品牌,车手必须拥有该国国籍,该项赛事也被誉为“国家杯汽车赛”。赛事分站赛举办顺序依次为英国、美国、巴林、黎巴嫩、马来西亚、印度尼西亚、澳大利亚、南非、巴西、墨西哥、美国(第二分站赛)、中国、日本和阿联酋等。

据国家体育总局汽车摩托运动管理中心统计,中国大陆每年举行的各类汽车赛、摩托车赛好戏连台,包括顶级的赛事,如一级方程式大奖赛(F1 上海站)、A1 国际汽车大奖赛(上海站、珠海站两场)、中国方程式公开赛和 AGF 亚洲方程式国际公开赛等四项赛事,各种各样的拉力赛包括全国拉力锦标赛、全国短道拉力锦标赛和史迪威公路拉力挑战赛等三项赛事,还有诸如全国汽车场地锦标赛、泛珠三角场地锦标赛、GT 汽车场地赛、全国卡丁车锦标赛、中国汽车场地越野锦标赛、全国四驱拉力系列赛、中国罗布泊沙漠汽车越野赛、中国—东盟国际汽车拉力赛以及汽车漂移赛等。

此外,国际上著名的赛车运动还有世界汽车拉力锦标赛 WRC,有着魔鬼汽车赛事之称的达喀尔拉力赛,最煎熬的汽车赛事勒芒 24 小时耐力赛和中国汽车拉力锦标赛等。

第一节 最圈钱的 F1

世界一级方程式锦标赛(Formula1 World Championship,简称 F1),是由国际汽车运动联合会(FIA)举办的年度系列场地赛车比赛,是当今世界最高水平的赛车比赛,与奥运会、世界杯足球赛和美洲杯帆船赛并称为“世界四大体育盛事”。

如果说汽车赛事是世界上最烧钱的赛事,那么 F1 则是最能圈钱的运动游戏。赛事承办费、赛事冠名权、电视转播权、场地广告权和赛道围场经营权等,都是 F1 老板伯尼·埃克莱斯顿眼中的财富标签。2004 年 10 月,F1 赛事登陆上海,在我国刮起了一股赛车旋风,把中国的汽车运动推向了空前的高潮。据悉,当年上海方面同伯尼签了 2004—2010 年的“4+3”合同,即签 4 年续签 3 年,每年的承办费是 3500 万美元,一纸打包合同就圈走 3 亿多美元。

F1 处处圈钱,也处处能够看到这项运动的金贵。F1 越来越成为浸透商业价值的赛事奇迹,F1 运动的每一个毛孔都呼吸着顶级商业竞争的气息。迈凯伦车队经理丹尼斯说,“在未来很长一段时间,F1 几乎代表了全世界仅有的几种可以使企业品牌获得覆盖全球曝光度的机制,这才是各大赞助商愿意投资 F1 的目的”。F1 一流车手的年薪动辄千万美元,一辆 F1 赛车数百万美元乃至上千万美元,赛场广告价位与车身广告价位都是天价。据说,世界音响巨头健伍在著名车手的车身上印刷 4 个 10cm×12cm 的商标就要付 400 万美元。

2014 年,F1 开始开发视频 APP,以增加在线内容的收入。此前,为了保护电视转播权收入,从 1995 年开始掌握 F1 的伯尼,多年来一直限制网络使用视频,包括其官网和现有的 APP。但是,这一现状如今已得到改变。F1 每年的电视转播权收入高达 5 亿美元。伯尼表示,未来电视转播依旧是“骨干”,但希望新的 APP 能帮助增加收入。

根据全球每年 20 站左右的赛事规模,世界一级方程式锦标赛管理公司从承办费、赛事冠名权、电视转播权、场地广告权和赛道围场经营权等的圈钱总收入应该在 10 亿美元以上,将世界一级方程式锦标赛与奥运会、世界杯足球赛和美洲杯帆船赛并称为“世界四大体育圈钱盛事”更加名副其实。

一、昂贵承办

F1是世界顶级“金钱大赛”，承办赛事自然非常昂贵。建一条F1赛道，造价就在3000万美元以上。而今，中国珠海兴建F1赛道总投资已高达2.75亿美元。1977年，举办一站F1需17万美元，一年16站下来也不到300万美元。到了1992年，16站比赛耗资已达10亿美元，

承办一级方程式大奖赛，需要支付给一级方程式大奖赛管理公司(FOM)巨额费用。据《南方都市报》2010年报道，和上海站同在2004年进入F1的巴林承办费只有1800万美元，亚洲另外两站的日本和马来西亚对应费用分别是950万美元和1500万美元，欧美各个分站赛的费用平均在1000万美元左右。最需要中国市场的FOM，竟然在当年的中国上海拿到了全球最高的3500万美元进场费，个中曲直一直云笼雾罩。2010年，上海方面与FOM所谈的第二阶段合同，依然是“4+3”，承办费降为1500万美元，但还是高于世界上其他一级方程式大奖赛承办地。

除了高额承办费，一级方程式大奖赛管理公司还从强行打包的合同里拿走了赛事冠名权、电视转播权、场地广告权和围场经营权，留给赛事组织者经营权限极为窄小，只有比赛门票出售、场地出租给各种汽车厂商办赛事、商贸区部分摊位出租、高端车迷赛车试驾和赛车培训等微小利润空间。在一些有着悠久历史传统的欧洲赛道，或者新加坡赛道首创夜赛的最初几年，是有可能仅通过门票收入就收回成本的，但是在中国上海这个赛车文化尚未真正发展起来的土地上，用一年门票收入来抵数千万美元的承办费是没有可能的。

2008年，德勤体育商业报告曾指出，F1单场约2.3亿美元的创收是全球体育赛事中单场比赛之最。当时确实是F1赛事的黄金时期，包括法拉利、宝马、丰田在内的六大汽车厂商的车队参与其中。2008年底的金融危机之后，诸多汽车厂商退出了F1赞助行列。这份报告中F1比赛的主要收入包括赞助商的商业销售、当地的旅游事业、电视及电台广播收入、赛道广告收入以及门票收入等几大项，其中却只有旅游事业和门票收入与比赛主办方有关。①

①伊英.烧钱33亿又决裂央视，F1中国站何时回本？2015－04－13. http//news.mydrirers.com/1/413/413476.htm.

回顾当初,中国有珠海和上海两个城市先后向 F1 抛出橄榄枝,并就 F1 中国站到底花落谁家曾展开过激烈的竞争。1998 年,珠海与伯尼签下了 1998 年 F1 的举办权协议。承办 F1,珠海赛车场需要在原本的场地做出适当的改善,以达到 F1 对赛道和各项设施的要求,承办资金庞大。就在那时,发生了亚洲金融风暴,当时的资金缺口只有 800 万美元。此时恰逢澳门回归,为迎接澳门回归,珠海在城市建设上加大了投入,赛车场的缺口因此被放大了。从此,F1 与珠海渐行渐远,几欲再申办都无法遂愿。当年的积极参与者林汉民认为,珠海做 F1 的话,也许效果会比上海好很多。F1 好比是台卡车,珠海好比是个私家游泳池,当卡车开进这个泳池会激起汹涌大浪。上海就像一个大湖,卡车即使跳进去也翻不起太多浪花。林汉民甚至预见,如果 F1 在珠海成功运营 10 年,珠海的软环境会如它的绿色环境一样吸引人,也许腾讯、百度就在那里诞生了。

2015 年 3 月 22 日,一个名为"泛珠三角超级赛车节"的综合地方赛事在珠海国际赛车场落下帷幕。场内房车、摩托车、方程式车、漂移、美女、快速消费,各种元素融合在一起,形成一个巨大的商业派对。在珠海,这样的赛事全年按季节共举办四次。此外,珠海还有国家级房车锦标赛、地区级摩托车赛等。珠海国际赛车场建成 19 年,目前是仅次于上海国际赛车场的全国第二大赛车场。此时,林汉民的马来西亚公司已经破产,只能看着自己苦心孤诣的 F1 变成了"除了 F1 之外可以举办其他任何高水平汽车赛事"的模样。

二、惊人开销

目前,F1 的 11 支车队中已有几家陷入财务危机,欠薪现象普遍,对 F1 设立"预算帽"的呼声也越来越高。国际汽联主席托德致力于改革,对于增加赛车轰鸣声持肯定态度,认为这可以提高赛场和电视转播的震撼感。托德透露,下赛季很可能将"预算帽"设定在 1.5 亿欧元,这是一个值得提倡的举措,毕竟烧钱不能没有止境,给 F1 车队预算加个"帽子",有利于公平竞争,并增强竞争性。[①] 2013 年,HRT 车队破产便是 F1 惊人开销的一个写照,这也给 F1 烧钱危机敲响警钟。

F1 车手必须持有国际汽联签发的"超级驾照",考取超级驾照程序非常

---

①张荣锋,朱翃. F1 改革堪比 F1 速度. 2014 - 04 - 19. http://news.xinhuanet.com/cports/2014 - 04/19/c_126409532.htm.

严苛,而且费用巨高。超级驾照是由 FIA 发的特别驾照,只发给在 F3000,GP2,F3 或 CART 系列赛事中表现杰出的车手。要拿到此驾照非常难,车手要花 8 年时间从小型赛车晋级 F1,还要求车手至少驾驶 F1 完成 300 公里的测试。因事故频出,国际汽联预备实行超级驾照扣分制。

考取超级驾照要从国内的驾照开始考起。目前,按照国际惯例,国内车手在参加场地培训后会得到一个场地 C 的赛车驾照,参加 5 次比赛之后可以升级到 B,获得一定数量的冠军之后又可以升级到 A,国内的 B 照就可以参加国际赛事,当所有条件符合国际超级赛照的标准时,就可以向国际汽联申请超级驾照了。超级驾照是一级一级升上来的,自然可以参加属下的所有比赛,而超级驾照仅用于 F1 的比赛,不可以当作普通驾照来使用。中国汽车运动联合会规定,超级驾照仅限于各种场地、非场地和越野等赛事使用。

从 2016 年开始,只有年满 18 周岁的车手才有资格拥有超级驾照。另外,申请者还要具备两年以上初级方程式赛车经验以及完成运动规则的考试。首先,车手要在 3 年周期内拿够 40 个积分才有机会获得超级驾照,只有欧洲 F3 锦标赛、GP2、F2 锦标赛、印地方程式、世界耐力锦标赛(LMP1 组别)的年度冠军才能直接拿到 40 个积分。也就是说,即使你赢得 GP3 和雷诺 3.5 方程式的年度冠军也不能直入 F1,还要凭借之前所获得的成绩才有望获得超级驾照。

2008 年,超级驾照的基本费用从 1725 欧元涨到了 1 万欧元,而且每取得一个积分所收取的费用也从 456 欧元涨到了 2000 欧元。2009 年,国际汽联再次增加超级驾照的费用,即基本费用为 1.04 万欧元,每个积分收取 2100 欧元,而且车手们还要支付 2720 欧元的强制保险费用。依据目前的费用标准,世界冠军汉密尔顿在 2009 年将要支付高达 21.892 万欧元的牌照费。①

F1 比赛是一项特殊的体育运动,是高精尖科技的结晶。F1 赛车从概念到设计成型,通常需要 25 万小时的工作量。每次比赛结束后,需要进行 200 多项检查。F1 赛车需要极强的提速能力和制动能力,在 2.5 秒内从 0 加速到 100 公里/小时,在 1.9 秒内让赛车从 200 公里/小时减速到 0。F1 赛车需要提供 800 马力以上的动力,相当于一辆大众汽车 1.6 升发动机马力的 8

---

①F1 超级驾照费用再涨,众车手不满与 FIA“翻脸”. 2009 - 01 - 24. http://sports.qq.com/a/20090124/000290.htm.

倍,宝马车队最强大的 F1 赛车的马力记录是 1100 马力。

如果没有一部好的赛车,再好的赛车手也注定名落孙山。在 F1 赛车上凝聚了全球最新最精尖科技的成果,体现了工业制造创新能力的尖端水准。F1 汽车大赛不仅是赛车手勇气、驾驶技术和智慧的竞争,在其背后还有着各大汽车公司之间科学技术的竞争,被称为"高科技奥运会"。在 F1 大赛中推出的新型赛车身上,从设计到制造都凝聚着每个车队众多研制者的心血,代表着一家公司乃至一个国家的最新高科技水平。梅赛德斯、法拉利、雷诺、宝马、丰田和本田等,无一例外地都将公司的顶尖技术第一时间应用到车队上。F1 是世界上开销最大的体育运动,赛车的设计和制作是一件非常复杂的工作,且保密性极强。一部可以开动的赛车,加上科研费、设计费、风洞实验费乃至风洞实验室的造价、公开和私下试车费以及车队 150 人到 500 人不等的高额薪资,整个开支数目惊人。一辆好一点的赛车,价值超过 700 万美元,不亚于一架小型飞机的价值,将 F1 赛车称为最昂贵的职业运动显然不为过。

进入 2014 赛季,F1 迎来 25 年以来最大的一次技术变革。最引人瞩目的是引擎变革,F1 将使用 1. 6 升的 V6 单涡轮增压引擎,替代此前的 2. 4 升自然吸气 V8 引擎,转速降至 15 000 转。引擎马力从之前的 750 马力降到约 600 马力。为延长总冠军争夺悬念,积分规则在收官站阿布扎比实行双倍积分制。2014 年引入杆位奖,单赛季最多杆位选手将获得杆位奖。在规则改变上,有些是创新,有些是复古,但目的无外乎提高比赛激烈程度,保持 F1 运动的魅力。F1 新规在新赛季的确带来重大变化,此前的配角梅赛德斯车队因对新规的适应更好,引擎技术更超前,异军突起。F1 掌门人伯尼认为,应该让赛场更"闹腾"些。无论是发动机引擎改革,还是限制燃油流速和总耗油量,以及 F1 最早可能在 2016 年使用更大尺寸的轮胎和更具吸引力的外观设计,都对各家车队的惊人开销又提出了更高的要求。

F1 车队开销惊人,车手的超级驾照花费惊人,车迷要想观看 F1 赛事,也需要花大价钱。F1 大奖赛的一站赛事分为周五的练习赛、周六的排位赛和周日的正式比赛三部分,门票分为看台门票和贵宾包厢票。2015 年,上海 F1 赛事贵宾包厢票有贵宾包厢个人三日、贵宾包厢个人二日(周六和周日)和贵宾包厢个人单日(周日)三种,价格分别为 3 万元、2. 9 万元和 2. 8 万元。根据看台的不同,票价差异很大。下表为 2015 年 4 月 10 日—12 日举办的上海 F1 赛事的售票状态,价格从 3280 到 580 元不等,千元以下的看台票已经售罄。

表 4.1　2015 年 4 月 10 日—12 日上海 F1 赛事售票状态

票种/区域	价格(元)	状态
主看台铂金区	3280	有票
主看台上	2180	有票
主看台下	1980	有票
副看台 H	1180	有票
副看台 K	1180	有票
看台 B1 - B4	1080	有票
看台 B5 - B8	780	售罄
绝佳 C&J 区域草地票套餐	580	售罄
周五维修区参观证	380	少量
学生票	200	售罄
周五单日票	80	售罄

三、超级赞助

1950 年,国际汽联第一次举办了世界锦标赛(First FIA Drivers' World Championship)。此后几十年间,F1 车队一直都是世界高精科技的化身,是一个个超级品牌的展示窗口。2011 年,F1 赛车共有 12 支车队的 24 名选手参赛,引擎供应商为考斯沃斯、法拉利、奔驰和雷诺,轮胎供应商为倍耐力。2011 年赛季冠军为来自红牛车队的德国车手塞巴斯蒂安·维泰尔。

F1 比赛是各大顶级汽车厂商的竞技场,是全球汽车行业的终极角逐台。F1 作为世界顶级汽车厂商展示自己实力的舞台,刺刀见血的速度竞赛,让场外围观的各大厂商危机感十足。雷诺、奔驰、法拉利、宝马、本田、丰田,个个都是汽车业界的佼佼者,它们在 F1 赛道风驰电掣互较高下,在销售市场竞争激烈。这些大牌企业知道,在世界汽车行业竞争日益激烈的时代背景下,如果谁在 F1 的大竞技跑道上掉队,那对自身品牌可谓是重大打击,这种打击甚至会影响到其市场前景。

与其他很多体育赞助不同的是,F1 赛车的赞助商赞助的是某个车队而不是整个赛事。车队赞助商分为主赞助商、技术赞助商和商业赞助商三大类。主赞助商的名字会出现在车队名字里,技术赞助商主要为车队提供技术和商品,商业赞助商只是赞助一定资金,在它需要的地方获得商业回报。因此,F1 赞助商的商标会出现在所赞助车队的赛车上、赛车手的衣服和帽子上。

以法拉利车队为例,它的主赞助商是美国菲利普 · 莫里斯公司(万宝路即为其品牌之一)。技术赞助商有壳牌、普利司通、玛涅蒂 - 玛瑞利、菲亚特、Brembo、MOMO、天合、SACHS 和依维柯。法拉利的商业赞助商有普利司通轮胎、AMD 电脑硬件、斐乐体育用品、泰诺健健身器械、Cima Labs 制药、阿莱尼亚宇航公司和奥林巴斯等。

在 F1 赛场,明星车手往往会有私人赞助商,赞助商标只出现在个人身上。私人赞助商买下车手帽子的正面位置,放上他们公司的标志,以获得商业报酬。

F1 是全球性烧钱赛事,没有车队背后商界巨擘的支持,根本无法进行下去。对于车队来说,70% 甚至 90% 的资金主要来自商业赞助。1968 年,F1 主管机构对车队的商业赞助进行了改革,允许在赛车上做除了汽车产品之外的一般性产品的广告。各种公司把 F1 当成了一个巨大的广告牌,把它作为一个独一无二的媒体工具来向全球展示自己,以便使自己的品牌遍及全球。

F1 车队的第一份车身广告是 1968 年在莲花 49B 赛车上涂装的金叶烟草,赛车的整体涂装风格与烟草商的商标风格相一致,从这之后,当时的 F1 赛车很快变成了烟草公司的移动广告牌,变成了“移动的烟盒”。

马丁尼赛车是赛车美酒的化身,意大利葡萄酒业巨头 Martini& Rossi 公司在 1968 年—2008 年的 40 年间,一直热衷于支持各类汽车赛事。马丁尼赛车通常拥有白色或银色车身,车上带有独特的深蓝色、浅蓝色和红色条纹涂装。马丁尼与勒芒赛事有着深厚的情感,赞助过保时捷车队、阿尔法 · 罗密欧车队、F1 莲花车队和法拉利车队。

万宝路凭借 F1 赛事,成为世界上无人不知无人不晓的烟草品牌,这是企业赞助F1最为成功的案例。2005年的F1禁烟令颁布后,F1车身上烟草公司标志的时代宣告结束。在F1实行禁烟的前后三四年间,一些其他产业的赞助商开始慢慢取代烟草在F1车身上的广告位置。2002年,欧洲电信巨头沃达丰和法拉利签下了一笔数额惊人的赞助合同,每年支付给法拉利的赞助费高达5000万美元。

2006年,沃达丰把广告赞助投向了迈凯伦车队,每年的广告费不低于4000万美元。当2008年金融危机席卷全世界时,沃达丰全面削减了其他体育项目的赞助支出,和F1的赞助合同却没有受到丝毫影响,一直和迈凯伦车队合作至今。

金融业的大手笔赞助为F1赛车的研发提供持续的推动力,雷诺车队的荷兰国际集团,威廉姆斯车队的苏格兰皇家银行和安联保险,宝马索伯车队的瑞士信贷银行和迈凯伦车队的桑坦德银行,等等,将当时的F1赛场打扮得如同全球金融大鳄博弈的舞台。

2003年,CCTV和上海国际赛车场成为最早登上F1车身的中国广告,以资源互换的方式出现在当时的乔丹车队(现印度力量)F1赛车的显著位置上。F1上海赛期间,联想和爱国者粉墨登场。2007年,两家分别以3000万和1900万美元的代价赞助两家车队,希望借助F1的影响力实现中国企业的全球化品牌拓展。赞助F1的这几年间,爱国者的品牌价值从17.58亿元人民币飙升到108.16亿元。2010赛季,中国光伏企业天合光能开始赞助路特斯F1车队。2013赛季开始,潍柴动力与法拉利车队成为长达4年的合作伙伴。从爱国者、联想到天合光能和潍柴动力,标志着中国品牌体育营销大步迈向世界体育最高最宽广的舞台。

有人说,F1车身广告是全球流行风向标,世界上什么产业最炙手可热,看看F1热门车队赛车车身广告就知道了。①

经过半个世纪的发展,F1赛车场围场内的24辆F1赛车变成了世界上密度最高、移动速度最快的"广告牌"。一部大牌车队的F1赛车上,大约有36个大小不等的广告位,有的单笔广告高达每年5000万美元,最小的广告位约巴掌大小,每年价值130万美元,一支F1大牌车队每年的车身广告收入就高达3亿美元(超过18亿人民币)。

---

①孙迪.价值3个亿的车身,看F1赛车车身广告发展.2013-04-05.http://www.autohome.com.cn/tuning/201304/505636.html.

四、至尊车手

F1不仅是赞助商的乐园,也是疯狂车迷的挚爱,还是一代代富豪竞相表演的乐土。塞纳、维伦纽夫、莱科宁、阿隆索、舒马赫、塞巴斯蒂安、曼宁、巴顿和韦伯等车坛巨星,叱咤赛车跑道多年,取得一个又一个骄人战绩,在福布斯体育富翁排行榜频频占据显著位置,成为受到车迷捧爱、赞助商全力相助、车队老板尊重的至尊车手。

在最近几年的福布斯运动员富翁排行榜中,驰骋于F1赛道的舒马赫、阿隆索和汉密尔顿等几位名角长期在前20名中占据一定席位,该区域是竞技项目中产生富豪的密集区。2011年,巅峰时期的舒马赫列福布斯运动员富豪榜第9位,阿隆索和汉密尔顿分列11位和15位。2015年,尽管F1财政警报声声震耳,舒马赫因伤及头部长时间昏迷不醒,但福布斯运动员富豪榜上,汉密尔顿和阿隆索挤进前20(见表4.2)。

表4.2　福布斯男子运动员富豪榜(单位:百万美元)

2011年			2012年			2013年			2014年			2015年		
姓名	收入	项目	姓名	收入	项目	姓名	收入	项目	姓名	收入	项目	姓名	收入	项目
伍兹	7500	高尔夫	梅威瑟	8500	拳击	伍兹	7810	高尔夫	梅威瑟	10 500	拳击	梅威瑟	30 000	拳击
科比	5300	篮球	帕奎奥	6200	拳击	费德勒	7150	网球	C罗	8000	足球	帕奎奥	16 000	拳击
詹姆斯	4800	篮球	伍兹	5940	高尔夫	科比	6190	篮球	詹姆斯	7230	篮球	C罗	7960	足球
费德勒	4700	网球	詹姆斯	5300	篮球	詹姆斯	5980	篮球	梅西	6470	足球	梅西	7380	足球
米克尔森	4650	高尔夫	费德勒	5270	网球	布里斯	5100	橄榄球	布莱恩特	6150	篮球	费德勒	6700	网球
贝克汉姆	4000	足球	科比	5230	篮球	罗杰斯	4900	高尔夫	伍兹	6120	高尔夫	詹姆斯	6480	篮球
罗纳尔多	3800	足球	米克尔森	4780	高尔夫	米克尔森	4870	高尔夫	费德勒	5620	网球	杜兰特	5410	篮球

续表

2011年			2012年			2013年			2014年			2015年		
姓名	收入	项目	姓名	收入	项目	姓名	收入	项目	姓名	收入	项目	姓名	收入	项目
罗斯	3500	棒球	小贝	4600	足球	小贝	4720	足球	米克尔森	5320	高尔夫	米克尔森	5080	高尔夫
舒马赫	3400	赛车	罗纳尔多	4250	足球	C罗	4400	足球	纳达尔	4450	网球	伍兹	5060	高尔夫
梅西	3230	足球	曼宁	4240	橄榄球	梅西	4130	足球	莱恩	4380	橄榄球	科比	4950	篮球
阿隆索	3200	赛车	梅西	3900	足球	布雷迪	3830	橄榄球	帕奎奥	4180	拳击	本·罗斯	4890	橄榄球
纳达尔	3150	网球	恩加塔	3730	橄榄球	罗斯	3740	篮球	伊布	4040	足球	麦克罗伊	4830	高尔夫
罗西	3100	赛车	菲兹杰拉	3680	橄榄球	弗拉科	3680	橄榄球	罗斯	3660	篮球	焦科维奇	4820	网球
布拉迪	3100	橄榄球	纳达穆孔	3600	橄榄球	梅得瑟	3400	拳击	贝尔	3640	足球	伊布	3910	足球
汉密尔顿	3000	赛车	约翰逊	3440	橄榄球	帕奎奥	3400	拳击	法尔考	3540	足球	汉密尔顿	3900	赛车
杰特尔	2900	棒球	威廉姆斯	3320	橄榄球	辛格·东尼	3150	板球	内马尔	3360	足球	恩达姆肯	3860	橄榄球
恩哈特	2850	赛车	纳达尔	3320	网球	杜兰特	3090	篮球	焦科维奇	3310	网球	阿隆索	3550	赛车
姚明	2770	篮球	罗德里格	3300	棒球	亚历克斯	3030	橄榄球	斯塔福德	3300	橄榄球	贝尔	3500	足球
霍华德	2760	篮球	阿隆索	3200	赛车	阿隆索	3000	赛车	汉密尔顿	3200	赛车	莱斯特	3410	橄榄球
韦德	2620	篮球	舒马赫	3000	赛车	曼宁	3000	橄榄球	杜兰特	3190	篮球	罗斯	3390	篮球

一代车王舒马赫退役前在富豪榜上风光无限。作为世界体坛年薪最高的运动员之一，舒马赫在赛场上驾车飞驰就像印钞机在印制钞票。在福布斯2004年运动员收入排行榜上，高尔夫名将泰格·伍兹以8030万美元名列第一，第二位就是F1车王迈克尔·舒马赫，他的年收入高达8000万美元。

其中，除了近 4000 万美元的天价年薪外，其余的 4000 万美元更是直接体现了他的商业价值。

至尊车手的人气直接体现在广告代言和赛道车迷上。车王舒马赫也是不折不扣的广告之王，是最受广告商青睐的 F1 巨星，欧米茄、欧莱雅、德意志银行、壳牌和菲亚特等业界巨擘，都争先恐后地与其签订高额广告协议。1996 年，舒马赫与欧米茄签约 10 年，成为全球最知名腕表品牌欧米茄的长期形象代言人。每当舒马赫赢取一次世界冠军，欧米茄都会推出一款特别版的纪念手表，在全球限量发行。

一流车手的超级竞速，完全就是 F1 老板手中高速运转的印钞机。只要 F1 赛道上出现了舒马赫、莱科宁、阿隆索、曼宁和汉密尔顿等超级车手，赛道上就会挤满车迷。2012 年的 F1 中国赛，因为是舒马赫的告别赛，现场车迷达到破纪录的 18. 5 万人，为这一站比赛带来超过千万美元的直接收益。F1 每年 20 站左右的赛事门票收入都会稳赚两亿美元。

第二节　最丰富的中国赛

就赛车运动而言，“最丰富的中国赛”有着如下几层含义，一是中国有目前世界上最丰富的汽车赛事资源，有顶级的 F1 赛车运动落户中国上海，有中国自主品牌汽车赛事——中国越野拉力赛，有跨越京港两地的香港—北京拉力赛，有响应国家建设“新丝绸之路经济带”方针的“东方达喀尔”中国环塔（国际）拉力赛，还有中国汽车漂移锦标赛，全国汽车场地越野锦标赛和中国汽车拉力锦标赛，等等；二是中国赛车赞助富足，有走向国际顶级 F1 赛场的爱国者、联想、天合光能和潍柴动力，有赞助国内赛事的风神轮胎、长安保险、农夫山泉、红牛饮料、骆驼户外和宝马汽车；三是国内车迷遍及华夏大地，媒体报道非常踊跃，确保了中国赛车市场的足够活力和旺盛生命力。

一、F1 中国赛

中国 F1 的推广人是一个来自上海的神秘人物，他在建造了申花足球王朝后，第一个把 F1 带入中国。从足球到 F1，从申花到上海赛道，在成为中国职业足球的标志性人物之后，他在自己一手推广的中国 F1 比赛里，开始自己人生的第二次跳跃，牵手了中国 F1——这个世界上最昂贵的“烧钱运动”。在他的推动下，投资 26 亿元的上海赛车场一期工程破土动工并如期完成。

F1 对赛道及其辅助设施——大到赛道的综合利用，小到强电弱电的有效管控和经济适用等都有着近乎苛刻的要求，而且标准逐年提高，以便最大限度地保障赛事的安全，当然这也加重了承办者场地建设的负担。

赛事组委会通过联合电视台购买 F1 转播权，首期即获得上海大众 8000 万元广告独家赞助，同时获得了佳通轮胎 2000 多万元的赞助，买断了全国场地锦标赛 5 年的经营权。在上海 F1 赛场，先后举办了米其林必比登挑战赛、汽车博览会、赛道活动日、新车测试试验、旅游观光等，取得了不错的收益。

举办 F1 大奖赛一直是世界上很多国家和城市梦寐以求的事。中国上海被列入 2004 年 F1 大奖赛 18 个分站之一，主办方投巨资建造了一个占地 5. 5 平方公里、可容纳 20 万观众的超级赛车场。当年，F1 大赛向 200 多个国家和地区电视转播，世界各大媒体争相报道每场赛况，吸引观众达 60 亿人次。

以上海 F1 运动和赛车场为平台，在赛场周边打造了文化娱乐商业区和旅游休闲度假区这两大具有 F1 特色的板块。其中，文化娱乐商业区兴建 300 米高的“F”和“1”字型酒店以及摩纳哥式商店、名牌专卖店等文化娱乐场所。旅游休闲度假区内，组委会兴建了 150 米高的五星级度假酒店、F1 博物馆、赛车研究中心等。

F1 赛事的进驻，意味着上海具有建设世界一流赛车场并举办世界一流赛事的能力，大大增强了城市综合竞争力，并在很大程度上带动了我国汽车运动的市场发展。F1 产业的形成，成为人们生活关注的焦点，推动旅游业发展和拉动当地就业，与即将开启的上海迪士尼构成了海派特色的旅游就业双翼。

为了全面开发 F1 赛事品牌产业链，上海市政府对上海国际赛车场及 F1 赛事有其前瞻性的考量。上海国际赛车场所在地位于嘉定区安亭镇的东北角，占地总面积 5. 3 平方公里，由赛车场区、商业博览区、文化娱乐区和发展预留区等板块组成，综合配套区占地面积 2. 8 平方公里，距离虹桥、浦东两个上海国际机场分别为 25 公里、55 公里。作为上海市“十五”规划的重点建设项目，上海国际汽车城经过 9 年的开发，总投资已超过 670 亿元，规划面积达 100 平方公里，已形成一个以汽车为龙头、具备较强综合实力和辐射能力的综合性、国际性、现代化新城。至此，上海大众、上海国际赛车场、F1 构成了一个强有力的产业磁场。11 年前，赛车场周边还是一片农田，现在城市化格局已基本形成，土地价值呈几何级数增长。

与此同时,负面消息也开始出现。除了前五年有中石化冠名,2011 年有瑞银冠名外,F1 上海站的 12 次比赛中已经有 6 届是“裸奔”。进场观众在 2012 年达到 18.5 万的巅峰后逐年减少,公众关注度一路下滑。

据现场售票人员和“黄牛党”透露,2015 年门票销售情况和前两年差不多,赶不上此前的 2012 年。那一年,在中国人气最高的芬兰车手莱科宁回归 F1 赛场,加之是车王舒马赫的最后一个赛季,成就了 F1 中国大奖赛最近一次高光时刻。比赛的三天内,入场人数达到 18.5 万人次,其中正赛当天 8.5 万人来到现场观战。2015 年的 F1 中国大奖赛,过往最受欢迎的 B 看台因安全原因不再售票,此前购买了 B 看台门票的观众也被移到了发车直道边的主看台上。纵然如此,主看台也并没有完全坐满,而“上”字形赛道最长的直道两侧的副看台,观众上座率就更低了。

在 2013 年中央电视台体育频道退出 F1 中国赛之后,电视主播平台只剩下上海五星体育频道和诸如浙江少儿频道在内的十个地方电视台。2014 年下半年,乐视体育开始直播 F1,投入巨大,但效果想要匹敌央视,还尚需时日。

二、中国越野拉力赛

2013 年 1 月 22 日,中国越野拉力赛(China Grand Rally)在北京拉开帷幕,9 月正式在我国中西部地区精彩上演,中国越野拉力赛开始轰鸣启动。这是中国首个自主知识产权品牌的长距离越野赛事,是目前中国境内越野赛事中路线最长、穿越省份最多、比赛环境最艰苦、赛段难度最高的越野拉力赛事。自正式开赛以来,中国越野拉力赛得到了国内外各界人士的广泛关注与支持。

中国越野拉力赛赛程长达 1 万公里,参与赛事的车队有 50 家之多,各组别参赛车辆达百余辆,参与赛事车辆总数超过 400 余台,直接参与赛事的各界人员超过 3000 人。其中,有 20% 以上的参赛车辆曾经或仍征战于全球各类国际赛事中,国内曾经参与过国际赛事的知名车手更是悉数亮相,车迷熟知的多名国际知名车手及车队也借中国越野拉力赛的舞台踏进了中国赛场,以修贝尔特·奥利奥尔(前达喀尔赛事主管,两届达喀尔摩托车组、汽车组冠军)带队的国际赛事管理团队的融入,让中国越野拉力赛名副其实地成了中国品牌的国际赛事。

中国越野拉力赛媒体报道阵容强大,有上百家国内外媒体全程跟踪报道赛事进程,其中有80%以上的媒体记者是多年参与国际汽车赛事报道的资深媒体人。中央电视台、新华社、人民日报、中央人民广播电台、中新社等媒体全部实况报道。同时超过16家地方电视台、15家汽车运动专业媒体、23家流媒体、5家新媒体和3家外籍媒体对赛事进行全程跟踪报道。中央电视台体育频道麾下的中视体育娱乐有限公司,也是中国越野拉力赛最重要的合作伙伴,该公司方面表示,“赛事期间,中央电视台体育频道将派出精英转播团队,以国际赛事的转播标准,在CCTV5优质时段对‘中国越野拉力赛’进行直播,并在每日多档新闻中跟踪报道比赛赛况”。除此之外,中视体育娱乐有限公司将协同中视环球汽车赛事管理有限公司,利用全媒体平台,共同打造高端品牌赛事。据不完全统计,仅比赛期间,赛事各类新闻、图片、视频等内容的受众人群就已超过了4亿人次。

中国越野拉力赛的成功举办,提升了中国汽车运动在国际上的影响力,吸引了更多国际车队参与,同时加快了中国汽车运动自身的国际化进程,拓展了各行业各领域的赛事参与空间。以赛事为纽带进一步拓宽了企业产品推广的空间,在全力确保赛事专业化的同时提升了赛事自身的商业转化能力及市场融入水平。注重与各地区政府、体育部门、旅游部门紧密地沟通与合作,积极探索中国越野拉力赛对区域体育产业的发展以及衍生产业链的推动作用,特别是在展示城市自然和人文景观及打造区域体育特征等方面做出了贡献。

在商业合作方面,中国越野拉力赛深入挖掘直接或间接的商业价值,塑造并发展了中国汽车文化、中国汽车运动文化,基于中国3.33亿辆机动车这一庞大基础,创造自运转产业链,在提升参与赛事企业品牌价值的同时,促进合作企业产品的市场认知度,以带动企业营销利益扩大化,做到互为依托共同成长。2015年,为配合中国“一带一路”的建设与发展,中国越野拉力赛更名为“2015丝绸之路中国越野拉力赛”。

中国越野拉力赛由中视环球汽车赛事管理有限公司全程打造,这是信中利资本集团与中视体育娱乐有限公司合资成立的国际性汽摩运动经营管理机构,下设媒体部、市场合作部、竞赛管理部、商务开发部、活动部、行政部和财务部。中视体育娱乐有限公司是央视唯一的体育赛事商业运营机构,每年参与运营、管理和播出的赛事多达千余场。凭借成熟的赛事运作经验和专业的整合营销能力,成功地为中国移动、青岛啤酒、安踏、361°、一汽大众、奥迪等多家国内外企业提供营销方案,是企业诉诸体育营销的最佳桥梁。信中利资本集团是中国最早一批专注创投与股权投资的专业机构，也是最大的独立资产管理机构之一。目前信中利资本集团管理着8支基金，包括欧瑞和中瑞两支外币基金，管理基金总额超过30亿元人民币。公司与国家体育总局汽车摩托车运动管理中心、中国汽车运动联合会强强联合，立志将国内外各类汽摩运动项目的开发、经营和推广做到国际化、专业化、资本化。政府、媒体、资本的联手奠定了公司不可撼动的竞争地位。

三、中国汽车场地越野锦标赛

当长距离汽车拉力赛在中国没有足够的条件举办时，人们习惯于来一场袖珍型的"超级短道"，场地越野便应运而生。2003年之前，北京、广东等很多地区就已经有了越野车爱好者俱乐部，开始组织区域性的活动。随着各地越野车赛事活动的开展，各地汽车爱好者希望有一个更大的平台用来切磋技艺、交流经验。因为具备这样一个较好的群众基础，全国汽车场地越野锦标赛便自然而然产生了。2003年8月1日，全国汽车场地越野锦标赛第一场比赛在呼和浩特市举行。2007年，场地越野赛开始与CCTV全年度合作，开始进行现场直播，宣传力度逐渐扩大，不断铸造品牌赛事，对提高赛事的知名度，提高车队和赞助商自身的价值，都起到了很好的作用。经过几年的良好发展，赛事承办城市逐渐增加，至今已经有上百场比赛在40多个城市举办。由于场地限制较小，对车辆要求也相对较低，中国汽车场地越野锦标赛已经成为国内汽车越野运动中举办城市最多、参加人次最多的一项赛事，每年都会吸引更多越野运动爱好者积极参与。

2014年中国汽车场地越野锦标赛2014赛季的第一场分站赛在柳州揭开战幕，这是中国汽车场地越野的第100场比赛。

在中国汽联官员眼里，十年的场地越野赛一直是一步一个脚印地向前发展，从最初的一群对越野车充满热爱与激情的爱好者到今天由多家厂商、全国各地俱乐部、车队和刚刚加入越野运动的爱好者组成的一个较为稳定的参赛人群，任何一点进步都与每一场比赛的积累息息相关。

中国汽摩中心认为，中国汽车运动中，最被看好、最能拉动群众的就是场地越野比赛。从短道赛的角度来说，将来还会有所改变，将来的模式应该允许有自带车参赛，允许有四驱车、大马力的车参赛。赛事要有一定的精彩性，超级短道是一个安全的赛事，也是一个入门的项目，更是一个表演项目，分新秀组、专业组等。赛道的设计等方面都要有所改变，要滑起来、飘起来。

另外,赛事还要有网络的视频直播。①

作为一个土生土长的汽车运动品牌,中国汽车场地越野锦标赛已然成为中国赛车界的一段传奇,同时还让奇瑞、陆风、长城等国产品牌在真刀实枪的赛场考验中不负众望脱颖而出,给业内留下深刻印象。

从中国汽车场地越野锦标赛赛事诞生起,许多关注赛车的车迷就开始关注国产品牌是否会参与进来。从近年来看,奇瑞瑞虎、长城哈弗、陆风、力帆纷纷发力汽车场地越野赛,而且在与国外品牌角逐中,不落下风。奇瑞瑞虎车队是来自安徽的一支越野赛车队,是争雄夺冠的国产品牌的杰出代表。

从2005年起,长城就参与了全国汽车场地越野锦标赛,近年来更是风生水起,接连参加达喀尔拉力赛、环塔拉力赛等公认的高难度顶级越野赛事。中国汽车场地越野锦标赛创办至今,难能可贵之处在于给国产品牌提供了一个证明自己的机会,奇瑞、陆风、长城、力帆等国产品牌在赛场上一路走来,都用事实证明了中国汽车工业在全球可以拥有自己的一席之地。

中国汽车场地越野锦标赛因人为设置的高难度障碍物,为厂商的改进、创新提供了独有的实用参考价值。对于比赛而言,中国汽车场地越野锦标赛已经从懵懂慢慢成长起来,形成了自己的特色文化品牌。对于更多的国产汽车厂商而言,中国汽车场地越野锦标赛还是一座金矿,需要继续深入挖掘和研究。

四、中国澳门格兰披治大赛车

相比F1各站点的起起伏伏,创办于1954年的澳门格兰披治大赛车(以下简称"大赛车")以惊人的生命力走过了61个年头。大赛车已从最初的业余比赛逐渐崛起并成为一项国际瞩目的专业化赛事,吸引了世界各地的顶尖车队和车手前来参赛。2015年3月22日,珠澳赛车文化交流发布会在珠海国际赛车场举行,澳门汽车总会与珠海国际赛车场签约,将"澳门赛车节"的两场赛事放在珠海国际赛车场举办,澳门的比赛时隔6年之后再次回归珠海。

据格兰披治大赛车委员会提供的资料,2014年,澳门格兰披治大赛车赛事广告、赞助及门票销售总收益超过5100万澳门币,赛事期间酒店平均入住

①方肇. 十年磨一剑越野创新高,场地越野一百场纪念. 2014-5-14. http://www.sport.gov.cn/n16/n33193/n35214/n2330514/5344163.html.

率超过95%，2014年大赛车给澳门带来的有形和无形收益逾成本的8.5倍。

澳门东望洋赛道是世界上最危险的街道赛道，有"死亡赛道"之称，路面落差大，赛道紧窄多弯，最宽阔处14米，最窄处仅有7米，其中葡京弯几乎呈90度，十分考验车手的胆识和驾驶技巧。61年的历史中，东望洋赛道上发生过多起死伤事故，堪比西班牙斗牛般惊险，是一条不能犯一点错的赛道。

东望洋赛道极具特色，它邻近葡京酒店等多个地标性建筑。有时，轰鸣的赛车在窗下呼啸而过，观众可凭一窗之隔近距离感受赛车带来的震撼，极具观赏性。专家认为，缺少土地来修建赛道不是澳门赛车发展的问题，因时就势地修筑赛道反而成了澳门赛车的特色和魅力——澳门的地理限制成就了具有"东方摩纳哥"之称的澳门街道赛。

在努力丰富比赛类型的同时，主办方还着意增加大赛车期间的旅游项目，除了为人津津乐道的赛车女郎，同期还会举办澳门美食节，配以歌舞表演、摄影比赛及其他纪念、娱乐活动。举办格兰披治大赛车可以向世界展示澳门有能力办好一个国际赛事，向世界推广澳门，让大家看到澳门不只有博彩业，还有很多多元化的文化旅游产业。

大赛车委员会属项目组性质，由澳门社会文化司直接管辖。打开社会文化司的相关网页，可以看到一列长长的大赛车委员会组成名单，包括警察总局、旅游局、体育发展局、民政总局等十多个部门的代表，还包括对澳门旅游及体育有卓越贡献的社会人士6名。"协调"，似乎成为大赛车委员会的关键词，除了对各部门、各个工作者的协调，每年赛前对民众的各项协调措施也成为重点，例如保证基建和铺路工程尽量在暑假期间完成，赛事期间适度调整学校的作息，呼吁民众步行出门、及早规划路线等。

大赛车重视媒介的力量，尽管大赛车已陪伴澳门人60余年，委员会至今仍十分重视向澳门人宣传大赛车。2015年全国两会上，澳门人大代表李沛霖、政协常委廖泽云等建议在澳门填海建新城，并建设世界级F1赛道。有人担心，填海修新赛道、引入F1会不利于格兰披治长久以来的传统，F1的比赛项目很单一，远不如格兰披治比赛类型丰富。

在珠澳赛车文化交流发布会上有消息传出，中国—澳门汽车总会将在珠海赛车场内设立基地，让澳门车手在珠海的培养常态化，会尝试在珠海和肇庆都设选拔赛，拿到资格的车手可到澳门参赛。①

①赵婷婷. 中国F1赛车11年来渐遇冷，令人唏嘘. 时代周报，2015-4-7.

第三节　原汁原味 WRC

世界越野拉力锦标赛(World Rally Championship)是仅次于F1赛车的世界顶级赛车运动,参加世界越野拉力锦标赛的赛车,都是制作精良的世界顶级越野拉力赛车。拉力赛一词取自英文"Rally",表示参赛车辆必须严格按照比赛规定的行驶路线,在规定的时间内到达分站点目标并在规定时间内完成车子的维修检测。拉力赛的赛段为各种临时封闭后的普通道路,包括山区和丘陵的盘山公路、沙石路、泥泞路、冰雪路等,也有无法封闭的沙漠、戈壁、草原等地段。复杂的地形和漫长的赛程不仅考验车手的车技和经验,还考验领航员的配合、车辆的性能以及维修的力量。世界越野拉力锦标赛的观众都是当地民众,他们自发聚集在道路两旁,为赛车选手举旗呐喊。可以看出,世界越野拉力锦标赛是最为原汁原味的商业赛事。

一、原味车队

世界越野拉力锦标赛比赛规则十分详细,参赛车辆必须为各大汽车厂家年产量超过2500辆的原型轿车,同时,对于赛车改装后的尺度、重量以及排量、功率等方面都有严格的限制。

世界越野拉力锦标赛参赛车辆数量庞大,依参赛车的不同,于1983年开始分为A组赛车和B组赛车(后者由于动力过大,多次发生事故和人员伤亡,于1986年后废止)。世界越野拉力锦标赛设有世界越野拉力锦标赛厂商组(Production World Rally Championship),即所谓"原厂组"的N组赛事,使用N组赛车,还设有世界青年拉力锦标赛(Junior World Rally Championship),使用的赛车为现实生活中耳熟能详的各种原味品牌和为了适应不同路况稍加改进的改装组赛车。

世界越野拉力锦标赛是所有赛车种类中最严苛也是最接近真实世界的赛事,所有参赛车辆都是以市售量产车为基础进行研发改装,都是平常百姓随时随地可以见到的熟悉品牌。这种近距离感受原味品牌车不一样的表现,让现场和电视机前的观众在对赛车精彩绝伦的表演赞叹不已的同时,也产生了一试身手的冲动。

WRC每辆赛车必须同时搭乘一名车手和一名领航员。车手只管开车,充分发挥自己高超的驾车水平,而领航员既要在比赛期间安排好一些生活琐事,而且还要在比赛时为车手指明每一天比赛的正确方位和路线,并在赛段里及时准确地提供前方的路况。与 F1 一样,WRC 同样是一项“烧钱运动”,每一台经过全面改装的 WRC 赛车价格都是天文数字,除此以外,车队还必须雇用世界上最好的车手和领航员,以及整支完全职业化的维修工作人员队伍。

二、原味赛道

世界越野拉力锦标赛 14 站比赛地点选择在世界上具有特色的地点进行,赛道都是由各主办国通过改建国内已有的公路而成,既有北欧国家芬兰的冰天雪地,南美国家阿根廷的险要山路,也可以感受西班牙平整宽敞的高速道路和新西兰一望无疆的大草原,在非洲肯尼亚的原野穿行时,时不时还会看到野生动物相伴相行的无穷妙趣,疲劳与惊险一扫而光。这种跨越高原、沙漠、山地、雪域的赛车体验,加上能够领略沿途众多原汁原味的当地集镇、特色建筑和名胜古迹,全程如同一场视觉盛宴,画面感极佳。

世界越野拉力锦标赛赛事是漂移的发源地,所有酷爱玩赛车的人士都将 WRC 看作漂移的最高殿堂。WRC 比赛中的漂移也是唯一真正追求最高车速的竞赛,只有通过 WRC 你才能看到真正的漂移。整个车队在泥沼、雪地、沙漠及蜿蜒山路等最具代表性的险恶赛段中行进,几乎可以说是只要有路的地方,WRC 就能比赛。

世界越野拉力锦标赛主要分为两种:一种为由甲地出发,到达乙地结束的长距离马拉松拉力赛,比如国人所熟悉的巴黎—达喀尔拉力赛;另一种为每天行驶的方向不同但均返回同一地点、历时两到三天的系列赛事,每年在不同国家和地区举办数场或十几场。世界越野拉力锦标赛全年在世界各国举行 14 站比赛,每个分站产生分站冠军,全年各分站成绩总积分最高的一对车手和领航员赛手成为当年度的 WRC 世界冠军。1999 年在北京怀柔县、密云县以及河北丰宁县山区举行的“555 中国拉力赛”便是当年 WRC 的一个分站。

世界越野拉力锦标赛以“不要门票的比赛”或者“家门口的比赛”的称号而闻名,赛道多是利用乡村、野外的砾石、沙漠或者柏油路面设计组成,比赛时赛车会在村庄中穿行。现场观众站在赛道两侧的安全区域观战,近距离体验赛车飞驰马达轰鸣的刺激。原味赛道与原味观众相映成趣,形成世界越野拉力锦标赛的靓丽风景。

三、原味转播

世界越野拉力锦标赛阵容庞大，气势震撼，又有自然景观点缀其中，本该是电视转播的亮点所在，而耗时三天、在绵延数百公里的崎岖公路上穿行，又给世界越野拉力锦标赛赛事转播带来了一个高难度的挑战。因为世界越野拉力锦标赛目前很难做到真正的全程现场直播，观众眼中看到的世界越野拉力锦标赛场景，只能是赛场片段，很难形成完整的赛车场视觉冲击，自然就难以吸引到有实力的赞助商。

为了满足电视观众需求和赞助商的要求，世界越野拉力锦标赛尝试在澳洲兰利公园创建了一个超级特别观赛路段，将其搭建在两公里左右的赛道上。兰利公园曾经是一个非官方的小型飞机场，于1921年至1935年间填河而成。1998年，由于发生了坠机事件，机场演变成公园，所以这里也叫兰利机场公园。2000年时，为了纪念澳大利亚航空飞行100周年，在这里建立了“运动飞机建造者俱乐部”。在这一特别设立的观赛路段，观众可免受风沙之苦，轻松地在观众席上欣赏传统比赛中看不到的两车同场竞技的画面，电视转播也可以顺利实现。

随着新媒体技术的不断发展与演进，电信通讯通道和载波体系日益完善，无线超远距离信息传输正在逐渐进入电视转播和新媒体转播领域，类似于手机自拍神器的新型媒体传输设备将贯通全赛车路段，为世界越野拉力锦标赛电视观众送上近距离的精彩刺激的赛车视频大餐。畅想世界越野拉力锦标赛全球直播的到来，原本低曝光率、少赞助商、少电视观众的尴尬局面即将改变，与F1赛车分庭抗礼的时代即将来临，WRC没落论也将一去不复返。

四、原味游戏

2015年，世界汽车拉力锦标赛竞速游戏（WRC）横空出世，这款竞速游戏采用了全新的图像和游戏引擎，包含有原汁原味的2014年世界越野拉力锦标赛的全部拉力赛事，勾画制作出一幅幅高度逼真的越野车拉力世界，其生涯模式包含了世界上所有处于领先地位的WRC车队和车手。开发商Bigben Interactive准确地制作了游戏中的光影、颗粒效果和其他真实世界特性，为新生代赛车玩家呈现出一个真实的游戏世界，给世界越野拉力锦标赛产业链又增加了重要一环。

WRC 竞速游戏能够原味呈现各个国家不同的比赛环境，总体效果可圈可点。尽管画面上树木、花草、沙土以及赛车和赛道的摩擦塑造得比较呆板，没有什么物理互动，但竞速游戏在音效方面处理得比较细腻，加速、刹车和拐弯时都会产生高低起伏的不同声音，效果逼真，现场感十足。

WRC 竞速游戏的操作没有使用系统控制移动，而是由玩家控制方向，把所有的控制权全部交到了玩家手里，虽然从理论上来说操作的难度加强了，但却平添了不少趣味。世界汽车拉力锦标赛分为四种模式：赛季，快速比赛，特别模式和日常竞速。日常模式比较特殊，当完成任务之后日常模式会变为计时器，24 小时之后即可再次进行，而其他三种模式首先就需要让玩家选择自己喜欢的赛车和赛车手，不过这些经过授权的车手都需要使用游戏里的货币来进行解锁，不然只能使用游戏默认的赛车手。

第四节 生死竞速勒芒赛

勒芒原本只是一个位于巴黎西南 200 公里的小镇，因为举办勒芒汽车耐力赛而一举成名，被视为全球顶级汽车耐力竞速的重要舞台。勒芒 24 小时耐力赛同世界一级方程式锦标赛、世界汽车拉力锦标赛并称为世界最著名和最艰苦的三大汽车赛事。自从首届比赛于 1923 年举办以来，除了二战前后的几年以外，勒芒耐力赛从未间断过。

由于不像 F1 对涡轮增压等技术进行限制，在勒芒耐力赛的大部分路段上，赛车平均时速超过 200 公里/小时，这不仅是对人类赛车极限的挑战，更是汽车制造商展示汽车性能的最理想环境。

一、魔鬼竞速

勒芒 24 小时耐力赛的赛道是将当地的高速公路和街区公路封闭成一个环行路线，单圈长 13. 5 公里，路面为沥青和水泥。比赛一般从第一天的下午 4 点开始，一直持续到次日的下午 4 点，历时 24 小时。

勒芒大赛号称“魔鬼竞速”，赛车选手必须接受魔鬼劫难般的生死考验。就连赛场观众，也时不时遭遇生死劫难。勒芒大赛正是以魔鬼竞速在世界赛车运动舞台上享有盛名，5000 公里赛程、超过 200 公里的平均时速和 24 小时的连续极速运转，对赛车的性能和车手的耐力都是魔鬼考验。

有人说，勒芒耐力赛是大规模组织起来的汽车大赌博，不惜以牺牲许多人的生命为代价来提高几个汽车制造厂家的名气。不管勒芒的赛道多么艰险，也不管历史上发生过多少悲剧，每届勒芒大赛都会在每年6月份如期举行。

勒芒24小时耐力赛的每部赛车由3名赛车手组成（1980年中期以前为两名赛车手），采用换人不换车的方法，所有的加油、换胎和维修时间都由这3名车手轮流在24小时以内完成，行驶里程最多的赛车获胜。

勒芒耐力赛是全球各种耐力赛连续比赛时间最长、最为险象环生的比赛，车手驾车在同一环行赛道上要昼夜不停地转上350多圈，对赛车性能、车手的驾车技术、瞬间反应、持续耐力和意志力等都是极限考验。

勒芒24小时耐力赛还随时考验着现场观众，考验着他们与赛车手息息相关的安全——赛车冲上观众席殃及无辜观众的事件偶有发生。1955年，勒芒发生了赛车史上最为惨重的死亡事故。在比赛中，一辆高速飞驰的奔驰SLR赛车为了避让一辆捷豹赛车导致赛车失控，高速冲向观众席，共致83名观众死亡，147名观众受伤。

勒芒24小时耐力赛考验着现场观众的耐心与韧性，比赛到了下半夜倦意袭来时，大多数观众就会带着宿营车或帐篷前来观战。赛场周围有设施齐备的餐饮、娱乐和休闲场所，以及销售仿制的各大车队服装、帽子的铺位，让车迷们在这里如同过节一样。观众可以在餐厅里一边吃着可口的食物，一边观看窗外时速300公里的赛车飞驰而过。

二、名车竞速

勒芒24小时耐力赛上向来名车辈出，从90年前就崭露头角的贵族宾利，到20世纪30年代初打败宾利并统治了勒芒4年的阿尔法·罗密欧，再到二战后首场比赛中夺冠的赛车新贵法拉利（参赛的拉利166MM被认为是最漂亮的法拉利车型），英伦贵族捷豹XK－120C、C－Type、D－Type赛车（曾于20世纪50年代在勒芒赛道上获得过5次冠军），以及法拉利的卷土重来，福特、雷诺、马自达等的一鸣惊人，从中都能看到90多年的勒芒车道上处处闪亮着的名车光芒。

1923年，获得首次勒芒24小时耐力赛冠军的赛车，是来自法国品牌Chenard&Walcker的3Litre Sport赛车，在赛道上奔跑了128圈，共2209.536公里，以超过第二名4圈的成绩夺得冠军。这款赛车100马力，搭载3.0发动机，在现在看来属于小功率汽车。

此后，勒芒耐力赛进入宾利时代，在1924年、1927年及1928年，宾利凭借宾利3Litre Sport(1924年)、宾利3 Litre Super Sport(1927年)和宾利4 Litre赛车(1928年)，分别获得了当年的冠军。此外，宾利Speed Six，也曾连续两届在勒芒24小时耐力赛(1929年—1930年)夺冠。五届勒芒24耐力赛冠军，不仅创造了当时的车坛神话，而且使驾驶宾利的赛车手获得了"宾利男孩"美誉。

1971年，保时捷又对917赛车的底盘和空气动力学系统进行了升级。这一年，升级后的保时捷917K在勒芒24小时耐力赛中成功卫冕，并以220.1公里/小时的平均时速创造了5335.313公里的总行驶里程记录。这一车坛极速纪录，直到2010年才被奥迪R15以5410.71的新纪录打破。

进入新千年，勒芒赛事开启了奥迪时代，从2000年获得冠军的奥迪R8赛车到2013年奥迪R18 e－tron quattro赛车，奥迪几乎包揽了全部冠军。在勒芒实现过三连冠的奥迪R8赛车，曾经创造了24小时5400多公里的惊人纪录，赛车的超强性能绝对令人咋舌。[①]

三、高科技竞速

汽车制造商与汽车赛事向来是一对孪生兄弟。汽车诞生之后不久，挑战汽车与车手的各种汽车赛事就如雨后春笋般涌现了出来。勒芒24小时耐力赛注重速度与耐力的结合，对赛车短时间内提速的动力性、可靠性、稳定性以及对赛车手安全考虑的保护装置等方面提出了更高的要求。为了提高竞争力，各参赛厂商纷纷使出浑身解数，将发动机、悬架、车身材料等方面最先进的技术都应用于赛车之上。勒芒24小时耐力赛名车竞速，是名实相符的高科技竞速。

勒芒24小时耐力赛是汽车界的高精技术大比拼，鼓励各参赛厂家研发并应用全新技术。这些全新技术在经受勒芒24小时耐力赛检测后，大部分用于批量生产民用车上，从而有力地推动了汽车工业的发展。

勒芒24小时耐力赛历史上最大的赢家是保时捷，它将16座冠军奖杯收入囊中，其他多次获得冠军的名车品牌还有捷豹、宾利和奥迪等。日本的马自达公司曾出奇制胜，凭借神奇的转子发动机击败欧洲劲旅，成为至今唯一

①郭枫. 纵贯九十载，看勒芒24小时耐力赛冠军车. 2014－3－23. http://www.autohome.com.cn/tuning/201403/745693.html.

在勒芒夺冠的亚洲车商。

新世纪的勒芒，全然是奥迪的天下。1999年，奥迪公司正式投身勒芒24小时耐力赛，此后就成了勒芒的王者。为了削弱奥迪的优势，国际汽联修改了勒芒大赛参赛车辆规则，并准许排气量在5.5升以下的柴油涡轮发动机汽车参赛。奥迪于2006年的勒芒24小时耐力赛上立刻推出了搭载柴油发动机的全新R10 TDI赛车，顺利拿下冠军，成为勒芒历史上第一个使用柴油动力夺冠的车商。

第五节　炼狱天堂达喀尔赛

在全球赛车世界，F1是有钱玩家的高速游戏，WRC是原汁原味的车手比拼的画卷，勒芒耐力赛是生死竞速和高精尖科技大比武，巴黎—达喀尔拉力赛则是炼狱与天堂相接的梦想挑战。

达喀尔拉力赛的全称叫巴黎—达喀尔拉力赛(The Paris Dakar Rally)，是一个每年1月1日定期举办的专业越野拉力赛。达喀尔拉力赛对车手是否为职业选手并无严格限制，80%左右的参赛者都为业余选手。

达喀尔拉力赛的过程异常艰苦，车手白天要忍受40℃的高温，晚上又要在零度以下的低温中度过。而且，除了通常的赛车故障以外，一旦迷失方向，就要面临断油、断粮甚至放弃比赛的局面。

纵使如此严酷的比赛条件，每场冠军也只有区区4500美元奖金，但每届赛事都会吸引上百位参赛者及不同种类的赛车参加，后援团队更是高达上千人。车手和领航员除了依靠组委会的路线图以外，还要借助指南针及GPS全球定位系统，才能通过并到达每一个集结点。由于达喀尔拉力赛维修队不像WRC那样，可以通过一般的公路提前到达指定的区域等待赛车前来检修和补给，因此每个车队都会包租专机，携带所有的配件、给养和维修技师，在赛车到达之前飞抵指定区域(多为简易机场)。几十架分别画满了各自车队LOGO的飞机停在一起，其场景蔚为壮观。当贴满同样LOGO的赛车来到维修区，便会集中到机翼下进行维修和补给。这时候，又如同小鸟在大鸟的羽翼下休息一样，特别有趣。

一、炼狱赛程

如此庞大的参赛阵容，赛会组织者无法保证让每一辆车都能平安地跑回终点，因为这些参赛者在 17 天 9000 多公里的比赛中必然会面对各种突发状况，不但考验着赛车的性能与耐用程度，也考验着车手的耐力与技术，当然也测试支持团队的应变能力。

2002 年，主办单位倡议“回归巴黎－达喀尔的原点”，规定技师只能休息一次，还安排了不得使用 GPS 卫星定位系统的赛程，以及连续两天只能抽空小憩一下的马拉松赛程等。在恶劣的天气、多变的地形条件下，车手及参赛车的性能、耐用度都要在极限状态下接受考验，称它是“性能炼狱”一点也不为过。

达喀尔拉力赛的创始人萨宾在描述举办达喀尔拉力赛的初衷时说，我可以带你一起去敲击冒险之门，但打开这扇向命运挑战之门的是你自己。对于参赛的人来说，这是一项挑战；对于没参加的人来说，这是一个梦想。为了完成这个梦想，每年都有数以百计的冒险者在新年来临之际踏上无垠的非洲沙漠，经过砾石、沙漠、泥沼、公路、草原、农田等各种地形，经受着高温、沙暴等的残酷考验。

达喀尔拉力赛是世界上最严酷和最富有冒险精神的赛车运动，被誉为世界上最艰险的赛程，以严酷的大自然为对手，鼓励人类使出自身的全部智力、体力和精神动力，挑战世界上最艰巨、最充满冒险精神的汽车赛程。所有参赛车辆用 2～3 个星期穿越非洲大地（现在改为南美大地），全程约 1 万公里。迄今为止，参赛车手能够全程跑完的比率只有 38%，于是就有了“跑完全赛程者均为胜利者”一说，可见赛事的艰辛程度。

在达喀尔拉力赛发展的几十年中，由于常受政治及其他因素的影响，比赛路线（包括起点、终点）不得不经常更改。2008 年，由于毛里塔尼亚境内的安全问题，赛事组委会决定取消比赛，将 2009 年的达喀尔拉力赛撤离非洲，移师南美洲的阿根廷和智利。2009 年 1 月 3 日，达喀尔拉力赛南美处女赛程“布宜诺斯艾利斯—智利—布宜诺斯艾利斯”成功举行。2014 年 1 月 5 日，被誉为“世界上最艰苦的汽车赛事”的第 36 届达喀尔拉力赛在南美洲拉开战幕，这也是达喀尔拉力赛移师南美后最艰辛的一届比赛：总里程大幅增加，赛道穿越阿根廷西南部的峡谷和沙漠，同时增加了几个 500 公里以上的马拉松赛段。在 13 天的时间里车手要穿越阿根廷、玻利维亚、智利三个国家。

二、地狱见证

达喀尔拉力赛不仅安排有地狱赛程，而且赛程中惊险不断，既有赛车运动自身的安全风险，又有气候路况等的意外挑战，还有途经各地的不法分子的冷枪袭击。

达喀尔拉力赛是人类借助高科技的赛车与大自然抗争的极限运动，需要赛车手有极大的勇气和冒险精神，风险之大，令各车队和赞助商防不胜防，有时候甚至会付出沉痛的代价。

2007 年 12 月，3 名劫匪枪杀了 4 名前往毛里塔尼亚度圣诞的法国游客，另外还有 5 人受伤。随后，法国政府告诫本国公民不要前往毛里塔尼亚，因为他们并不排除恐怖分子会再次向参赛的法国车手袭击的可能。尽管此前毛里塔尼亚政府承诺，在车队进入毛里塔尼亚境内后，官方至少派出 3000 名军警保障赛事安全，但达喀尔拉力赛赛事组委会为保证比赛人员的安全，不得不取消当年的比赛。

每一年的达喀尔拉力赛，伴随着激烈精彩的赛事，总有一些悲情的色彩挥之不去。达喀尔拉力赛举办以来，已经有包括现场采访记者、业余车手、导航员、药剂师、专业车手等 59 条生命离我们远去，有些甚至是无辜的路人。1986 年，一架直升机在马里上空遭遇空难，机上 5 人均遇难，其中包括达喀尔拉力赛的创始人和组织者泽利·萨宾。意大利人马里奥尼在最后一个赛段从摩托车上摔下，抢救无效死亡。在达喀尔赛事声名远播的同时，请不要忘记这些再也回不来的英雄，记着这些达喀尔拉力赛赛道上的地狱见证者。

自达喀尔汽车拉力赛转战南美大陆以来，组委会在安全方面做了更为精心的准备。根据比赛的安全计划，达喀尔汽车拉力赛在阿根廷和智利举行期间，每一站都将有至少 2000 名警察负责安全工作，此外还会有多架直升机在空中巡逻，为赛车手保驾护航。

三、中国天堂

达喀尔拉力赛是中国赛车军团的福地天堂，在这里，有赛车常青树六朝元老卢宁军，有徐浪这一“永远的英雄”，有罗丁、刘大地、门光远、周勇和刘斌等车坛将士，还有中国威麟车队、长城哈弗车队、酷车时代车队、成都农商银行车队，以及金城摩托车队的魏广辉、苏文敏，卡车组的陈和皇、赖正哲、郑凯仁（中国台北），他们并肩作战，成绩斐然。

在2011年达喀尔拉力赛上，长城哈弗车队的周勇在前11个赛段的较量中创造出不凡成绩，以赛段第43名的成绩抵达终点。首次参与达喀尔拉力赛的四川车手，来自成都农商银行的车手周远德，一度成为中国车手的旗帜和领头羊。第一次征战达喀尔拉力赛，就以稳健表现获得赞许。比赛后半程，这位倔强的成都车手，在组委会6次提出退赛建议，甚至本车队外籍经理也希望他退赛的情况下，成功克服了沙漠高温残酷条件，凭借自己的双手，解决了赛车变速箱故障，并且最终完赛，取得总成绩31名的成绩，这已实属不易。周远德顽强、坚忍的精神，得到了组委会上下一致的肯定。在2012年达喀尔拉力赛的最后一个赛段即第14赛段比赛的争夺中，中国长城哈弗SUV车队葡萄牙车手索萨跑出了赛段第4的成绩，并以总成绩第6改写了中国车队参加达喀尔拉力赛以来的最佳战绩。

中国军团继长城哈弗参加达喀尔拉力赛之后，福田汽车作为自主品牌的代表首次出征2014年达喀尔拉力赛，为中国军团再添力量。福田汽车2014年派出两辆拓陆者皮卡作为战车出征，经过专业改装后的拓陆者越野性能更加强劲。在车队出征仪式上，智利总统皮涅拉亲自到场欢送，福田汽车的首次加入也引来了包括国际知名体育电视台FOX在内的多家海外媒体的广泛关注。

第五章
最国际的 NBA

将 NBA 称为“最国际”的商业赛事,原因有三。一是篮球本身的全球普及程度,二是篮球运动特别是美国职业篮球赛事的国际影响力,三是美国篮球职业联赛的国际化结构和国际化运作。

NBA 即美国国家篮球联盟(National Basketball Association)的英文缩写,在美国四大职业联赛中,排名第三位。在美国人眼中,身强力壮的人应该去打橄榄球、玩冰球(橄榄球总决赛超级碗在美国本土人气之旺广告之火令其他任何赛事望尘莫及),智商高的人都在打棒球,唯有智商和体能不上不下的人才屈尊玩篮球。但是,NBA 却通过不断创新和挖掘自身潜力,一步步成为美国四大职业体育组织中实实在在的首富,也是世界上体育富翁最集中的赛事组织机构,还是世界上全球化、商业化程度最高,影响力最大的职业体育组织。一年一度的 NBA 赛事,则是最具国际化特征的商业体育赛事。

NBA 群里有一句话经常被提起,“It's all about business”,即“一切都和商业有关”,一语道破了这个商业赛事的内核与真谛。NBA 本身就是一个体育娱乐公司,商业属性决定了这座帝国里的所有人都得以“Business”为核心。

NBA 从 1946 年发展到今天只有 60 多年的历史,但它带给体坛的震撼是巨大的,它是商业运营和体育赛事完美结合的典范,是全球化战略和强大造星运动有机融合的产物。在 NBA 赛场,世人敬仰的荣耀、撼天动地的对垒、华光异彩的服饰和万众欢腾的场面,如梦幻般交织显现,构成了跌宕起伏的独特画卷。NBA 完善的市场化运作,成熟的商业理念,全方位多层次的产品包装,无一不令众多商业巨头叹为观止。NBA 已经成为迄今为止世界上最为成功的体育产品。

NBA 没有国籍限制，只选择最好的球员，姚明、诺维茨基、穆托姆博、吉诺比利等非美裔球员与奥尼尔、科比、詹姆斯、韦德等美国本土球员同场竞技，让全球观众欣喜若狂，让全球赞助广告趋之若鹜。与其说 NBA 是一个体育单项组织，不如说其是一个商业集团公司，是一个“篮球赛事托拉斯”。在这里，各支球队的老板是一个个股东，NBA 总裁是斯特恩，萧华是 CEO，每一个球队俱乐部相当于是 NBA 商业集团麾下的分公司，球员（不管大牌球星还是替补球员）和教练（不管是如菲尔·杰克逊这样的天价教练还是一般教练）都是公司下面的雇员，公司根据其所创造的价值支付薪酬，NBA 比赛（包括国际巡回赛、季前赛、季后赛和总决赛等）则是公司最重要的产品，围绕这一产品开发的商业广告、商业赞助、电视转播、新媒体转播，以及相关的附属品等，形成 NBA 最为发达的产业链。观战的球迷（包括现场球迷和电视观众）是这一商业活动的消费者，他们看球要买单，看电视上网要付费，而且不同等级的消费（选择 VIP 包厢还是一般看台）则需要不同价值的付出。

电视转播权的售卖是 NBA 的收益支柱，随着赛事越来越被看好，电视转播合同价码年年看涨，从 2002/2003 赛季至 2007/2008 赛季，NBA 跟 ABC、ESPN 签订的电视转播合同，三家共计 6 年 46 亿美元。2008/2009 赛季至 2014/2015 赛季，NBA 与 ESPN、ABC 续约，同时与 TNT 签约，合同为 6 年 74.4 亿美元，尽管从之前每年的 7.7 亿增长到了 9.3 亿，增长幅度约为 20%，但远不及当时 NBA 的发展形势。

2014 年 10 月 6 日，NBA 新任总裁萧华通过 NBA 官网及 NBA TV 正式宣布，NBA 与 ESPN 及 TNT 已经完成了新的电视转播续约合同，从 2016/2017 赛季开始至 2024/2025 赛季结束，9 年内电视转播商向 NBA 一共支付 240 亿美元（每年 26.6 亿美元）。ESPN 总裁斯基珀称，“NBA 从没像现在这么广受欢迎，并且我们相信在萧华的带领下，它还会越来越壮大。”NBA 与 ESPN 及 TNT 的电视转播合同一下跃至每年 26.6 亿美元，意味着 NBA 将 MLB（Major League Baseball 的英文缩写，即美国职业棒球大联盟）NHL（National Hackey reague 的英文缩写，即北美职业冰球联盟）远远抛在了身后，但距离 NFL 的每年 54 亿美元的电视转播收入仍有一定差距。①

①窦俊. NBA 迎来土豪时代，9 年 240 亿新天价转播协议达成. 南方都市报，2014－10－7.

第一节　商业历程

1984 年,NBA 总市值跌到 1550 万美元,23 支球队中有 17 支濒临破产。现在,NBA 总市值超过 50 亿美元,30 支球队个个财力雄厚,2005 年 NBA 的 30 支球队平均价值达到了 3.26 亿美元。2014 年,全联盟总收入达到了 48 亿美元,平均每个队 1.6 亿,整个 NBA 中有湖人(26 亿)、尼克斯(25 亿)、公牛(20 亿)、凯尔特人(17 亿)、快船(16 亿)、篮网(15 亿)、勇士(13 亿)、火箭(12.5 亿)、热火(11.75 亿)、小牛(11.5 亿)和马刺(10 亿)等 11 支球队的估价达到或已超过了 10 亿美元。其中,湖人的价值达到了 26 亿美元,价值最低的雄鹿队也达到了 6 亿美元。在上赛季的评估中,超过 10 亿美元的球队只有 3 支。①

最初的 NBA 比赛只是一个自娱自乐的业余联赛,直到 1953/1954 赛季电视台第一次转播 NBA 的 13 场比赛,才开始付给 NBA 3.9 万美元的转播费。在这之后近 20 年里,虽然 NBC 和 ABC 两家电视台一直在转播 NBA 的比赛,但两家都未曾付给 NBA 转播费。一直到 1973/1974 赛季,哥伦比亚广播电视台(CBS)与 NBA 签订合同,付给 NBA 3 年 2700 万美元的转播费。到 1986/1987 赛季,转播费用涨到 4 年 1.74 亿美元,是 13 年前的 5 倍。1998 年以前,NBA 在中国中央电视台基本上是免费赠送节目内容和信号(每周都会寄一盘集锦到北京),仅在节目当中插播广告获取部分回报,而且 NBA 官方还要另外自掏腰包请中央电视台的转播小组现场直播全明星赛和总决赛。

现在,NBA 比赛已经成为电视转播最重要的赛事之一,每赛季以 43 种语言通过 164 个不同的电视台传播到 215 个不同的国家和地区,涉及的观众达到 31 亿人次(2013 年国际系列赛电视转播覆盖的国家和地区的总数达 215 个),全球收看 NBA 赛事节目的家庭将近 8 亿户。

在新社交网络高速发展的今天,NBA 决定拥抱新媒体。NBA 宣布,在新赛季的比赛用球上加上“@ NBA”的字样,该字样将出现在“官方比赛用球”的下方,以此建立与球迷的联系。这是第一个将联盟社交网络账户名“交

①Tinoke. 球队价值榜湖人 26 亿排榜首,火箭第 8,骑士仅 15,2015 - 01 - 22. http://sports.sina.com.cn/nba/2015 - 01 - 22/01577492170.shtml.

到”球员手中的职业体育联盟。在新媒体时代,NBA 官方网站十分受欢迎,美国本土网站的访问量 50% 以上来自美国本土以外的用户,成为美国本土网站中海外访问量最大的网站。在推特、脸书、Instagram、腾讯等社交网络上,NBA 已经拥有总计 6.6 亿的粉丝群。[①] NBA 是美国各大体育联盟中唯一提供除英语以外的其他语言官方网站的联盟,NBA 中国网站在中国汉语人群中具有超高人气。NBA 在全世界有 11 个分公司,包括欧洲分公司(瑞士日内瓦)、拉丁美洲分公司(美国迈阿密)、澳大利亚分公司(墨尔本)和亚洲分公司(中国香港)等。此外,在中国北京、日本东京和英国伦敦均设有办事处。

20 世纪 40 年代,由于世界大战的结束和美国经济的发展,人们在物质条件充裕后便转向对精神生活的渴望,从事体育活动便成为一种追求。一些有先见之明的人认识到和平生活的到来将意味着有更多的资金会涌入娱乐业和其他行业,有些体育经纪人就试图寻找另一种体育项目,通过组织职业性比赛来吸引更多的观众和新的市场。正是在这样的社会背景下,经过多方努力,一个新的篮球联盟 BAA(Basketball Association of America)诞生了,这就是现在 NBA 的前身。

NBA 是在冲突与妥协、竞争与磨合的过程中不断前行的,最终一步步走向成熟。1949 年至 1966 年的十多年时间里 NBA 进展缓慢。尽管 20 世纪 60 年代后,涌现出了拉塞尔和张伯伦两位巨星,但比赛的整体观赏性不高,整个赛季也很少通过电视转播对外宣传。到了 1966 年,NBA 仅剩下 10 支球队在困境中坚持。1967 年,美国又一个职业篮球联盟 ABA(American Basketball Association)成立。从此,ABA 与 NBA 展开了竞争。由于 ABA 和 NBA 双方对篮球人才的竞争,使得球员的身价不断攀升。到了 1975/1976 赛季,ABA 宣布解散,其中 6 支球队被 NBA 接收,NBA 球队增加到了 22 支,马龙等巨星涌入 NBA,一时间 NBA 呈现出前所未有的群星争辉的场面。同时,NBA 吸纳了许多 ABA 关于管理、营销、包装球员、比赛规则等方面的做法,并在美国国会的支持下,给予了 NBA 联盟“反垄断豁免”等政策、法规。至此,NBA 终于完成了对美国职业篮球从人才、资金到市场营销与推广的全部垄断。

---

①宁汉. 新赛季用球将烙上“@ NBA”　联盟有 6.6 亿粉丝. 2014 - 08 - 01. http://sports.qq.com/a/20140801/001956.htm.

在经历了竞争、磨合、完善、整合和垄断经营之后，NBA 进入了 20 世纪 80 年代的稳定发展阶段。拉里·伯德和魔术师约翰逊两位篮球新秀步入 NBA，成为最成功的新人，引起了人们的广泛关注。他们分别代表波士顿凯尔特人队和洛杉矶湖人队，在夺取总冠军的龙争虎斗中，将篮球比赛带入了艺术的境地。那种精湛绝伦的高超技巧，灵活多变的战术方法，扣人心弦的竞争场景和运动员坚忍顽强的意志品质，给广大球迷一种完美的精神享受。老将贾巴尔与约翰逊的配合出神入化，拉里·伯德所在的凯尔特人队重放光彩，乔丹、奥拉多旺、托马斯、马龙等新生代球星的加盟，使得 NBA 生机勃勃，并逐渐变成一项最受欢迎的体育运动项目。

1992 年，职业球员被获准参加奥运会，NBA 迎来了划时代的发展时机。为了 NBA 的全球化发展战略，时任总裁大卫·斯特恩组建了一支由乔丹、伯德等超级巨星领军的梦幻队伍。在巴塞罗那奥运上，“梦之队”以闲庭信步的姿态横扫千军，完成了一次空前绝后的篮球布道，全世界亿万球迷和电视观众第一次目睹了美国职业篮球运动员迷人的风采和出神入化的技术，领略到了 NBA 比赛的独特魅力。美国“梦之队”的出现，使得乔丹等 NBA 巨星人物的风采一下子迷倒了全世界的球迷。自此，NBA 随着报纸杂志、广播电视的传播，日益走向了全世界。现在的 NBA 总决赛，通常会有超过 200 个国家和地区的电视观众收看巅峰之战，还有一批铁杆球迷会不惜自掏腰包到现场助威喝彩。

当乔丹 1993 年宣布退出 NBA 时，整个 NBA 为之震惊，全世界球迷为之惋惜，同时期待着下一代天皇巨星的出现。当乔丹 1994 年宣布复出的消息传出时，赞助商喜出望外，全世界球迷欢呼雀跃。时隔一年，乔丹率领的公牛队第 3 次蝉联 NBA 的总冠军，乔丹又一次创造了 NBA 的历史。乔丹的篮球天赋与才华，向人们展示了 NBA 的全部内涵，演绎成当今 NBA 的不朽佳话，在全世界球迷中留下了深刻的印象。

从张伯伦的单场百分记录、贾巴尔的无敌天勾、魔术师约翰逊的妙手传球、乔丹只手擎天，到篮下巨无霸奥尼尔和姚明双星闪耀、小飞侠科比独斗群雄、闪电侠韦德联手小皇帝詹姆斯鼎盛热火，以及威少与杜少、库里等新生代球员的勃然爆发，在 NBA 发展的每一个里程都留下了精彩一幕，都有商业故事，都缔造了一个又一个的 NBA 传奇。

第二节　明星钱库

NBA的发展过程中，英雄辈出，一代代巨星成为NBA的摇钱树。当然，球星本人也身价不菲，退役之后，要么成了球队老板，继续在NBA滚打厮杀，要么转为解说或教练，发挥自身在本行业的余热，当然，也有挥金如土耽于享乐者。凭借在NBA纵横捭阖多年，全联盟俱乐部老板都是福布斯财富榜上的风云人物，与其麾下的战将占据着福布斯榜的显要位置。在NBA赛场电视转播镜头里，在全球互联网络里，NBA老板明星般的身影与明星般的做派时时闪现，与球场上捉对厮杀的球员、不时也会参与电视娱乐的裁判员以及经常被捕捉到的有趣的现场观众一起，构成了别出心裁的电视新景观。

作为全球财富的风向标，各种权威机构推出的财富榜单一直引人瞩目，这从一个方面反映出NBA明星们的财富状态。2007年，美国著名媒体《体育画报》根据体育明星的收入情况，推出了美国体坛收入最高的50名巨星以及收入最多的20位国际体育明星。其中，NBA明星在上述50名富豪中占了24席，几近占据半壁江山。姚明以年总收入2745.5万美元排联盟第5。在整个NBA球员中，最多的是奥尼尔的3500万美元，第2名科比3372万美元，第3名詹姆斯3083万美元，第4名加内特2900万美元，麦迪在NBA球员中排名第7。2007年，NBA成了世界体坛富豪的集中地。

最近几年，追踪全球形形色色的人物、事件、区域等财富变化的《福布斯》杂志对体坛人物在各类商业活动中掘金掠银的本领感到震惊，认为这些人的赚钱能力就像他们在自己的运动领地中的表现那样驾轻就熟，挣钱速度像短跑跳高举重一样具有爆发力，该杂志认为这是一个"具有惊人致富能力的类群"。NBA球员最近几年在商业价值开发方面的作为，在福布斯财富榜上也有惊人表现。

在2009/2010赛季，NBA球星在福布斯财富榜列出的50人中占据了30%的名额。科比凭借2300万美元的薪水和2500万美元的合同代言收入，以4800万美元的总收入居于总排行榜第3位，是所有NBA球员当中最高的一位。勒布朗·詹姆斯以4280万美元的总收入排名总榜单的第7位，他代言的产品包括可口可乐、麦当劳、耐克、StateFarm等。中国巨人姚明排在总榜单的第21位，他的总收入为2840万美元。其他上榜的NBA球员包括第17位的奥尼尔、第22位的麦蒂、第28位的韦德、第34位的邓肯、第36位的霍华德、第 37 位的小奥尼尔,以及安东尼、加内特、斯塔德迈尔、诺维茨基、皮尔斯和卡特等。

《福布斯》公布了 2010/2011 年度全球 100 位名人,在全部 19 名运动员名单中有 4 名 NBA 巨星入围,詹姆斯位列榜单第 10,超越科比成为 NBA 最具影响力的球员,科比、韦德和霍华德分列 14、57 和 59 位。2011 年,科比卷土重来,在 2011 年福布斯财富榜上以 5300 万美元位居第二,詹姆斯以 4800 万美元位居第三,这是 NBA 球员占据的最高排位,此外入围前 20 名的还有姚明、霍华德和韦德。从 2012/2013 赛季开始,詹姆斯赚钱的能力超过了科比,连续几年保持在福布斯财富榜的前 5 名,但科比后劲犹在,杜兰特和罗斯也渐渐崭露头角。(见表 5.1)

表 5.1　福布斯全球运动员富豪榜排名(单位:万美元)

2011 年			2012 年			2013 年			2014 年			2015 年		
伍兹	7500	高尔夫	梅威瑟	8500	拳击	伍兹	7810	高尔夫	梅威瑟	10 500	拳击	梅威瑟	30 000	拳击
科比	5300	篮球	帕奎奥	6200	拳击	费德勒	7150	网球	C 罗	8000	足球	帕奎奥	16 000	拳击
詹姆斯	4800	篮球	伍兹	5940	高尔夫	科比	6190	篮球	詹姆斯	7230	篮球	C 罗	7960	足球
费德勒	4700	网球	詹姆斯	5300	篮球	詹姆斯	5980	篮球	梅西	6470	足球	梅西	7380	足球
米克尔森	4650	高尔夫	费德勒	5270	网球	布里斯	5100	橄榄球	科比	6150	篮球	费德勒	6700	网球
贝克汉姆	4000	足球	科比	5230	篮球	罗杰斯	4900	高尔夫	伍兹	6120	高尔夫	詹姆斯	6480	篮球
罗纳尔多	3800	足球	米克尔森	4780	高尔夫	米克尔森	4870	高尔夫	费德勒	5620	网球	杜兰特	5410	篮球
罗斯	3500	棒球	小贝	4600	足球	小贝	4720	足球	米克尔森	5320	高尔夫	米克尔森	5080	高尔夫
舒马赫	3400	赛车	罗纳尔多	4250	足球	C 罗	4400	足球	纳达尔	4450	网球	伍兹	5060	高尔夫
梅西	3230	足球	曼宁	4240	橄榄球	梅西	4130	足球	莱恩	4380	橄榄球	科比	4950	篮球

续表

2011 年			2012 年			2013 年			2014 年			2015 年		
阿隆索	3200	赛车	梅西	3900	足球	布雷迪	3830	橄榄球	帕奎奥	4180	拳击	本罗斯	4890	橄榄球
纳达尔	3150	网球	恩加塔	3730	橄榄球	罗斯	3740	篮球	伊布	4040	足球	麦克罗伊	4830	高尔夫
罗西	3100	赛车	菲兹杰拉	3680	橄榄球	弗拉科	3680	橄榄球	罗斯	3660	篮球	焦科维奇	4820	网球
布拉迪	3100	橄榄球	纳达穆孔	3600	橄榄球	梅得瑟	3400	拳击	贝尔	3640	足球	伊布	3910	足球
汉密尔顿	3000	赛车	约翰逊	3440	橄榄球	帕奎奥	3400	拳击	法尔考	3540	足球	汉密尔顿	3900	赛车
杰特尔	2900	棒球	威廉姆斯	3320	橄榄球	辛格东尼	3150	橄榄球	内马尔	3360	足球	恩达姆肯	3860	橄榄球
恩哈特	2850	赛车	纳达尔	3320	网球	杜兰特	3090	篮球	焦科维奇	3310	网球	阿隆索	3550	赛车
姚明	2770	篮球	罗德里格	3300	棒球	亚历克斯	3030	橄榄球	斯塔福德	3300	橄榄球	贝尔	3500	足球
霍华德	2760	篮球	阿隆索	3200	赛车	阿隆索	3000	赛车	汉密尔顿	3200	赛车	莱斯特	3410	橄榄球
韦德	2620	篮球	舒马赫	3000	赛车	曼宁	3000	橄榄球	杜兰特	3190	篮球	罗斯	3390	篮球

NBA 球星的赚钱方式颇多，球队支付的年薪、广告代言、全球巡回出场费、运动装备销售分成和媒体合作费以及与之相关的动漫游戏开发等都是他们的致富之路。新媒体时代，NBA 球星们新的赚钱门路再次打开。

最近有消息传出，如果想让勒布朗 · 詹姆斯在推特上发一条信息推荐一下你的产品，那么得付出 14 万美元甚至更多，这一数据甚至远远超过了在美国最受欢迎的橄榄球星所卖出的最贵的推特 2 万美元。据透露，詹姆斯的推特粉丝达 2320 万之多，媒体价值是全美国运动员中最高的，一条推特价值 14 万美元也算是物有所值了。如果在电视上做广告，要有这么多受众，要花费 5 倍以上的费用。

在美国推特价值位居前 5 的运动员中有 4 名是 NBA 球员，除了詹姆斯外,紧随其后的是凯文·杜兰特,推特价值达到66 553美元,科比·布莱恩特虽然已经宣布退役,但仍为球迷所宠爱,每条推特价值也达到了42 389美元。前5中,唯一不是NBA球员的是拳王弗洛伊德·梅瑟威,每条推特价值为34 924美元。排名第5的是德怀特·霍华德,虽然他近几年状态未能达到巅峰,但仍拥有众多粉丝,每条推特价值达到34 290美元。詹姆斯推特价格不菲,但成交活跃。据透露,最近有客户定购了詹姆斯团队的一条推特,金额高达6位数。①

2015年3月,《福布斯》杂志公布了第29届世界亿万富翁排行榜,迈克尔·乔丹以10亿美元的身价首次入围这份榜单,排在第1741位。虽然距离前面的巨鳄还有着不小的差距,但是篮球之神在这一个领域的成功足以让众人仰视。

在《福布斯》杂志2015年第29届世界亿万富翁排行榜榜单中,NBA老板中共有7位进入榜单前400位。快船的新老板史蒂夫·鲍尔默是全联盟所有老板中最有钱的,他排在这份榜单的第35位,身价约为215亿美元。鲍尔默曾经的微软同事、开拓者队的老板保罗·艾伦是第二富有的NBA球队老板,身价约为175亿美元,排在榜单的第51位。篮网老板米哈伊尔·普罗霍罗夫以身价99亿列第125位,热火老板米奇·阿里森以71亿美元的身价列第191位,掘金老板斯坦·克伦克以63亿美元身价列第225位,魔术老板里奇·德沃斯以57亿美元身价居259位,尼克斯老板多兰家族以43亿美元身价位列381位。②

NBA老板2015年在福布斯财富榜的排名与2007年相比,可谓相差甚远。2007年福布斯公布的全球前400位富豪名单中,NBA共有14位老板上榜,是2015年的整整两倍,而且当年NBA中开拓者的老板保罗·艾伦以160亿美元身价在整个福布斯榜单上高居第5位。

占据NBA第二富豪位置的是57岁热火老板米奇·阿里森,其资产达到了50亿美元,其在福布斯总排名中名列第48位。联盟第三富豪是活塞老板威廉·莫尔森·戴维森,其资产为40亿美元,总排名第64位。其后是魔术

---

①吴哥. 詹姆斯推特价值冠全美,发一条就值14万美金. 2015-08-20. http://sport.sina.com.cn/basketball/nba/2015-08-20/doc-ifxcvry0662579.shtml.

②乔丹身价达10亿首入富豪榜,快船老板最有钱. 2015-03-03. http://sport.sina.com.cn/nba/2015-03-03/00567529868.shtml.

老板理查德·M. 德沃斯，资产达到35亿美元，总排名第73位。排名联盟第5的是步行者老板迈尔文·西蒙，资产为26亿美元，总排名第107位，而迈尔文·西蒙的兄弟，也就是步行者的另一位老板赫伯特·西蒙也进入榜单，其12亿资产排名联盟第10位，总排名第322位。福布斯财富榜也有中国观众熟悉的中年富豪——48岁的小牛老板库班，其资产与森林狼老板格伦·泰勒同为23亿美元，福布斯总排名在第133位。财富榜中最年轻的位置被NBA骑士的老板丹尼尔·吉尔伯特占据，这位拥有11亿美元财富的富豪只有44岁。2007年，63岁的火箭老板莱斯利·亚历山大资产达到12亿美元，在NBA富豪榜中排名第9位，总排名为第322位。

当火箭老板莱斯利·亚历山大跻身福布斯富豪榜总排名第322位时，让业界内外大吃一惊。因为就在2005年，亚历山大还是全联盟中数得着的"穷老板"。亚历山大的蜕变，实际上就是中国力量的崛起，就是姚明的强势拉动。

在2002年的选秀大会上，亚历山大相中了姚明，随后蜂拥而来的华人观众和不断飙高的收视率开始伴随火箭队。深谙经营之道的亚历山大的经营战略不仅放在休斯敦或北美华人，更着眼于遥远的中国本土，瞄准的是13亿中国人的钱袋子。姚明登陆休斯敦后，立时吸引了中国球迷的目光，一大批中国明星企业蜂拥而至，成为火箭财富的滚滚来源。燕京啤酒为了打开北美市场，投入400万美元巨资亮相休斯敦丰田中心，其强悍震动力远远超过了预期效果。通过中央电视台体育频道和国内其他电视台体育频道的现场直播，燕京啤酒不仅让姚明感受到浓浓的主场气氛，让中国球迷有了亲切自豪感，更让世界各国领略到中国企业的大手笔、大气魄和国际视野。燕京啤酒方面后来说，400万美元的投入，至少收获了1000万美元以上的公关宣传效果。此后，休斯敦丰田中心简直就是"中国势力"的舞台，安踏、匹克、鸿星尔克、昆仑润滑油等纷纷在此"安营扎寨"，整个球场已经全部被中国企业所包绕。当然，这些意欲借机走向世界的商业机构，也因此掏出巨额美金给火箭，让亚历山大的腰包日渐鼓胀起来。

亚历山大不仅在休斯敦坐收斗金，而且将手伸到了中国企业的"后院"。2007年11月，亚历山大与安踏中国有限公司董事局主席共同宣布建立战略合作伙伴关系。自这一天起，火箭队的队员都将脚踏中国品牌安踏战靴。安踏股票在香港上市首日，亚历山大就投入2.34亿港元购得其8.2%的股权,一跃成为安踏最大的海外股东。[①]

第三节　国际旅程

NBA 的国际化战略可以从以下几个层面理解:一是 NBA 管理团队人员和球队俱乐部成员及球员构成的国际化,即运转团队国际化,国际化管理团队由此制定出一整套缜密科学的全球化发展方略,而国际化球员加盟则赢得了全球更广泛的球迷支持;二是电视转播和新媒体转播的国际化,带动了商业赞助国际化、商业广告国际化,吸引了更多篮球粉丝,特别是培育了几何级增长的 NBA 铁杆球迷;三是 NBA 球员成功打入夏季奥运会,"梦之队"在最具国际影响力的舞台上为 NBA 做了一次大规模的全球广告推广;四是品牌推广和营销手段的国际化,设立遍布全球的分支机构,安排巡回世界的季前赛等,都收到了良好成效。

一、运转机构国际化

在 NBA 国际化进程中,有两个特别重要的关键人物,一个是大名鼎鼎的 NBA 前任总裁大卫·斯特恩,是他一步步将濒临淘汰的美国职业篮球联赛带向世界带上巅峰,另一位是海蒂·尤伯罗斯女士,在 NBA 任职 19 年间,NBA 的国际业务增长了 10 倍,在世界各地开设了 13 家海外办公室,并使 NBA 赛事及相关节目在 215 个国家和地区以 47 种语言播放。2013 年年底,海蒂·尤伯罗斯卸任了 NBA 国际业务总裁的职务。海蒂·尤伯罗斯曾入选《商业周刊》评选的 100 位体育界最具影响力人物,并且多次获得由美国广告联盟、《广告时代》以及《体育产业日报》评选的诸多奖项。

斯特恩表示,在过去的近 20 年时间里,海蒂一直是 NBA 全球发展的关键人物,她有着辉煌的 NBA 职业生涯,将继续以高级顾问的身份协助我们进一步在国际市场推广 NBA 的赛事和业务。

作为 NBA 国际业务总裁,尤伯罗斯领导着联盟所有海外业务的发展,这其中包括电视及数字媒体、市场合作伙伴、授权产品、活动宣传以及全新模式的商业事务。海蒂·尤伯罗斯是 NBA 中国的董事会成员,在 NBA 中国的

---

①戴楠,吴墨韬.休斯敦火箭队老板莱斯利·亚历山大在 NBA 开"财富"火箭.环球人物,2008-01-01,第 45 期.

组建和运营过程中扮演着重要角色。在她的努力下，NBA 中国与中银集团投资有限公司、联想控股有限公司、李嘉诚基金会、招商局中国基金有限公司以及 ESPN 结成了战略合作伙伴关系。

现任总裁亚当·萧华非常理解海蒂希望在她已经非常杰出的职业生涯中继续寻求全新挑战的愿望，认为“海蒂对 NBA 国际市场的发展有着非比寻常的理解，同时作为联盟国际业务的领导者，她有着极为丰富的经验。”

在海蒂·尤伯罗斯领衔的 NBA 国际业务部，共有欧洲、亚洲、非洲以及拉丁美洲的超过 300 位精兵强将，都是职业体育领域无与伦比的专家。尤伯罗斯是联盟总裁斯特恩国际化战略的坚定支持者和执行者，积极扩展 NBA 的海外业务，招募国际球员，通过与全球媒体的合作进行全方位的宣传，获得雄厚的球迷基础，不断扩宽业务范围，与更广泛的市场伙伴联手，以创新的思维适应时代发展，刷新商业模式。在尤伯罗斯的带领下，NBA 成为世界上职业体育联盟国际化的商业典范。①

大卫·斯特恩认为，外籍球员的日益增多，是我们这项体育全球化发展的必然结果，吸引到成百上千万的人越来越接受美国篮球，才能够使 NBA 比赛的竞争力越来越大，使我们的篮球发展越来越广阔。

为推动 NBA 国际市场的发展，球员的国际化趋势日益明显。自从 2002 姚明作为 NBA 选秀新科状元加盟休斯敦火箭队以后，中国乃至亚洲这个世界最大的、尚未被充分开发的 NBA 市场，立即炽热起来。

1991 年，NBA 一共只有 21 名国际球员。到了 2002/2003 赛季，NBA 联盟 29 支球队之中，有来自 34 个国家的 66 名国际球员在其中 27 支球队中效力。10 年间，越来越多来自世界其他国家的篮球天才加入了 NBA。从国王队的斯托雅科维奇、迪瓦茨、特洛格鲁到小牛队的纳什、诺维茨基，到马刺队中的邓肯、托尼·帕克、吉诺比利以及内内、瓦莱乔、巴博萨、斯普利特和中国球员王治郅、巴特尔、姚明、易建联、孙悦等，他们以娴熟的表演和超凡的技艺，不仅赢得了现场球迷的欢呼，更赢得了他们身后各自国家的更广泛的球迷，把 NBA 国际化一步步推向极致。

马刺队被公认为是 NBA 球队国际化的典范，国际化教练波波维奇老而弥坚战绩卓著，国际化的邓肯、帕克、吉诺比利等披荆斩棘，为球队拿下一座

①财富女王创 NBA 商业帝国，业务涨 10 倍遍布 215 国. 2013 - 08 - 21. http://sport.qq.com/a/20130821/017512.htm.

座总冠军奖杯。马刺不仅球队战绩出色,市场营销也极为出彩。在法国的巴黎、阿根廷的布宜诺斯艾利斯、荷兰的鹿特丹的各家 NBA 专营店里,你都能看到马刺队的球衣,当家球星帕克、吉诺比利和埃尔森等的海报悬挂在专营店的醒目位置,当地球迷纷纷购买。

2015 年 1 月 13 日,卫冕冠军马刺队正在华盛顿打客场,按照惯例造访了白宫,接受了美国总统巴拉克 · 奥巴马的接见。来到白宫,马刺全队向奥巴马赠送了一件印有"POTUS"(President of the United States)的马刺 1 号球衣以及一个签名篮球。能够在上赛季击败热火夺得冠军,他们最大的倚仗就是自己的体系和团队。对于马刺全队的团结和执行力,奥巴马给予了非常高的评价,他认为马刺众多的国际球员证明了如今篮球这项运动的国际化程度,同时,他认为马刺这种全队上下通力协作的比赛方式才是篮球运动最好的进行方式。奥巴马强调,马刺的团队合作精神是所有美国人都应该去学习的榜样。另外,奥巴马还特意提到了马刺雇佣 WNBA 巨星贝基 · 哈蒙作为助教的决定,认为这是一个开先例的壮举,进一步增加了马刺的国际化元素比重。①

二、电视转播国际化

在 NBA 的国际化旅程中,电视转播犹如其双翼,使之以最大规模、最快速度、最优质量传播到全世界。一个 20 世纪 40 年代的自娱自乐的业余篮球联赛,通过电视传播(现在还有了新媒体传播),逐渐树立并彰显出了其品牌形象,赢得了政府、社会和商业集团的广泛认同与赞誉。

从 1953/1954 赛季开始,NBA 摸爬滚打了近 20 年,当地电视台才第一次有了转播赛事的意愿。NBA 组委会拿出最精彩的 13 场比赛,得到了象征性的 3.9 万美元转播费。令组委会高兴的是,电视转播权为 NBA 开辟了一条新的创收门路,更重要的是没有购票去现场观战的球迷,通过电视转播画面和声音,欣赏到了最高水平的篮球对决。此后的近 20 年里,NBA 官方让 NBC 和 ABC 两家电视台一直免费转播比赛,就是出于吸纳更多球迷热爱 NBA 赛事的考虑。

转眼到了 20 世纪 70 年代,张伯伦和拉塞尔巅峰对决的人气延绵而至,

①马刺白宫遭总统调侃,奥巴马:邓肯太老我想轮休. 2015 - 01 - 13. http://sport.sina.com.cn/nba/2015 - 01 - 13/04587480478.shtml.

湖人巨星天勾贾巴尔、凯尔特人队的拉里·伯德、火箭队的锋线砥柱摩西·马龙、复古的滑翔机弗雷泽、70年代最好的大前锋海耶斯等传奇巨星风靡球场，更多电视机构愿意为NBA买单。1973/1974赛季，哥伦比亚广播电视台与NBA签订合同，付给NBA三年2700万美元的转播费。

大卫·斯特恩1984执掌NBA之后，将电视转播的考量放在了至高无上的地位。斯特恩频频出击，一方面将电视转播视角瞄向美国本土以外的国际大市场，遍访亚洲、欧洲、非洲和整个美洲，寻找合作机会，同时根据彼时NBA球市状况和全球整个体育产业供求情况，斯特恩大幅提高了电视转播权转卖价格。到1986/1987赛季，NBA转播费用暴涨到4个赛季1.74亿美元，每赛季转播费净收入4350万美元，这一数据是13年前的近5倍。自此，NBA电视转播进入了名利双收新阶段。

2002年，美国广播公司ABC、ESPN体育电视网和美国在线－时代华纳3家公司联手买断NBA 4个赛季的电视转播权，转播权合同总价值达到26.4亿美元，再次刷新了NBA电视转播费的纪录。

2002/2003赛季NBA总决赛时，有96家电视台进场，通过36种语言向全球205个国家播放，全球预计有31亿观众观看了NBA总决赛。2005/2006赛季NBA比赛通过43种语言，164个不同的电视台，传播到215个不同的国家和地区，涉及的观众达到31亿人次。

2007/2008赛季，NBA全球电视转播再创历史，NBA的比赛及节目以41种语言转播至215个国家和地区，转播NBA节目的电视网络高达创纪录的202个，其中14个是首次转播NBA节目，包括加拿大的CBC和无线电视翡翠台及明珠台。NBA亦与不同市场的主要电视合作伙伴续约，包括与NBA合作20年的日本电视台NHK、英国的Five、意大利的天空电视台、意大利体育台的Premiere、俄罗斯的7TV及中国的北京电视台。

由于现有两名中国球员姚明和易建联在NBA比赛，中国的球迷及媒体对NBA的关注度日益增加。2007年11月10日，米尔沃基雄鹿的新秀易建联与休斯敦火箭的全明星中锋姚明在火箭队主场休斯敦进行了首次对垒。大中华地区的19家电视台，其中包括中国中央电视台体育频道、搜狐及NBA.com/China 3家网站直播了这场“中国NBA德比”大战。空中网更把这场“中国德比”在手机上进行直播。除了香港的ESPN，所有电视台都以直播形式播放了这场别具意味的赛事。

同时，NBA在欧洲推出了一个全新的节目NBA360，在多个欧洲市场的黄金时段内播放,为球迷送上上周 NBA 联赛最精彩的片段。从 2007 年 11 月 5 日开始,NBA360 于德国的 Premiere、英国的 Five、意大利的意大利体育台、俄罗斯的 7TV、匈牙利的 Sport1 及斯洛维尼亚的 SportKlub 播放。①

中国无疑是 NBA 的大市场。NBA 和中国的 21 家电视台都签有转播协议,在 2004/2005 赛季,中国中央电视台及安徽电视台、北京、福建、广东、河北、湖北、辽宁、陕西、山东、上海、四川、天津、浙江等 13 家地方电视台都播放了 NBA 的赛事。另外,广东电台及卫视体育台也播放了 NBA 赛事。2007/2008 赛季,转播 NBA 赛事的中国电视台达到 24 家。

NBA 电视转播早期的"免费午餐",逐渐培育出一个难以估量的以电视为核心的体育媒介市场。随着新媒体时代的到来,大数据日益应用到包括 NBA 在内的体育产业上。NBA 新任总裁亚当·萧华在上海参加中国赛期间说,NBA 未来的发展战略,是通过新媒体的发展,"笼络"更多中国球迷和世界球迷。深谙新媒体发展趋势的 NBA,把从新媒体身上获得更多利益的计划提上了日程。

2015 年 1 月 30 日,NBA 与腾讯签署了一项为期 5 年的合作伙伴协议,这是 NBA 历史上最大规模的国际数字新媒体合作。双方新的合作已于 2015 年 7 月 1 日正式生效,作为全球领先的互联网综合服务提供商,届时,腾讯将通过其多个平台,为球迷带来史无前例的 NBA 赛事直播以及 NBA 精彩内容。

作为 NBA 中国数字媒体独家官方合作伙伴,腾讯将会在包括 PC、移动端等新媒体渠道,播出创纪录的全场直播、点播以及短视频等内容。腾讯将在未来每个赛季直播数百场高清 NBA 比赛。通过该合作协议,NBA 将为腾讯用户提供主题节目,腾讯也将推出全新的 NBA 赛事直播及精品栏目,其中包括 NBA 季前赛、常规赛、全明星周末、季后赛、总决赛、夏季联赛以及 NBA 选秀等。NBA 赛事及节目将通过腾讯网、腾讯视频、QQ、微信、腾讯新闻客户端、腾讯视频客户端等移动 PC 终端平台播出。

NBA 和腾讯还计划在中国合作推出 NBA"联盟通行证"服务。联盟通行证是 NBA 广受球迷欢迎的赛事直播收费服务。通过联盟通行证,球迷可以跨屏欣赏任意一场 NBA 比赛的直播及集锦节目。②

---

①2007/2008 NBA 新赛季全球电视转播再创历史. 2007 - 11 - 12. http://sport.enorth.com.cn/system/2007/11/12/002309677.shtml.

②弥尘. 腾讯:今后五年,NBA 直播我承包了. 2015 - 01 - 30. http://www.ithome.com/html/it/126834.htm.

全球化电视转播，为 NBA 在世界各个国家和地区打下了深厚的球迷基础，使 NBA 成为一种文化深入到世界各国人民的心中。国际互联网等丰富多彩的新媒体业态与传统权威的报刊广播电视各领风骚，时刻传播着 NBA 形象，为世界篮坛最具观赏性、水平最高、收入最高、宣传最广、形象最佳的赛事喝彩壮威。

三、奥运之旅国际化

NBA 职业球员征战夏季奥运会，是美国篮球职业联赛亮相全世界的重要举措，是实现其国际化战略的重要环节。乔丹、巴克利、马龙等世界最优秀的美国职业球员组成的"梦之队"，在国际奥委会、西班牙巴塞罗那奥运会组委会、国际篮球联合会（FIBA）和 NBA 的共同推进下，在亿万球迷的期待中，终于步入了奥运篮球赛场。也许，1988 年汉城奥运会男篮决赛美国队输给当时的苏联男篮也是 NBA 进入奥运会的一个缘由。

斯坦科维奇是推动 NBA 职业球员走向奥运赛场的重要人物。这个后来成为国际篮球联合会主席的南斯拉夫人，一直在思考如何打破 FIBA 禁止职业球员参加 FIBA 比赛的禁锢（FIBA 的规则就是奥运篮球的规则）。自从斯坦科维奇看到职业球员的精彩表演之后，就开始为美国最好的球员不能参加奥运会而纠结，希望填平 NBA 和国际篮球之间的鸿沟，让篮球更精彩。

1976 年，斯坦科维奇成了 FIBA 的秘书长，让 NBA 球员走向奥运赛场的愿望更为强烈。1985 年，NBA 总裁大卫 · 斯特恩在位于纽约的联盟办公室里接待了斯坦科维奇，双方直奔主题，随后设立了一项于 1987 年在美国密尔沃基举行的由 NBA 球队同 FIBA 球队共同参加的赛事，使原本不打算让 NBA 球员去打奥运会的斯特恩破除了最后的壁垒。①

1988 年，时任国际篮球联合会主席的斯坦科维奇成了国际奥委会委员。上任第一年，他就成功地使奥运会接受了 NBA 职业球员的参赛。1992 年巴塞罗那奥运会，当美国"梦之队"以异常精彩的表演征服全世界时，斯坦科维奇开心地笑了。

1992 年，斯特恩组建了一支由皮蓬、斯托克顿、德雷克斯勒、拉里 · 伯德、乔丹、巴克利、穆林、尤因、莱特纳、约翰逊、大卫 · 罗宾逊和卡尔 · 马龙

---

①NBA 档案解密 41 期，梦之队参加奥运会始末揭秘. 2012 - 10 - 30. http://sport.qq.com/a/2012030/000213_1. htm.

等一群 NBA 名人堂球员组成的梦幻球队。美国"梦之队"首次以职业篮球运动员组队参加以业余运动员为主的巴塞罗那奥运会并夺取冠军，让全世界亿万体育爱好者特别是篮球爱好者第一次目睹了美国职业篮球运动员迷人的风采和出神入化的技术。美国"梦之队"的出现，"飞人"乔丹、"魔术师"约翰逊等人的风采，瞬间迷倒了全世界的球迷。

自 1992 年美国"梦之队"扬威巴塞罗那开始，标志着 NBA 正式走出美国，成为世界篮球技术表现与市场价值的象征。从此，每年都有上百个国家购买 NBA 的电视转播权，全明星赛和总决赛的现场观赛门票和电视转播更是被不断炒热。同时，越来越多的国际球员加入到 NBA 这个职业体育大家庭中，从最早的迪瓦茨，到现在的诺维斯基、吉诺比利，以及中国大陆的王治郅、姚明、易建联和孙悦等。

1992 年梦之队以精彩的表演征服了全球球迷后，NBA 球员开始代表各自国家和地区在奥运会的大舞台上唱主角，此后的每一届比赛，参加奥运会的 NBA 球员数量都在增加。

2012 年的伦敦奥运会男篮比赛，或许是奥运会历史上最星光璀璨的一页。在本届奥运会上，代表着世界各国的 38 名现役 NBA 球员以及 16 名前 NBA 球员出战参赛，创造了奥运会男子篮球赛场的历史最高纪录。

1992 年巴塞罗那奥运会，一共有 17 名现役 NBA 球员以及 3 名前 NBA 球员参加，这其中有 11 名是"梦之队"成员（莱特纳以大学生身份入选，不将其计算在内）。那时候的奥运男篮比赛，更像是"梦之队"自己的表演。

随着世界篮球的进步，其他国家诞生的高水平篮球运动员越来越多，国际球员进入 NBA 的数量开始增加。2004 年雅典奥运会，一共有 26 名现役 NBA 球员以及 6 名前 NBA 球员参加，2008 年北京奥运会则一共有 28 名现役 NBA 球员和 11 名前 NBA 球员参加。①

四、品牌推广国际化

NBA 品牌推广国际化包括设立遍布全球的分支机构、安排巡回世界的季前赛，以及球星与世界各地赞助商的形象代言系列活动等，每一个方案都进行了严谨策划与精心部署，执行到位，收效良好。

---

①38 名 NBA 球员参加奥运创纪录，如此盛世恐难再现. 2012 - 07 - 28. http://2012.163.com/12/0728/01/87FDMQ6U00506A2.html.

目前,NBA 在开发本国市场的基础上,积极探索拓宽国际市场,走一条立足美国、走向世界的道路。除了在纽约的总部外,目前在日内瓦设有欧洲分公司,在墨尔本设有澳大利亚分公司,在迈阿密设有拉丁美洲分公司,在香港设有亚洲分公司,另外在日本和伦敦设有办事处,并在中国成立了 NBA 中国分公司。

为获得更多的商业利益,NBA 把部分季前赛甚至常规赛安排在欧洲、亚太地区以及美洲的墨西哥等地举行,这些比赛亦称为 NBA 海外赛。1990/1991 赛季,NBA 把菲尼克斯太阳与犹他爵士的两场常规赛的比赛场地安排在日本东京举行,这是 NBA 正式赛事首次在非美国及加拿大本地举行。

2005 年秋天,NBA 的球迷互动活动"大篷车"首次来到中国,这是该项活动第一次在美国本土以外举行。2005 年夏天,NBA 的篮球无疆界活动遍及亚洲、欧洲、非洲和南美洲四大洲。并且 NBA 与 EA Sports 公司合作,将 6 支球队季前赛训练营 2006 年和 2007 年 10 月期间训练地点设在欧洲。

2008 年新年伊始,NBA 就向中国的篮球市场丢下一枚重磅炸弹,NBA 宣布 NBA 中国正式从 NBA 亚洲独立,全面领导 NBA 在大中华区的所有业务。对于 NBA 中国公司的成立,业界人士认为是"一条大鳄悄悄地游进了家门"。如果仅仅将办事处改为公司可能并不足以引起体育业界的关注,那么 NBA 中国公司成立后,可能会通过成功的商业运作模式,迅速占领中国市场,不能不引起有关方面的警觉和提前应对。

NBA 目前已成功在中国举办多次赛事,下一目标是成立 NBA 支持的中国篮球联盟,举办自己的中国篮球联赛。为此,NBA 在 2006 年出资购买了五棵松篮球馆的部分股权。

2004 年,首届 NBA 中国赛分别在上海和北京举行,参与球队包括休斯敦火箭及萨克拉门托国王。2007 年,NBA 中国赛在上海和澳门再次鸣笛,吹响了 NBA 全面进军中国的号角。2008 年,NBA 中国赛再次进入中国,来到了广州和北京。①

---

①管克江. 看好中国篮球市场,NBA 巨资设中国公司准备捞钱. 环球时报,2008 - 01 - 16.

为了保证赛事的原味,NBA 从美国运来了球员、裁判、官员,运来了美女啦啦队、厨师、吉祥物,连同 NBA 的地板一齐运到中国,连 NBA 的整个程序也带了过来,从任何一个角度看,NBA 中国赛都是真正意义的 NBA 比赛。从比赛组织、消息提供到市场运作,和美国的 NBA 无一差别。NBA 投入包括两支球队的 50 多名球员、教练和他们的家人、100 多名 NBA 总部工作人员、除球架和大屏幕以外的所有比赛设备、NBA 自己的 3 架包机、迪士尼和锐步公司各自一架包机、上海和北京各 3 座五星级的饭店、球场的改装、一流的电视设备等。

2015 年 10 月,NBA 国际系列赛中国站在金秋的深圳和上海上演经典对决,快船队和黄蜂队为中国球迷带来篮球盛宴,夏天刚签约黄蜂队的林书豪随队参赛,是 NBA 中国赛的一大亮点。

每每到了 NBA 赛季间隙,与世界各地商家有合作关系的球星都会陆续离开美国大本营,将 NBA 的影响力进一步扩大,将 NBA 文化传递给球迷和观众。

2010 年 7 月,中国知名体育品牌匹克的 NBA 签约球星阿泰斯特、基德、巴蒂尔、兰德里和皮特鲁斯为期 10 天的中国行活动在 18 个城市展开,并发布了新款球星战靴。几位球星将穿着新款匹克战靴,登上下一季 NBA 赛场。此次 NBA 球星中国行活动,使匹克与 NBA 的合作更加有效、紧密,抓住了核心受众对匹克品牌及产品的关注,以及球迷对球星的追捧。

2015 年春节期间,匹克体育在美国纽约时代广场户外大屏投放的一则国际范儿和中国风混搭的中国方言拜年短片,引起了英国路透社、美国全球新闻周刊、新加坡《联合早报》、中国新华社、中央电视台、《参考消息》等 1000 多家国际、国内主流媒体的广泛关注和报道。在中国方言拜年短片中,匹克全球代言人托尼·帕克、肖恩·巴蒂尔等 5 位 NBA 球星和来自中国 34 个省市自治区的普通网友一起,用中国传统方言向全球华人传递着最真诚的、来自家乡的祝福"新年快乐""身体健康""恭喜发财"。中国发行量最大的报纸《参考消息》则全文转发了新加坡《联合早报》的文章,标题是《NBA 球星向全球华人拜年》。

匹克品牌的国际化推广一直走在国内体育品牌前列,此次匹克品牌利用自身拥有的 NBA 球星资源,结合各地球迷而制作的拜年视频,不仅拉近了中国人民与世界人民的距离,更向全世界展示了中国体育品牌形象,让世界人民感受到了中国语言文化的魅力。①

第四节 产业链条

NBA 是一个庞大的商业帝国,有着成熟的产业化的运行机制,是体育产业的成功典范,其产业链基本上可以归纳为“精彩赛事—票房收入—转播权销售—赞助商—衍生产品开发”的模式。

在 NBA 的发展过程中,前任总裁大卫·斯特恩功不可没。1984 年,大卫·斯特恩被选为 NBA 的第 4 任总裁。斯特恩上任后,对 NBA 季后赛的赛制和经营管理规章进行了大刀阔斧的改革,使 NBA 走上了产业发展的巅峰,NBA 年产值远远超过了前 35 年 NBA 的总和。斯特恩在上任之初,便陆续与美国各大电视网签署了转播协议,让 NBA 赛事通过遍布全球的电视网络和新媒体方式传送到世界各地。同时,斯特恩陆续与多家知名企业签订了赞助合同,各大厂商的广告随着 NBA 比赛在全球范围内传送,众多商家和 NBA 在赛场、在市场、在电视节目中全面获胜,实现了多赢。

一、合作伙伴

NBA 产业链除了门票和电视转播以及广告收入外,还有一个重要环节就是国际合作伙伴。现在的 NBA 联盟国际合作伙伴包括运动服装合作者阿迪达斯、耐克、锐步等一线国际品牌,包括长期资助体育赛事的可口可乐和麦当劳,还包括网络游戏新贵 EA SPORTS。NBA 在美国本土的合作伙伴包括全球排名靠前的媒介巨头美国在线、世界知名企业品牌戴尔、雀巢、诺基亚、丰田、T - MOBILE 和西南航空等。限制在特定国家的海外合作伙伴似乎更像是中国企业品牌在 NBA 的大展示,安利、中国移动、红牛等榜上有名。目前,在 NBA 赛事期间插播的中国品牌的广告也增加不少,不仅中国的体育品牌匹克、安踏、李宁等与 NBA 结成官方合作伙伴,代表中国民族护肤品牌的亮艾和牛奶品牌蒙牛也现身 NBA 赛场。(见表 5.2)

①全球媒体关注匹克,带 34 地球迷纽约时代广场方言拜年. 2015 - 03 - 02. http://www.shoes.net.cn/news/88362.html.

表 5.2　NBA 各类市场合作伙伴一览表

国际合作伙伴	美国合作伙伴	海外合作伙伴（在特定国家）
阿迪达斯	美国在线	安利
可口可乐	ANHEUSER – BUSCH	中国移动
EA SPORTS	戴尔	李宁
耐克	FedEx	红牛
锐步	GATORADE	COLGATE – PALMOLIVE（Canada）
斯伯丁	HANNSPREE	麦当劳
麦当劳	雀巢	诺基亚
	TELCEL（Mexico）	WRIGLEY‘S（Canada）
	诺基亚	GATORADE（Mexico）
	NOVARTIS	
	RADIOSHACK	
	丰田	
	T – MOBILE	
	西南航空	
	SIRIUS	

2015 年 8 月 10 日，Under Armour 与 NBA 共同宣布，双方已签署一项多年全球合作伙伴协议，在未来的几年中，Under Armour 将成为“NBA 选秀训练营”冠名合作伙伴和 Jr. NBA 的首席合作伙伴。同时，Under Armour 将以该品牌旗下的 Connected Fitness 平台为依托，与 NBA 合作推出一款全新设计的 NBA FIT 手机移动端应用程序。

作为冠名合作伙伴，Under Armour 将从 2018 年开始为“NBA 选秀训练营”提供装备，同时也将为球迷提供一系列“NBA 选秀训练营”主题的零售商品。由 Under Armour 呈现的 Jr. NBA 从 2015 年 10 月开始在美国深入推广。在今后的两年内，将通过一系列的篮球训练营、技巧挑战赛和地区巡回赛吸引 500 万青少年参与其中。

此外，Under Armour 与 NBA 合作伙伴关系将深化其与 NBA 球员的合作，例如 Under Armour 将加强与其代言人 2015 NBA 总冠军斯蒂芬·库里在广告、社交媒体和商品零售领域的推广活动。①

2013 年 NBA 中国系列赛（北京和上海站），NBA 中国公司也专门找到了赛事合作伙伴，包括阿迪达斯、哈尔滨啤酒、海飞丝、蒙牛、SAP、雪碧、阿联酋航空和佳得乐等。除了赋予这些公司合作营销权利，NBA 还携手这 8 家市场合作伙伴通过线上互动、幸运抽奖及产品促销等一系列丰富的互动活动，为幸运球迷提供免费观看北京站和上海站比赛的机会。

二、旗舰专营

NBA 致力于产业链的延伸和发展，不断研制开发衍生产品，以丰富和壮大产业链。NBA 旗舰专卖店是 NBA 产品与服务的集中展示，由 NBA 自己经营，只出售 NBA 专属产品。

在美国纽约市第五大道，NBA 开设了全球首家旗舰专卖店，它所展售的是全球最齐全、顶级且适合各年龄阶层的 NBA 与 WNBA 授权商品，包括眼镜、手表、休闲包、球衣、金融产品、休闲服饰、休闲鞋、家居用品、电玩游戏及 DVD 光盘、计算机及电子配件产品、斯伯丁篮板、文具及礼品、杂志、玩具（运动外形塑像）等。NBA 在全球很多国家和地区开设类似特许商店，经营 NBA 产品并负责宣传 NBA 的文化、理念，创造了巨大的经济价值。

奥兰多的全球首家 NBA 餐厅是 NBA 在餐饮领域里的成功尝试。对于全世界的球迷来说，这些 NBA 授权商品始终都是最时髦的消费品。有人说，NBA 就像一场富丽堂皇的超级大派对，用球场上的激情节奏来赢得广大的观众，它让全世界的球迷都甘心投身于这场喧嚣的篮球嘉年华中。

旗舰专卖店利用电视、音响、互联网、纪念册、塑像及照片橱窗等传播手

---

①Under Armour 与 NBA 签署全球市场合作伙伴协议. 2015 - 08 - 12. http://sport.qq.com/a/20150812/016781.htm.

段,在电视和互联网上反复播放着 NBA 比赛及投篮的精彩片断,时刻让消费者感受到 NBA 比赛的氛围。NBA 旗舰专卖店利用品牌宣传、明星效应和店面营销等手段,积极拓展各种各样的 NBA 衍生产品,强化培植 NBA 品牌市场,传递 NBA 品牌的亲和力,诠释着 NBA 的品牌真谛和精髓,让来 NBA 旗舰专卖店的顾客即刻感受到 NBA 的尊重、激情、质量、活力和乐趣等品牌魅力。

三、球星产品

NBA 几代经营者都深谙球星对于整个市场的重要价值,球星是 NBA 产业链上最重要的产品。球星是一个球队的灵魂和名片,是一个球队的票房保证,一个篮球超级巨星某种程度上承载着整个 NBA 的市场希望。曾经,巨星乔丹让亿万球迷十分关注,他的挂靴退役与振作复出甚至引起过华尔街股市的变动。

斯特恩上台时,正值湖人和凯尔特人争霸天下,两支球队各有一名巨星——“魔术师”约翰逊和“大鸟”伯德。斯特恩将这一黑一白两大传奇巨星作为联盟的形象推向市场,利用各类媒体的影响力让约翰逊和伯德增加曝光率,从而使球迷因为喜欢球星而深深地喜欢上了 NBA。

20 世纪 90 年代“魔术师”和“大鸟”两人相继退役,乔丹的横空出世弥补了这一空缺,于是斯特恩以乔丹作为主打球星在全世界推广 NBA。为了保障这些球员的正面形象,NBA 组织专家对队员进行全套公关课程培训,培育他们如何面对媒体,怎么样面对球迷、面对观众,从而获得更多的正面曝光。每年夏天,一些顶级球员作为 NBA 形象大使,按计划到世界各地巡回访问,组织各种各样的 NBA 夏令营,或从事慈善活动,或指导当地篮球发展,在全球青少年中广泛地树立 NBA 的正面形象。全世界球迷近距离看到自己的偶像,喜极而泣,NBA 的神圣感深深地刻进了人们的脑海中。乔丹作为 20 世纪 90 年代的传奇,尽可能地出现在世界各地,他的足迹就是 NBA 的品牌宣讲,是 NBA 产业链的进一步延展。乔丹迷人的笑容、经典的吐舌头动作和神话般的技术征服了全世界的球迷,甚至包括世界其他国家的球员和教练员。

乔丹退役后,斯特恩又开始寻找属于 21 世纪 NBA 的代言人,篮下巨无霸奥尼尔、小飞侠科比、神奇小子艾弗森、神射手麦迪、中国巨人姚明、闪电侠韦德以及全能斗士杜兰特、无敌战将威斯布鲁克和新科 MVP 库里等人,都是 NBA 的偶像人选。2003 年夏天，当一位名叫凯特琳·菲贝尔的 19 岁女子起诉科比性侵犯时，NBA 全力应对，最终，NBA 让科比公开道歉，女方撤诉，使当时这起直接危及 NBA 形象的民事诉讼以庭外和解告终。渡过难关的科比，自然知恩图报，至今还活跃在 NBA 赛场，至今还是最闪亮的 NBA 的球星之一。

为了打造明星球员的魅力，NBA 别出心裁地发行了球员卡，不仅为球队创收，还可以加强球员与球迷之间的感情，受到广泛欢迎。

超级巨星的影响不仅体现在主场球迷的上座率上，还表现在带动球队其他相关产品的销售上。乔丹 1984 年进入 NBA 后，很快被包装成为全联盟的产品代言人，耐克公司为其投入了在当时令人惊讶的 500 万美元，推出了后来扬名世界的乔丹气垫鞋，至今仍然畅销。据美国《财富杂志》估计，乔丹产品系列给美国经济带来的影响力超过了 100 亿美元。热火球星韦德的不断成熟，率领詹姆斯、波什夺得总冠军奖杯，让其代言的球衣一度成为 NBA 最畅销的商品。

四、场馆效益

NBA 30 支球队，除了洛杉矶的两支球队（湖人和快船）共用一个球馆之外，其他 29 个球馆在 2013/2014 赛季的平均观众人数超过了 1.8 万人，NBA 常规赛采用主、客场制，30 支球队在常规赛赛季一共要进行 1230 场比赛，仅门票就已是一笔不小的收益。

2009 年，NBA 的季票持有者人数在 3.6 万人左右，其中拥有 2008/2009 赛季球票的球迷，2009/2010 赛季球票的续订率为 75%。截至美国当地时间 2010 年 9 月 21 日，2009/2010 赛季季票持有者 2010/2011 赛季季票的续订率达到了 80%，NBA 的 30 支球队一共卖出了 5 万张新赛季季票，这一数字比去年同期增长了将近 40%，这意味着 NBA 新赛季联盟在门票总收入方面可能会比上赛季至少高出 40%，从而可达创纪录的 10 亿美元。①

2013/2014 赛季 NBA 总决赛，最便宜的门票是 246 美元。如果要坐在场边观看，最高需要 5801 美元，折合人民币约为 3.63 万元。从每一场比赛来看，价格最便宜的门票出现在总决赛首战，这场比赛的门票均价为 730 美

①NBA 门票销售同比增长 40%，预计收入将创 10 亿美元. 2010 - 10 - 02. http://sport.163.com/10/1002/09/6HVSPFTC0005/CAI.html.

元,价格最低的门票为之前提到的 246 美元。但到了总决赛第 2 场,门票价格就有一个大的提升,均价上涨到 973 美元。第 3 场门票均价为 999 美元,第 4 场已经达到了 1015 美元。第 6 场的起步价和最高价分别是 367 美元和 5749 美元,均价达到这个系列赛最高的 1336 美元。①

NBA 目前为止最高的单价纪录由飞人乔丹创造,2003 年乔丹率奇才客场挑战尼克斯,乔丹背后的那几个座位票价高达 5.4 万美元,创下了 NBA 有史以来的最高单价纪录。2010 年,NBA 全明星赛安排在达拉斯的橄榄球场,球场空间要比普通篮球馆大得多,单场卖出 8.5 万张球票,刷新了 NBA 赛场球票销售的历史纪录。

NBA 球馆是篮球迷心驰神往之地,也是赞助商的财富宝地。现在,29 个 NBA 球馆已经有了甲骨文、美航、丰田、AT&T、百事、飞利浦和时代华纳等大牌公司的场馆冠名赞助,为 NBA 又多了一笔财富。芝加哥公牛队联合中心球馆是一座位于美国芝加哥市的室内运动中心,名字由赞助商联合航空公司而来,美国联合航空公司每年支付 180 万美元。以圣安东尼奥为总部的 SBC 通讯集团,用 4100 万美元购买了马刺队主场 20 年的冠名权。2006/2007 赛季,SBC 中心正式更名为 AT&T 中心,经过改造升级的 AT&T 球馆,一举成为全联盟服务最到位的球馆。AT&T 中心球馆的设计体现了南德克萨斯州的文化,球馆的门廊呈现了当地牧场的特色,同时也融入了现代建筑的元素。球馆内有 32 个休息室,60 个年费超过 12.5 万美元的豪华包厢。

2006 年,全球最大的企业软件公司甲骨文公司宣布冠名赞助美国 NBA 球队金州勇士队的主赛场。甲骨文球馆是在老奥克兰体育馆的基础上翻新改进的,翻新过程持续了 15 个月,球馆从地基到各种设施都进行了全面的改进重建,总耗资达到 1.08 亿美元。重建后的奥克兰球馆焕然一新,摆脱了以往又旧又小的面貌,一跃成为联盟中的先进球馆之一。观众容量从 1.52 万人上升到 1.92 万人,座位更接近场地,场内光线更加合理,观赛套房数量上升到 72 套,电视设备大幅增加,餐厅、俱乐部、会议室等装修得更加豪华。(见表 5.3)

---

①曾啸. NBA 总决赛球票价格暴涨,最低 331 美元均价 973. 2014 - 06 - 06. http://sport.cqnews.net/html/2014 - 06 - 06/cortent_30974727.htm.

表 5.3　NBA 主赛区球馆使用及上赛季观众人数统计

赛区	球馆名称	使用球队	上赛季观众数	排名	备注
太平洋赛区	甲骨文体育馆	金州勇士	19 596	7	奥克兰球馆
	斯台普斯中心	洛杉矶快船	19 168	9	唯一一个两队共用球馆
	斯台普斯中心	洛杉矶湖人	18 737	11	
	美航中心球馆	菲尼克斯太阳	16 923	21	U. S. Airways
	能量平衡球馆	萨克拉门托国王	16 586	25	原阿科球馆
西南赛区	美国航线中心	达拉斯小牛	20 187	3	American Airlines
	丰田中心	休斯敦火箭	18 229	14	
	联邦快递球馆	孟菲斯灰熊	17 329	18	
	冰沙王中心球馆	新奥尔良鹈鹕	16 677	24	
	AT&T 中心球馆	圣安东尼奥马刺	18 606	12	原 SBC 中心
中部赛区	联合中心	芝加哥公牛	21 343	1	
	速贷球馆	克利夫兰骑士	20 562	2	又称贵肯信贷球馆
	奥本山宫殿球馆	底特律活塞	15 266	26	
	银行家生活球馆	印第安纳步行者	16 864	22	原名康塞科球馆
	布拉德利中心	密尔沃基雄鹿	14 907	27	
西北赛区	百事中心球馆	丹佛掘金	14 700	28	
	标靶中心球馆	明尼苏达森林狼	14 528	29	
	摩达中心球馆	波特兰开拓者	19 554	8	原名玫瑰园球场
	切萨皮克能源球馆	俄克拉荷马城雷霆	18 203	15	2008 年迁移主场，原超音速队球馆为福特
	能源方案球馆	犹他爵士队	18 830	10	原名三角洲球馆

续表

赛区	球馆名称	使用球队	上赛季观众数	排名	备注
大西洋赛区	TD 北岸花园球馆	波士顿凯尔特人	17 593	16	原名舰队中心球馆
	巴克莱中心球馆	布鲁克林篮网	17 037	20	2012 年 4 月,新泽西队更名
	麦迪逊广场花园	纽约尼克斯	19 812	4	
	瓦乔维亚中心球馆	费城 76 人	13 940	30	
	加拿大航空中心	多伦多猛龙	19 751	5	
东南赛区	菲利浦体育馆	亚特兰大老鹰	17 412	17	
	时代华纳中心球馆	夏洛特黄蜂	17 192	19	2014 年 5 月,山猫队更名为夏洛特黄蜂队
	美国航空球馆	迈阿密热火	19 712	6	
	凡泽中心球馆	华盛顿奇才	18 238	13	原 MCI 中心球馆
	安利球馆	奥兰多魔术	16 785	23	原奥兰多球馆

第六章
最漫长的网球满贯赛

如果你深更半夜睡不着觉,你可以找到网球赛事转播;如果你在隆冬找不到娱乐项目,你可以穿越回归线到澳大利亚去欣赏全球最高水平的网球赛。四大满贯网球赛散布在澳洲、欧洲和北美洲的经济发达国家,间歇穿插有ATP(Association of Tennis Professiona的缩写,即职业男子网球协会)和WTA(Womens Tennis Association的缩写,即国际女子职业网球联合会)各种级别的比赛,从250分赛、500分赛到1000分赛和年终总决赛,安排在世界各地的网球发烧地,近距离满足球迷观赛需求。这样的精心策划和布置,既能够突出四大满贯的特殊地位,让球员赢取更多奖金和积分,又可以使网球赛事的张力无处不在,覆盖全年的每个时间段,在不同时间、不同地点以不同场地风格吸引着不同类型的球迷的目光,可谓是最漫长的赛事。

当一颗普通的黄色绒毛小球变成天下球迷眼中跳动的音符,对球员和商家来说,那已经不是一般意义的体育赛事,而是一种有效的敛财方式。随着金黄色小球的跳动,网坛球星蜂拥而出,桑普拉斯、阿加西、费德勒、德约科维奇(又译为焦科维奇)、纳达尔、李娜、莎拉波娃和威廉姆斯姐妹等,不仅每年收获一大堆的冠军头衔,也在收获冠军奖金和广告代言费。

在“获胜就是金钱,魅力胜过奖杯”的眼球经济时代,网球明星的每一场赛事,每一次走秀,都将转化为美元、欧元和英镑。从桑普拉斯、阿加西、费德勒以及德约科维奇等球星的身上,我们可以随时找到冠军奖杯与网球商业化的密切联系,而与库尔尼科娃、莎拉波娃及当下网球战绩无人能及的威廉姆斯姐妹类比,却更能阅读出“魅力胜过奖杯”的商业体育另类法则——在网球赛场鲜有冠军头衔的库尔尼科娃,曾经是世界网坛第一广告金主。

大满贯奖杯数远不及小威廉姆斯的莎拉波娃近年来连续在福布斯女运动员富豪榜上以“无敌媚眼”当仁不让位列第一。

在阿加西、费德勒等愈老愈具号召力的网坛传奇人物身上，我们更能够感受到浓浓的商业味道。成为职业球员的第一年，阿加西就得到了耐克公司2.5万美元的赞助，耐克也因此成了阿加西的第一家赞助商。1992年，阿加西赢得温网男单冠军，佳能公司迅速和他签订了回报丰厚的广告合约。从20世纪90年代到21世纪初的十多年间，阿加西仅通过广告代言获得的收入就高达2亿美元。阿加西之后的很长时间，国际舞台差不多就是费德勒的天下，他俨然是全球网坛的财富标志，是品牌商的广告宠儿。他2003年首次夺得温布尔登网球锦标赛冠军，拥有ATP史上最长连续单打世界第一周数（237周，2004年—2008年），创下17座大满贯男子单打冠军的纪录，四次获得劳伦斯世界体育奖最佳男运动员的称号，在福布斯运动员富豪榜长期位居前10名。2013年，费德勒来到福布斯运动员富豪榜的最高位，以年收入7150万美元身价居第2位。即使运动巅峰期已过且已经连续几年没有大满贯进账，费德勒依旧受到财富眷顾，以6700万美元继续留在福布斯运动员富豪榜TOP行列。

2004年奥运会上，李婷/孙甜甜雅典神奇夺金，各种经济奖励纷至沓来：国家对每位奥运金牌运动员给予20万元奖励，某企业奖励20万元，霍英东基金会奖励8万美元和一枚一公斤重的纯金金牌，河南省委省政府奖励给孙甜甜50万元，郑州市委市政府奖给她一套房子和10万元，武汉市奖给李婷40万。在当年的WTA巡回赛广州站期间，中国女网和李婷/孙甜甜还分别获赠了本田飞度车，国家训练基地所在地台州市政府也奖励给国家网球队50万元。

奥运会之后，网管中心市场开发部的电话简直如热线一般，找两位奥运冠军做广告的企业不计其数，企业类型五花八门。2006年，中国女网的持续飘红，使得衡量网球职业选手能力和水平的奖金排名榜前列出现了中国球员的名字。在WTA奖金排名榜上，郑洁以64万美元的奖金总额高居第9位，晏紫以近50万美元的收入列第14位，而李娜也以33万美元的收益排在第23位。成绩的提升让她们成了不折不扣的“富婆”，由此直观感受到了这颗金色绒球潜在的光明“钱途”和商业效应。

如今，中国的几朵金花在世界大赛中崭露头角后，成为新一代网球富豪。2011年，李娜在澳大利亚网球公开赛上个人第一次打进大满贯单打决赛并夺得亚军。同年,李娜在法国网球公开赛女单比赛中登顶封后,创造出中国网球佳话。2014 年 1 月 25 日,李娜第三次跻身澳大利亚网球公开赛决赛并最终收获女单冠军。2014 年 12 月 15 日,李娜被英国《金融时报》评选为 2014 年年度女性人物。12 月 23 日,李娜当选“2014 CCTV 体坛风云人物年度最佳女运动员”。

李娜在 2014 年 1 月澳网公开赛赢得她的第二个大满贯奖杯之后,使她获得了大笔奖金,在女运动员收入榜上直追莎拉波娃,在 2014 年福布斯女运动员富豪榜排名中位列第二。2013 年 6 月至 2014 年 6 月之间,李娜的收入达到 2360 万美元,其中包括 560 万美元的奖金。2011 年,作为第一位赢得网球大满贯赛事单打冠军的亚洲球手的李娜又赢得法网冠军,之后她便成为广告市场的宠儿,主要代言包括耐克、奔驰、三星、劳力士等国外品牌和多个中国品牌。

在 2014 年福布斯女运动员富豪榜排名中,网球运动员玛丽亚 · 莎拉波娃名列第一,这是她连续 10 年成功跻身全球收入最高的女运动员之列。同时,她在全球所有运动员收入中排第 34 位。2004 年温网冠军之战,当时年仅 17 岁的美少女莎拉波娃一举成名,成为网坛的天之骄女。从 2004 年迈阿密的对决开始,莎拉波娃和塞雷娜 · 威廉姆斯(小威)在过去 10 年里一直是死对头。小威的奖杯数量莎拉波娃望尘莫及,在球场上获得的奖金收入几乎是莎拉波娃的 5 倍,以 1100 万美元的奖金收入位居所有女运动员之首。不过,莎拉波娃的场外收入却是这位世界头号女运动员的两倍——她在赞助代言方面是小威望尘莫及的。小威在 2014 年福布斯女运动员富豪榜排名中以 2200 万美元的收入名列莎拉波娃和李娜之后位居第三。

2013 年,莎拉波娃受伤病困扰,比赛奖金只有 240 万美元。比上年的 600 万美元缩水不少。然而,她依然是体育界的头号女代言人,手握耐克、保时捷、三星电子、豪雅表、依云和 Head 等多个品牌的代言。2014 年春季,莎拉波娃的合作伙伴清单上还增添了雅芳公司。此外,莎拉波娃自己的创业也做得风生水起。2012 年,她推出了软糖产品糖果波娃。该品牌第一年卖出了 130 万袋糖果,每袋售价 5 至 6 美元。2014 年春季,莎拉波娃以现金加糖果公司股份的形式,参股护肤品公司 Supergoop,推出她的防晒油和抗衰老产品。

ITF(International Tennis Federation 的缩写,即国际网球联合会)、ATP 和 WTA 全年在世界各地不同级别与规模的赛事,让我们时刻感受到网球的财富魅力,感受到硕果累累的球星身上的独特光芒。澳大利亚网球公开赛、法国网球公开赛、温布尔登网球公开赛与美国网球公开赛是全部网球赛事的最高境界,高达千万美元的赛事总奖金,上百万的现场观众,全球40多个国家和地区的电视台和网络直播或者转播,缔造了网球赛事的商业王国。

第一节　百年赛事

网球四大满贯赛事都跨越了一个世纪的长度,接受了漫漫时间的考验,积淀了浓厚的文化气息是四大满贯的共同特点。网球四大满贯的举办历史都在百年以上,正因为其百年的发展历史,才铸造了今天的超级商业赛事,形成了成熟的市场运作模式,建立了科学合理的比赛积分排名制度。网球四大满贯的高额赛事奖金,硬地、红土和草地等各种类型的场地分布,全球广泛而密集的电视转播,都令其他很多单项职业赛事望尘莫及。历史悠久、疏密有致、常年不衰,成了四大满贯网球赛商业运作成功的秘籍。(见表6.1)

表6.1　网球四大满贯基本情况表

分类	澳网	法网	温网	美网
首赛年月	1905年	1891年	1877年	1881年
举办地点	墨尔本	巴黎	伦敦	纽约
举办时间	1月最后两周	每年5、6月间	每年6、7月间	每年8、9月间
场地性质	硬地,早期草地	红土	草地	硬地
单打冠军奖金	201万欧元	180万欧元	263万欧元	266万欧元
中心球场	罗德拉沃尔	菲利浦夏特利尔	中心球场	阿瑟阿什
观众人数	15 021	15 059	15 800	23 700

一、绅士温网

在四大满贯赛中,温布尔登网球公开赛历史最为悠久,参赛运动员和现场观众的穿着也极为讲究,而且不允许球场到处充斥广告,因而号称“血统优良”。一百多年来,位于伦敦郊区的温布尔登网球公园一直是传统高贵的代名词,不仅受到参赛球员和参赛裁判员重视,而且使得现场观众和商业赞助商对该赛事也极为重视。

温网的前身是温布尔登网球锦标赛,由全英俱乐部和英国草地网球协会于 1877 年创办,到 2015 年为止,除世界大战中断了网球大赛之外,温布尔登网球锦标赛每年都会在 6、7 月间如期举行,到 2015 年已举办了 149 届,是古老的网球大赛。

温布尔登网球锦标赛一直受到英国皇室赞助,具有源远流长的皇家血统。1907 年,威尔士亲王和玛丽公主以皇室成员身份首次出席温网,就座于皇家包厢欣赏比赛。1929 年,肯特公爵成为全英俱乐部的主席。从那天起,温网的冠军奖杯总是由现任的公爵和公爵夫人一同来颁发。温布尔登网球公开赛贵宾包厢,时可见到优雅的凯特王妃和威廉王子、英国首相卡梅伦和伦敦市市长鲍里斯·约翰逊等政要的身影。帅气的贝克汉姆和儿子罗密欧更是近年来温布尔登网球公开赛观众席的常客。

温布尔登网球公开赛传承了英国绅士的高贵特质,一直保留着一个传统的规定,要求参赛球员穿着白色网球服,以表示对现场观战的英国王室的尊重,体现出温布尔登网球公开赛的优雅高贵气质。

19 世纪 80 年代,球员们开始身着白色的运动服进行比赛,主要因为汗迹不会太明显。1963 年,白色着装的规定得以正式实施。1985 年,安妮·怀特的紧身衣着装没有通过温网的比赛服标准检测,当值的裁判长要求怀特更换一套白色的运动服,第二天继续未完的比赛。温网组委会要求选手必须身穿几乎全白的传统运动服的严苛戒律,曾经让很多前卫青年非常反感。年轻时不拘一格的前金满贯得主阿加西就曾抵制过这一规定,但当他捧起温网冠军时,他仍然乖乖地穿上了白色运动服。

观看温布尔登网球公开赛的观众,也要时刻注意自己的绅士风度,在穿衣装扮上丝毫不能马虎。2015 年 7 月 13 日,温布尔登网球公开赛男单巅峰对决由德约科维奇对费德勒,F1 世界冠军、英国车手刘易斯·汉密尔顿受邀进入中央球场的皇家包厢观赛，因没有按照要求着装被拒之门外。原来，汉密尔顿忘记了详细阅读请柬上对于进入皇家包厢者的着装要求——男士必须身着西装打领带穿皮鞋，女士则着小礼服。汉密尔顿没有穿西装外套也没有打领带，而是穿了一件鲜艳的花衬衫，戴了礼帽和墨镜。这样的着装显然不合要求，温网官方也并没有因为汉密尔顿的名头而网开一面，礼请汉密尔顿下次光临。

为体现温布尔登的高贵传统，温布尔登网球公开赛拒绝浓郁的商业气息过分浸染，是所有网球赛事唯一在赛场排斥广告的比赛，不管给多少钱，不管广告主有多大来头，一概拒之门外。

温网在位于伦敦西南角的温布尔登进行，名为全英草地网球锦标赛。温网草地是100%纯种的黑麦草，这种特产于英国的黑麦草高度都是统一的8毫米。铺设在场地上的绿草似乎为网球运动而生，踩踏不会造成过度折损，加上受到细致的保养和维护，即使球员滑倒，也不会沾上草屑。据说这种生性特殊的绿草，只有在英国的气候下才能茁壮成长。这也是每年寥寥几个草地职业网球赛事几乎都是在英伦三岛上举行的原因。

草地球场比较湿滑，球的反弹速度快，对球员的反应度、灵敏度、奔跑速度、奔跑技巧等要求非常高。当然，球员也利用草地球场的特点大打攻势网球，发球上网、随球上网等各种上网强攻战术被视为在草地网球场上制胜的法宝之一。“发球机器”型选手如鲁塞德斯基、克拉吉塞克、罗迪克等在温布尔登屡有出色表现，而像桑普拉斯、费德勒等发球一流又技术全面的“草地之王”更是如鱼得水，创造出一个个网坛奇迹。

在温布尔登中心球场外，有一个长满草的小山丘。没有买到票的失望球迷，和一开始就没打算买票的球迷，通常都汇聚于此，即便下雨刮风，也要通过大屏幕，关注偶像现场的表现。这座小山丘在英国人亨曼当年打球时被命名为“亨曼山”。2012年，安迪·穆雷首夺伦敦奥运会男子单打冠军，成为英国网球之神，最近几年“亨曼山”更名为“穆雷山”。温布尔登大赛时，成百上千的球迷汇聚在穆雷山上，通过电视大屏幕欣赏比赛，日晒雨淋也无法阻挡他们对网球的热情。

作为四大满贯赛中历史最悠久的赛事，温网保留了很多传统文化的痕迹，是目前唯一一项在天然的草地场上举行的大满贯赛事，也是唯一一项不以国家命名而是以一个原本不知名的小镇命名的国际网球顶级大赛。

二、浪漫法网

提起法国，一般想到的就是浪漫的香榭丽舍大街、时尚奢华的老佛爷百货、金碧辉煌的巴黎歌剧院。但对网球球迷而言，巴黎郊区菲利普 · 夏蒂埃球场的罗兰 · 加洛斯（法国网球公开赛）才是魅力所在。

法国网球公开赛始于 1891 年，开始时只有法国选手参加，直到 1925 年才允许外国球手参赛。从 1928 年起，法网每年 5 月底到 6 月初都会吸引世界超一流网球选手在巴黎西部布洛涅森林边的罗兰 · 加洛斯网球城举行。

法网比赛场地为红色黏土场地，所以也被称为红土场地网球赛。早年，法国传教士在修道院空地上划出来打网球的空地。那时，没有水泥没有塑胶，就地取材的黏土就成了浑然天成的红土场。随着现代科技的不断进步，法国网球公开赛的红土场地不再是以前的自然地或是用砖粉铺成，而是用 6 层不同的材料铺设而成，保持了原有红土球场的特质——球速较慢，球会弹得很高，而且旋转很强。

巴黎是艺术之都，法网也是最具艺术美的大满贯。由于比赛场地特殊，法国巴黎郊区外的罗兰 · 加洛斯成了许多顶级网球高手的滑铁卢。麦肯罗、桑普拉斯、贝克尔、辛吉斯、埃德博格和现在的球王德约科维奇等网球大咖都在因未能圆梦法网而与“全满贯”擦身而过。当然，罗兰 · 加洛斯也有属于自己的独特惊喜，张德培、米斯金娜和费雷罗等都是在法网夺得了唯一的大满贯，是四大满贯中诞生“一满贯”最多的大赛。

如果说温网遍地都是传统的优雅高贵，那么，法网则随处可见浪漫激情写意与华丽。法网总是和浪漫时尚结缘，罗兰 · 加洛斯令人遐想，火红的球场上弥漫着初夏的薰衣草香，传递着浪漫的巴黎原味。地处时尚之都的巴黎，法网到处洋溢着别样情怀和文化气息。就连看似不起眼的法网宣传画都出自世界级艺术大师之手。

1980 年，法网开始推出海报，当时是法国网坛名将让 - 勒弗拉向法国网球协会提出了这项建议。法网组委会当即同意，并邀请在当代艺术界独占鳌头的勒龙艺术馆来承担此项任务。

意大利画家瓦略奥 · 阿达米有幸成了第一个为法网赛创作海报的艺术家。他设计了红蓝绿三幅图，每一幅都代表了发球的一个侧面。最终，那幅象征网球和球拍碰撞瞬间的蓝色作品入选，这幅海报在当时引起了巨大的轰动，影响甚至超出了体育的范畴。

1981年法网海报的设计者是从西班牙流亡巴黎的艺术家厄瓜多·阿罗约。该海报主体部分是当时如日中天的比约·博格的背影。线条简洁,却延伸了人们的想象空间。你看不到博格的面孔与表情,却可以感受到他的目光正探向球场之外更远的地方。也许正是这张海报的激励,那一年博格续写了他在法网的冠军荣耀,卫冕成功。

1984年的海报突出了观众这一主体,用密密麻麻简单的图案勾勒出了观众,中间的空地自然成了球场,整个色调以橘黄、蓝色和白色为主,简洁明快。1985年的海报首次选取了鲜艳的颜色,一位选手手握网球朝空中看,而字母"Roland Garros"和法网举办年份也变成了动感的圆点。1989年的海报更加抽象,画家用彩虹似的流线表现出了网球飞翔的效果。这幅海报的原版于2003年作为送行礼物赠予了当年退役的法网男单冠军张德培。1999年的海报主体突出了网球场上的配角——主裁判和观众,而他们都歪着头聚精会神地看着左边,给人以强烈的现场感,也形象地描绘出了我们平时观赛的样子。2003年的法网海报由纽约的艺术家珍妮·汉蒙德创作而成,这是法网首次邀请女艺术家设计海报。珍妮·汉蒙德绘制了12个运动中的人物,增加了女性的元素。整个海报很有立体感,每个人物都仿佛"镶"在一片片白纸片上。2010年的法网海报以红土色为主色调,主体是一位女选手在比赛中的样子,而她的动作是经典的红土网球动作——滑步,地上的影子让这幅海报充满了立体感,左下角是一个跌倒的人,整个背景上舞动的蝴蝶给海报增加了浪漫的色彩。

法网所使用的是红土场是软性球场的典型代表,场地以砖粉末为主。虽然砖粉末经过特殊处理,可还是比不上自然品质优良的草地和现代科技打造成的硬地球场。法网赛事中,球员难免在比赛中弄得灰头土脸,甚至比赛还时不时地被扬起的尘土所干扰,影响球员发挥,影响现场观众的观看。因此,组委会不得不雇佣大量的人力,对场地及时浇水及时清理,以避免扬尘,维护场地品质。

三、金主美网

美国网球公开赛的首届比赛于1881年在罗得岛新港举行,当时只是国内赛事,只有男子单打,通常在8—9月间举行。后来,美国网球公开赛为追求比赛形式多样化,才增加了女单,男双,女双,混双四个项目。女子比赛始于1887年。1968年起美网正式被列为四大公开赛之一,设有5个单项的比赛，是每年四大公开赛中最后举行的大赛。1915 年起移至纽约林山进行比赛，1970 年改名为全美公开赛。从 1968 年开始，美国网球公开赛让所有的职业选手参加。当年有 96 名男子选手和 63 名女子选手参赛，总奖金为 10 万美元。

作为商业运营最成功的四大网球公开赛之一，美网是实实在在的网球金主。现在，美网每年的收益超过 2 亿美元，单在奖金、大会工作人员的劳务费、设施建设费用等方面的支出就高达 2000 多万美元。很多年来，美国网球公开赛的赛事奖金大部分时间保持在四大满贯中的第一位，平均高出另外几大满贯 40%。2015 年，澳网、法网和温网的男女单打冠军奖金分别为 201 万欧元、180 万欧元和 263 万欧元，都低于美网 2014 年的 266 万欧元，更无法与美网 2015 年男女单打冠军奖金 290 万欧元相提并论。（见表 6. 2）

表 6. 2　网球四大满贯近年来男女单打奖金一览表（单位：万欧元）

年份	澳网	法网	温网	美网
2010	141	112	138	150
2011	141	120	152	160
2012	148	125	160	170
2013	156	150	220	230
2014	170	165	240	266
2015	201	180	263	290

为了鼓励球员参赛，吸引更多的观众，经济实力雄厚的美网组委会在 2004 年创办了美网系列赛。美网系列赛由 6 站 ATP 赛事和 5 站 WTA 赛事组成，ATP 赛事比 WTA 赛事早一周进入美网系列赛。2010 年的美网系列赛由 7 月 19 日开赛的亚特兰大网球冠军赛开始，连续 6 周，直到 8 月 30 日美国网球公开赛的到来。其中 ATP1000 赛罗杰斯杯和辛辛那提大师赛（WTA 中这两项赛事是“超五赛”）为重点赛事，在这两项赛事中取得好的成绩，会获得更高的赛事奖金、世界积分和美网系列赛积分，甚至还可在美网中拿到额外的奖金。2005 年，克里斯特尔斯因为美网系列赛排名第一，又拿到了美

国网球公开赛的桂冠，奖金达到了220万美元。2014年，小威廉姆斯在美网系列赛连续取胜，又夺得了美国网球公开赛的桂冠，奖金达到了超乎想象的440万美元。

从2004年创办至今，美网系列赛一直保持着前后6周、共10站赛事（男子6项，女子5项，纽黑文站男女合赛）的密度，与法网之前遍地开花的红土热身赛相比，这些美网热身赛就是排名较高的精英们表演的舞台。只有尽量吸引更多大牌选手参赛，才能抓住观众的眼球，从而更好地吸引赞助商和出售电视转播权。从商业包装的角度来看，美网系列赛是美国网协打造出的宁缺毋滥的精品品牌。

在目前的美网系列赛举办地中，有大都市洛杉矶、美国首都华盛顿，网球传统深厚的名城辛辛那提和亚特兰大，有斯坦福和耶鲁两所著名大学，唯一在美国之外举办的一项赛事是加拿大ATP与WTA顶级联合赛事，还提出了让选手们一周之内奔波于多伦多和蒙特利尔两座城市参赛的疯狂设想。

美网系列赛自创办以来，每个赛季都会有一些革新。2004年，在网坛首创系列赛前3名美网奖金加码的规则，刺激了顶级球员参赛的积极性，电视转播收视率和电视转播费年年看涨。2005年，美网把比赛场地改为蓝色，电视转播画面更加符合转播需求。2006年，美网首次引进了“鹰眼”技术，增加了比赛的趣味性和娱乐性，挑战“鹰眼”成为不可多得的意外收获，更保证了比赛判裁的公正性。2007年，美网额外奖金改为固定数额，保证了男女运动员同工同酬，体现了男女平等。①

金主美网重视商业体育的娱乐性，娱乐元素在四大满贯赛事中最为活跃，而其中心球场阿瑟·阿什网球中心本身就是一个规模盛大的娱乐公园，“享受生活，并且以一切可能的方式”来形容这里的娱乐氛围是最合适不过的了。碧蓝的天空，嫩绿的草地，环绕着美丽的球场，在如此曼妙的地方观看球星的精彩表演，着实舒心惬意。

美网女单比赛设立ACE②球奖金，每发一个便获得50美元奖金，这部分奖金是由美国网球公开赛主要赞助商JP摩根集团资助的美网公开赛慈善

①美网系列赛的前世今生，赚钱机器“拯救”美国网球. 2010－07－30. http://sport.163.com/10/0730/13/6CRGSNPO00051CDG.html.

②ACE球：对局双方中一方发球，球落在有效区内，但对方却没有触及球而使之直接得分的发球.

ACE 球基金支持的。根据这项慈善计划，参加美网公开赛女子单打比赛的运动员在比赛中每发出一记 ACE 球，JP 摩根集团将付 50 美元给 JP 摩根慈善基金会，这笔慈善基金主要是为 150 位女子少年网球运动员提供免费的网球辅导课程，帮助她们提高自己的网球技艺。2007 年，美网公开赛女子单打比赛一共贡献了 950 个 ACE 球，为慈善基金会募集到了 4.75 万美元的善款。

四、年轻澳网

澳大利亚网球公开赛是四大满贯赛事中每年最先登场的大满贯赛事，通常于每年一月的最后两个星期在澳大利亚的墨尔本公园举行。澳大利亚公开赛自 1905 年创办以来，已经走过了一百多年的历史，与另外三项赛事相比，澳网是最年轻的大满贯赛事，也曾是四大满贯中奖金最高的赛事。

在 1968 年网球比赛职业化后，澳大利亚网球锦标赛就被列为四大公开赛之一。1969 年，澳网正式进入公开赛时代，比赛名称也被正式更改为澳大利亚网球公开赛。

1972 年，由于社会各界对比赛地点不确定的议论日渐高涨，赛事组织者决定将比赛固定在一个能够吸引最多的赞助商和观众的城市，澳网再次回到其诞生地墨尔本。

年初的澳大利亚网球公开赛和秋天的美国网球公开赛都属于硬地赛事，场地一般由水泥和沥青铺垫而成，其上涂有红、绿等漂亮的颜料或铺有一层高级塑胶面，场地表面平整且硬度高，球的弹跳非常有规律，球的反弹速度也很快。许多选手执着于硬地的乐趣，这个场地上的速度和变化，让网球充斥着无拘无束的天性，球员可以用任何自己所喜欢的方式去争夺冠军。

在每年的 1—2 月份，很多国家沉浸在圣诞节和新年的喜悦氛围中，在亚洲、欧洲和北美洲等很多国家和地区还是冰封地冻的时候，地处南半球的澳大利亚网球公开赛就拉开了帷幕，成为辞旧迎新的第一项大满贯赛事。在 1990 年以前，很少有优秀选手参加澳网，随着澳网通过一系列的改革与赛事奖金的提高，逐步地吸引了更多的明星球员参加，才发展成为今天的规模。

“亚太大满贯赛事”是澳网几年前打出的口号，澳网每年有大约 60% 的电视收视来自于亚太地区，亚太市场是澳网今后发展的重点。澳网每年都有数十万澳元的投资用来加强和亚洲地区之间的联系，比如推出教练计划、帮助包括中国在内的亚洲地区的教练提升水平、青少年训练计划和邀请亚洲地区的孩子来澳洲训练等。亚洲地区目前有 127 项挑战赛和希望赛，其中有27项在澳大利亚。2007年,澳网推出了多达54项改革,新建了一个球员健身房。打造亚太地区第一网球赛事成为澳网组织者今后努力的目标和方向,这个第一的称号可能会为澳网赢得更多的关注和赞助商。

与其他大满贯赛事只以功勋运动员命名球场不同,澳大利亚网球公开赛将球场作为获取赞助的好平台。澳网海信球场是世界四大网球公开赛之一的澳大利亚网球公开赛的比赛场地之一,原为沃达丰球场,由于金融危机的影响,这家总部在英国的手机电话公司结束了他们和墨尔本公园的合作。海信集团于2008年5月份拿到该体育馆为期6年的冠名权,海信相关人士表示,已经做好迎接中国选手的准备,力图为中国选手打造最好的主场氛围,让中国选手创造更多的佳绩。海信体育馆于2000年建成,可以容纳1万名观众,该体育馆采用可升降的座椅、可伸缩式屋顶,使比赛不受烈日和雨水的侵袭,以保证比赛的顺利进行。澳网也可谓是中国网球选手的福地,2006年,中国选手郑洁/晏紫夺得澳网女子双打冠军,这也是中国第一个网球大满贯冠军。2014年1月25日,4年来3进决赛的中国金花李娜顶住了齐布尔科娃的冲击,如愿捧起了澳网的女单冠军奖杯,成为澳网公开赛时代捧起达芙妮·阿克赫斯特纪念杯年纪最大的冠军选手。

第二节　丰厚奖金

奖金一直是体育赛事备受关注的焦点,奖金的多寡一定程度上反映了赛事的实力、水平、影响力与市场化程度,高额的赛事奖金是网球四大满贯迈向商业成功之旅的重大举措。专家指出,网球四大满贯的丰厚奖金,“养肥”了世界网球选手,盘活了ATP和WTA的品牌潜质。高额奖金的背后,则是赛事稳定举办的地点、环环相扣的赛事安排等方面,保障了奖金不断地上涨。

一、稳定的比赛地点

比赛地点稳定是赛事成功的重要条件。相对固定的比赛时间、比赛地点、比赛赛程和相对稳定的参赛选手等,保证了稳定的赛事品牌形象,确保了稳定的商业赞助和持续稳定的电视转播商。

网球四大满贯历经百年磨砺,比赛地点相对稳定在一个最适合网球发展壮大的地方,显示出赛事组织者成功的运作理念。历经百年的铸造,已经形成了举世闻名的赛事品牌。(见表6.2)

表 6.2　四大满贯举办地信息统计表

赛事名称	比赛地点	举办届数	备注
澳网	墨尔本	58	72 年回到墨尔本后固定下来至今
	悉尼	17	悉尼计划再夺回
	布里斯班	14	
	阿德莱德	7	
	珀斯	3	
法网	罗兰·加洛斯球场	78	1928 年起至今
温网	温布尔登	129	1877 年举办至今
美网	罗得岛纽波特	34	1881 年开始
	费城板球俱乐部		女子单打起初举办地
	纽约国家网球中心	30	1978 年起

澳网赛场在澳大利亚的第二大城市墨尔本市网球中心。自 1905 年举办首届比赛以来，澳大利亚网球公开赛曾先后在墨尔本、悉尼、阿德莱德、布里斯班、珀斯等地方举办过。其中，墨尔本举办过 58 届，悉尼 17 届，布里斯班 14 届，阿德莱德 7 届，珀斯 3 届。此外，还曾经在新西兰的克赖斯特彻奇和黑斯廷斯各举办过 1 届。1972 年，赛事组织者决定将比赛固定在一个能够吸引最多的赞助商和观众的城市，结果澳大利亚网球公开赛回到并永久落户于其诞生之地墨尔本。

四大满贯赛事中商业运作最好的美国网球公开赛，其举办地也经过多次变迁，最终才固定在美国纽约国家网球中心，打造成世界知名球场，打造出一项世界顶级网球赛事。温网和法网的百年历练，其颠扑不破的真理皆是稳定营盘，将比赛地点永久安排在伦敦郊区的温布尔登和巴黎郊区的罗兰·加洛斯。

除了比赛的时间和地点相对固定外，赛制的确定也是四大满贯商业运作的成功法宝。四大满贯经过多年的发展，逐步形成了包括男女单打、男女双打及混双在内的稳定赛制。

四大满贯赛事经过长期的发展，逐步形成了相对固定的比赛时间，比赛日期基本固定，前后也不超过一周时间，使选手有针对性地训练和准备，也是这一项赛事能够长期发展下去，无论是在赛事品牌还是赛事组织运营方面都能够收益的重要因素。（见表6.3）

表6.3　最近12年四大满贯比赛时间汇总表

年度	具体比赛时间			
	澳网	法网	温网	美网
2004年	1月19日—2月1日	5月24日—6月6日	6月21日—7月4日	8月30日—9月12日
2005年	1月17日—1月30日	5月23日—6月5日	6月20日—7月3日	8月29日—9月11日
2006年	1月16日—1月29日	5月28日—6月11日	6月26日—7月9日	8月28日—9月10日
2007年	1月22日—2月4日	5月27日—6月10日	6月25日—7月8日	8月27日—9月9日
2008年	1月14日—1月27日	5月26日—6月8日	6月23日—7月6日	8月25日—9月7日
2009年	1月19日—2月1日	5月24日—6月7日	6月22日—7月5日	8月31日—9月13日
2010年	1月18日—1月31日	5月23日—6月6日	6月21日—7月4日	8月30日—9月12日
2011年	1月17日—1月30日	5月22日—6月5日	6月20日—7月3日	8月29日—9月11日
2012年	1月17日—1月29日	5月25日—6月10日	6月22日—7月5日	8月27日—9月9日
2013年	1月14日—1月27日	5月22日—6月9日	6月24日—7月7日	8月26日—9月9日
2014年	1月13日—1月26日	5月25日—6月8日	6月23日—7月6日	8月25日—9月8日
2015年	1月14日—2月1日	5月24日—6月7日	6月29日—7月12日	8月31日—9月14日

从以上四大满贯12年的比赛时间表我们可以看出，其比赛时间相对比

较稳定,前后相差不到几天,并且长期固定下来。澳网的最早开赛和最晚结束时间,都在一周之内。2012 年—2015 年的法网赛事,比赛时间始终控制在 4 天之内(5 月 22 日—25 日,结束时间 6 月 7 日—10 日)。

二、奖金的逐年提高

2015 年,四大满贯赛的总奖金都在上年度基础上大幅提高,澳网、法网、温网和美网的总奖金分别是 4000 万澳元、2900 万欧元、2256 万英镑和 4230 万美元,统一换算为欧元则是 2570 万欧元、2900 万欧元、3100 万欧元和 3700 万欧元。ATP 系列大师杯赛 500 分赛总奖金基本上在 300 万美元以上,如中国网球公开赛男子为 500 系列赛女子为皇冠赛事 1000 分赛,总奖金已经上涨到 600 万美元以上。2015 年,巴克莱 ATP 世界巡回赛总决赛总奖金高达 650 万美元。

最年轻的澳大利亚网球公开赛因赛程简单、征战路程遥远、奖金较少,曾经被视为“鸡肋赛事”。2004 年到 2008 年,澳网奖金逐年增长,各单项赛事奖金都有一定程度的提高,2008 年比 2004 年增长了 14.2%,年均增长了 3.4%,单打冠军奖金由 120 万美元增长到 137 万美元。近几年,澳大利亚网球公开赛奖金继续大幅攀升,男女单打冠军奖金从 2012 年的 230 万澳元激增到 2015 年的 310 万澳元,增长率为 35%(见表 6.4),是 2004 年单打奖金的 2.58 倍。

表 6.4　澳大利亚网球公开赛奖金表(单位:万澳元)

类别	单打				双打			
年代	2015	2014	2013	2012	2015	2014	2013	2012
冠军	310	265	243	230	57.5	52	47.5	45.45
亚军	155	132.5	121.5	115	28.5	26	23.75	22.725
半决赛	65	54	50	43.7	14.25	13	11.875	11.3
1/4 赛	34	27	25	21.85	7.1	6.5	6	5.6
第四轮	17.5	13.5	12.5	10.925	3.9	N/A	N/A	3.15
第三轮	9.75	7.5	7.1	5.463	2.3	3.6	3.35	1.72
第二轮	6	5	4.55	3.33	1.48	2.1	1.95	0.96
第一轮	3.45	3	2.76	2	不适用	1.35	1.25	不适用

为了激励更多网球选手的比赛热情，每打进下一轮，都将有大幅度提高的奖金在等着分配。即使只打进第一轮，2015 年拿到的一轮奖 3.45 万澳元也远远高于 2012 年的 2 万澳元。

2007 年是法网首次实现男女同酬，因此女子赛事的奖金得到了大幅度提高。相比 2006 年，女单比赛奖金总额提高了 11.02%，女双赛事提高了 15.95%。男子比赛奖金也得到了小幅提高，男单奖金比去年提高 3.83%，男双奖金提高了 2.06%。本届法网总奖金达到了20 199 513美元，比 2006 年提高了 7.23%。

2008 年法网总奖金达到 1557.596 万欧元的赛事奖金，比 2007 年增加了 2%。所有赛事中男女运动员享受同等奖金，男单女单冠军均获得 100 万欧元，第一轮被淘汰的运动员也能获得 1.429 万欧元。在 1990 年，女子冠军奖金仅为男子冠军总奖金的 79%，男女报酬不平等的时代已经一去不复返了。从 2010 年开始，男女单打的奖金节节攀升，112 万欧元、120 万欧元、125 万欧元、150 万欧元、165 万欧元直达 2015 年的 180 万欧元。

温布尔登网球锦标赛奖金逐年提高，1984 年男子单打冠军奖金为 10 万英镑，女子单打冠军为 9 万英镑。1985 年男单冠军为 13 万英镑。1987 年男单冠军奖金为 15.5 万英镑。1991 年男单冠军为 24 万英镑，女单冠军为 21.6 万英镑，连第 1 轮遭淘汰选手也可获得一笔奖金，男子 3600 英镑，女子 2790 英镑。高额奖金使温布尔登网球锦标赛具有极强的吸引力，使这项比赛百年不衰。2008 年，温网男女单打冠军奖金达到 75 万英镑，在 2007 年的基础上增加了 7.1%。赛事总奖金增长了 4.7%，从 2007 年的 1128.271 万英镑增加到 1181.2 万英镑。2015 年，温网总奖金暴涨到 2256 万英镑，近 2007 年的两倍。男女单打冠军奖金增加到 188 万英镑，是 2008 年的 2.5 倍。

美国是一个高度商业化的社会，职业网球商业化程度绝不亚于职业拳击与职业篮球。由于美国网球赛的地位和高额奖金，以及中速硬地场地，吸引了众多高手参加，无论是总奖金，还是各个单项奖金，美网都是最高水平，无愧网坛金主称号。2008 年，美国网球公开赛男女单打冠军奖金为 150 万美元，2010 年这一数据增加到 170 万美元。到了 2015 年，美网男女单打冠军奖金创纪录达到 330 万美元，是 2008 年的 2.2 倍。

三、赛事的环环相扣

从 1 月 4 日霍普曼杯混合团体赛在澳大利亚珀斯举办以来，布里斯班、清奈(印度)、卡塔尔等205积分的公开赛纷至沓来,然后就是万众瞩目的第一个年度大满贯——澳大利亚网球公开赛,争夺冠军的选手需要在墨尔本马不停蹄激战两周时间。

看似距5月底开赛的罗兰·加洛斯法国网球公开赛还有几个月时间,实际上奖金丰厚的ATP 500积分赛如荷兰鹿特丹锦标赛、阿联酋迪拜公开赛、墨西哥电信赛等高额奖金实在诱人。3月12日至3月22日在美国印第安维尔斯的巴黎银行公开赛和3月25日至4月5日的美国迈阿密公开赛,是ATP世界巡回赛大师1000分赛背靠背大赛,积分和奖金都让世界网坛一线选手不遗余力地前往参赛。摩纳哥的蒙特卡洛劳力士大师赛、马德里公开赛和罗马公开赛不仅是ATP世界巡回赛1000分赛,更是法国网球公开赛热身预演,顶尖高手无一漏赛。温布尔登网球公开赛与法国网球公开赛相差只有20天左右,大牌球员基本上没有喘气之机,就要在两座大满贯之间奔波厮杀。在接下来的几个月时间里,还有罗杰斯杯大师赛、辛辛那提网球大师赛、美国网球公开赛大满贯赛、上海劳力士大师赛、巴黎银行大师赛和年终总决赛等超级赛事。(见表6.5)

表6.5　ATP 1000分超九赛事和大满贯赛一览表

比赛日期	赛事名称	地点	积分	奖金
1.19—2.1	澳大利亚公开赛	墨尔本	大满贯赛	4000万澳元
3.12—3.22	巴黎银行公开赛	印第安维尔斯	1000分赛	626.776万美元
3.25—4.5	迈阿密公开赛	迈阿密	1000分赛	626.776万美元
4.12—4.19	蒙特卡洛大师赛	蒙特卡洛	1000分赛	383.030万欧元
5.3—5.10	马德里公开赛	马德里	1000分赛	511.373万欧元
5.10—5.16	意大利国际赛	罗马	1000分赛	383.030万欧元
5.24—6.7	法国公开赛	巴黎	大满贯赛	2900万欧元
6.29—7.12	温布尔登公开赛	伦敦	大满贯赛	2256万英镑
8.10—8.16	罗杰斯杯	蒙特利尔	1000分赛	417.85万美元

续表

比赛日期	赛事名称	地点	积分	奖金
8. 17—8. 23	西南财团公开赛	辛辛那提	1000 分赛	445. 707 万美元
8. 31—9. 14	美国网球公开赛	纽约	大满贯赛	3425. 2 万美元
10. 5—10. 11	中国公开赛	北京	500 分赛	394. 472 万美元
10. 11—10. 18	上海大师赛	上海	1000 分赛	702. 134 万美元
11. 4—11. 9	巴黎银行大师赛	巴黎	1000 分赛	383. 03 万欧元
11. 15—11. 22	ATP 总决赛	巴黎	年终总决赛	650 万美元

打完巴克莱 ATP 世界巡回赛一周的总决赛,时间已经进入到年度 11 月底。具有国家荣誉的网球选手,还没有到挂牌休假的时刻,为国出力的戴维斯杯团体赛世界组决赛在 11 月 27 至 11 月 29 日又要拉开帷幕了。

2014 年 10 月以 33 岁高龄退役的达维登科,大概是在全世界跑得最勤快的顶尖球员,在每年的网球赛季,几乎每个星期,他的名字都会出现在一项 ATP 的赛事中——不论规模大小,欧洲、北美或亚洲,地点也从来不是问题。达维登科的世界排名多年以来始终保持在前 10 之列,2005 年、2006 年、2007 年连续排名前 8,并连续 3 年参加了年底的大师杯总决赛。2006 赛季,达维登科继续着一贯的勤勉作风,截至巴黎大师赛,他当年参加了 32 场赛事,积分排名已超过了罗迪克和柳比西奇,位列第 3。

应接不暇的 ATP 赛事(WTA 赛事也是如此),考验着运动员的体能和意志,也以诱人的奖金在 ATP 500、ATP 1000 和大满贯上让选手们打起精神奋力前行。费德勒一路过关斩将杀进 2015 年罗马大师赛决赛,向着冠军进军的同时,也赚到了足够多的奖金。根据 Tennis World USA 的报道,费德勒在进入罗马大师赛决战后,职业生涯总奖金也突破了 9000 万美元大关,成为网坛第一位突破 9000 万美元奖金大关的球员。

费德勒职业生涯收获无数辉煌,吸金路上也是赚得盆满钵满,2009 年美网首轮获胜后,职业生涯获得的总奖金超过 5000 万美元,成为网坛奖金王第一人。2012 年温网决赛,费德勒战胜东道主穆雷夺得个人第 7 个温网冠军,个人满贯数量增加到17个，职业生涯总奖金接近7300万美元大关。尽管近两个赛季费德勒状态下滑，但竞争力依然位居前列，吸金力不减，如今在罗马进决赛使得总奖金超过9000万美元，直逼1亿大关。看看ATP奖金榜单，由于奖金金额近些年的上涨，能出现在榜单里的只有桑普拉斯、阿加西、贝克尔和卡费尔尼科夫这4位退役球员，而位居前3的正是现在的几位天王巨星，费德勒居首，小德以7700万美元紧随其后，纳达尔以7200万美元排在第3。①

第三节　商业赞助

商业赞助与合作伙伴选择，是体育赛事收入的重要保证。缺少赞助商的支持，必将影响体育赛事的商业开发和效益收入。对于网球大满贯赛事来说，基本上都有长期、稳定的赞助商。正是这些赞助商的持续看好和参与赛事赞助，才使四大满贯和ATP、WTA系列赛市场如此火爆。在网球大赛现场和电视转播镜头中，奔驰车标恰到好处地镶嵌在网带上，长期赞助网球赛事的劳力士总是出现在最需要显示时间的瞬间，IBM则不失时机地出现在关键时刻大力发球的球速显示时刻。法网赛场，满眼皆是LACOSTE的天下，球童、裁判员包括不少运动员都穿着法国人最熟悉的品牌，充满着自豪感与自信心。

在大满贯赛场，随处可见劳力士、LACOSTE、阿迪达斯、IBM、Wilson、Mastercard、GE、奔驰等国际一线大牌企业的标识，每每还可以见到这些企业老板与合作伙伴在贵宾包厢观战，或给获奖运动员颁奖。

澳大利亚网球公开赛是每年最早举行的大满贯赛事，起亚公司是其主要的赞助商，提供比赛用车，负责运送球员、官员和贵宾往来于比赛现场。过去10年，起亚汽车共计向澳网提供了1010辆专用车，为澳网的运动员、官员及贵宾提供全球品质驾乘服务。

从2006年开始，通过与世界顶级球员纳达尔签约，使其成为起亚汽车全球品牌形象大使这一方式，进一步加深了起亚与网球运动的关系。自2002年成为澳网赞助商后，起亚始终以传扬“更高、更快、更强”的体育精神为己

①费德勒总奖金超9000万，外媒：小德纳豆难超越. 2015－05－17. http://sport.163.com/15/0517/21/APRK18RH00051CDG.html.

任。在澳网赛事期间,起亚通过组织各类现场互动节目,提供给来自全球的顶尖球手、媒体、球迷及澳洲政府官员互相交流的机会。此外,还别出心裁地发起了"起亚业余网球公开赛""起亚球迷日"等系列活动,让无数网球迷更贴近此项赛事,积极参与其中。①

2013 年,起亚汽车公司与澳大利亚网球公开赛续约,继续作为澳洲网球公开赛的主赞助商,与澳网的合作延长到 2018 年。起亚汽车因此成为澳网历史上合作时间最长的主赞助商,和澳网结缘长达 17 年。

代表着法式情怀的著名品牌 LACOSTE 从 2009 年起赞助澳大利亚网球公开赛,并为赛事提供比赛现场的官方服装,实现年度重量级体育盛事与法式休闲风格的典范在澳网球场上激情碰撞。自此,LACOSTE 成为澳大利亚网球公开赛唯一指定运动服装赞助商。无论场内场外,所有工作人员及球童都会身穿 LACOSTE 提供的球衣。作为大赛赞助商,LACOSTE 在比赛现场设置了一个 350 平方米的专用零售区,用于陈列 LACOSTE09 春夏新款服饰以及全系列网球鞋和配饰,同时,现场还将展示澳网公开赛上 LACOSTE 为罗迪克和加斯奎特量身定做的运动服。

瑞士著名钟表制造商浪琴,作为法国网球公开赛的官方合作伙伴,决定寻找未来的网坛冠军。16 名从全球各地选出的孩子将在罗兰·加洛斯展开训练比赛,优胜者将与 10 年前的法网冠军库尔滕与皮尔斯进行一场令人兴奋的混合双打决赛。赛后,浪琴继续通过为品牌形象大使阿加西与格拉芙的慈善基金捐资,来支持那些需要救助的孩子。

温网的官方赞助商也镌刻着高贵优雅的印记,显示着低调冷傲的气质。尽管赞助经费高达 1500 万英镑,但依旧不能出现在赛场的最闪亮之处。看来要成为温网的赞助商,除了要具备雄厚的财力,还需有低调行事的涵养。在温布尔登网球赛场,巴克斯顿牌矿泉水静静地躺在球员餐厅的冰柜里,IBM 电脑蜷缩在新闻中心不起眼的角落,钟表之王劳力士被吊挂在花草掩映的墙壁上,偶尔才会被有时间感的观众匆匆瞥上一眼。②

获得大牌赞助商的持续支持,是赛事市场开发的保证,是逐步提升赛事

①现代汽车体育营销大事记:NBA 营销. 2012 - 07 - 04. http://auto. qq. com/a/20120704/000366. htm.

②走进温网:组委会闷声发大财,球场债券从 500 涨到 20 万. 2014 - 06 - 25. http://sport. sina. com. cn/t/2014 - 06 - 25/07147226645. shtml.

品牌价值的保障。而在商业赞助的背后起支柱作用的，则是来自世界各国的电视转播和新媒体直播，是它们确保着赞助商所需要的媒体曝光率和社会各界的更多关注。

电视转播权售卖是网球四大满贯直接且主要的经济来源，又是商业赞助的强大后援支持。20 世纪 60 年代末期，全英俱乐部开始收取电视转播费，英国 BBC 是温网的主转播商，为了获得 2005 至 2009 赛季的电视转播权，BBC 早在 2003 年就与温网签署了 5 年内支付 5000 万英镑的合同。

2011 年，BBC 宣布与温网的合约延续到 2017 年，为此他们付出每年约 4000 万英镑的转播费。为了从 NBC 手中抢到温网的转播权，ESPN 大幅度提升了转播费，为期 12 年的合同总价值约 5 亿美元。近年来，温网又将目标瞄准中国市场，去年他们与 CCTV 签订合约，也将这家中国最大的电视台首次请到了全英俱乐部。虽然转播费不高，但组委会的高层依旧非常满意，因为他们有了上亿的潜在观众群体。

温网电视转播遍布全球，欧洲、亚洲、非洲、美洲与大洋洲近 40 个国家和地区的 50 多家电台直播或转播温网比赛，同时还有欧洲、亚洲、非洲等 20 多个国家和地区的网络合作伙伴通过网络直播或转播温网比赛。（见表 6.6）

表 6.6 温布尔登网球公开赛电视转播范围表

国家或地区	转播机构
欧洲	
英国	BBC – TV
比利时	VRT/RTL/TVI
波斯尼亚	TAF
保加利亚	Diema VisionPlc
克罗地亚	HRTTV
捷克共和国	Czech Television
丹麦	TV2

续表

国家或地区	转播机构
法国	Canal +（Sport Plus）
乔治亚州	Channel1
德国	DSF、Premiere
希腊	SupersportakaIntervision
匈牙利	Sport1
爱尔兰	TG4
意大利	Sky SportsItaly
科索沃	TVKoha
马其顿地区	MKRTV
马耳他	Melita Cable
荷兰	RTL5
挪威	NRK
波兰	Polsat
葡萄牙	Sport TV
罗马尼亚	Sport TVR adio
俄国	NTVPlus
瑞士	SRG/SSR TV
西班牙	Canal +（Sogecable）
斯洛文尼亚	RTV
瑞典和挪威	Sport Expressen

续表

国家或地区	转播机构
塞尔维亚	RTS/TVCG
土耳其	Media Eye
世界范围	
美国	ESPNInc/NBC
加拿大	Global TVC anada/TSN Canada
澳大利亚	Channel9/Fox Sports
日本	NHK/Gaora
亚洲	ESPNStar Sports/BBTVThailand/Vietnam/cctv
拉丁美洲	ESPNSur/ESPNDos
南美洲	Globosat(Brazil)
中东	ART
新西兰	SkyNetwork/PrimeTV
南非	Supersport
其他地区	FijiTV

根据2015年美网全球电视转播计划，美网电视转播覆盖包括美国本土在内的200多个国家。其中，欧洲体育台作为欧洲地区电视转播合作伙伴，负责欧洲54个国家和亚洲14个国家的电视转播业务。ESPN掌管墨西哥、中美地区、南美地区及加勒比地区，福克斯体育台和天空体育台分别负责澳大利亚和新西兰，2015年美网全球电视转播国际合作伙伴还有WOWOW、TNT和中国中央电视台等。

目前，中央电视台推出了高尔夫网球频道，体育频道也安排有大量时间段转播网球赛事，全方位高频次全程直播网球四大满贯和ATP、WTA赛事以及戴维斯杯、联合会杯等国际顶级网球赛。

第四节 中网赛事

中国网球公开赛(ChinaOpen)是国际网球协会批准自2004年每年一届在中国已连续举办11届的大型国际网球比赛。由于中国的国际地位逐年提高,所以吸引了众多国际知名球员的青睐。2009年,中国网球公开赛在参赛球员构成(尤其是男子选手)、积分、规模、赛事奖金与硬件条件等方面再次升级,男子赛事为总奖金达到200万美元的500分赛事,女子赛事的总奖金至少为400万美元,总奖金升至600万美元,男子升级为ATP 500赛事,女子升级为WTA皇冠赛事,赛场也转移到刚举办完奥运会网球赛的国家奥林匹克网球中心。中国网球公开赛经过调整后,男子赛事为仅次于四大满贯和九站1000分赛事的十站500分赛事之一,女子赛事则为仅次于四大满贯赛的四个钻石皇冠赛事之一,即皇冠赛A9赛事,与印第安维尔斯大师赛、迈阿密大师赛和马德里大师赛并称"四大超级赛事"。2015年,中国网球公开赛汇聚了女子运动员的全部精英,小威廉姆斯、莎拉波娃、伊万诺维奇、阿扎伦卡、沃兹尼亚奇、布沙尔等顶尖高手都齐聚钻石球场,阵容豪华、精彩无限。男子现球王德约科维奇、老球王纳达尔等都如期来到奥林匹克公园网球中心,上演了十分精彩的对决。

一、赛事溯源

中国网球公开赛1993年开始举办,与卡塔尔公开赛和迪拜网球冠军赛一同作为职业网球联合会新设在亚洲的巡回赛。2004年9月,中国网球公开赛单列进行,举办地点位于北京市丰台区光彩路1号的北京光彩网球中心。北京光彩网球中心于2004年8月建成,占地总面积为8万多平方米,中央球场占地面积为7230平方米。北京网球中心共有网球比赛场地15片,其中包括中央球场一块,配以观众座椅10 800个,外围主赛场2块,配以观众座椅各1500个,以及外围练习场地12块。

2009年的中国网球公开赛将由北京光彩网球中心搬迁到奥林匹克公园网球中心,奥林匹克公园网球中心总建筑面积26 514平方米,共设置10块比赛场地。其中,中心赛场作为决赛场地,可容纳观众1万人,总的座席数为17 400个,另有练习场6块。奥林匹克公园网球中心比赛场地得到了WTA

主席拉里·斯科特先生的高度称赞,必将成为球迷们向往的网球圣地。

首届中国网球公开赛于 2004 年 9 月 10 日至 26 日在北京网球中心举行,是拥有 ATP、WTA 和 ITF 3 个国际网球组织赛事的顶级综合网球赛事,包括男、女单打、双打等四项职业赛事,第一届公开赛总奖金超过 110 万美金,吸引了 300 多名世界职业网球选手参赛。中网场馆除了正常赛事外,还为广大球迷提供众多的娱乐活动,其中包括可提高网球技巧的教学活动,丰富多彩的儿童及成人游艺项目,设立让球迷可以和喜欢的球星交流并获取签名的区域,更有大型的中国网球公开赛产品专卖店,美食餐饮以及可以随时了解各个场地战况的电视墙和比分板等。2006 年,中国网球公开赛成为在美国以外首次使用鹰眼系统的巡回赛。

从 2009 年开始,中国网球公开赛全面升级为亚洲顶级的综合性网球赛事。其中,中网女子赛事将成为仅次于大满贯赛的皇冠赛事,参赛人数也将由原来的 32 个正选席位扩大到 64 个席位,奖金更是由原来的 58.5 万美元升至不少于 400 万美元,冠军积分由 195 分增至 465 分,WTA 排名前 50 的球员必须参赛,如果世界排名前 10 的选手临阵退赛,将受到严厉的处罚。中网男子赛事将从目前的 3 级赛事升级为 ATP 500 系列赛,北京成为ATP 500 系列赛的十大举办城市之一。中国网球公开赛赛事位列四大公开赛及大师系列赛之后,冠军积分可以达到 500 分。升级后的男子赛事总奖金将由原来的 50 万美元提升到不少于 200 万美元。一系列的变化,使中网整体上达到一个接近大满贯的标准,加上国家体育总局网球运动管理中心商业配套设施的开发与完善,想必中网与国家奥林匹克网球中心将会展现一个新的自我,向着大满贯赛事进一步迈进。

二、商业赞助

赞助商和票务是大型赛事收入的主要来源,中网通过其自身影响力签下了国内外许多的知名企业,并获得了支撑的流动资金。

2006 年中网一共有 13 家赞助商,共分为首席赞助商、钻石赞助商和白金赞助商 3 类,3 个级别的赞助额度分别为 350 万、120 万和 50 万美元。

随着赛事的发展,可口可乐、IBM、雷达、法国鳄鱼、香格里拉、雅芳、奔驰等国际品牌也相继加入中网,这在以往中国赛事赞助上并不多见。搜狐、北京公馆、青岛啤酒的加盟,则显示了中国企业的力量。中国网球公开赛的绝大部分赞助商都是现金支付,当然,在一些我们同样需要花钱去购买的物品方面，赞助商会以一定的实物相抵。

与以往赛事赞助商片面追求影响、重视短期炒作相比，中网赞助商的选择更趋理性。有着20多年赞助顶级网球赛事历史的雷达表，善于运用体育营销利器的可口可乐，一贯强调赛事技术性与科技性的IBM，这些国际品牌参与中网赞助阵营几乎毫无悬念。法国体育和时尚品牌“鳄鱼”成为指定运动服装和球鞋赞助商，是其悠久赞助历史的延伸。此外，香格里拉作为酒店赞助商也加入中网赞助阵营，此酒店曾在2001年世界大学生运动会上作为组委会下榻的酒店，为中网提供了优质的服务。2007年，北京奔驰成为中网首席赞助商，中网获得大额度的资金支持；2008年，北京奔驰再次携手成为中网首席赞助商，同时，中网又获得中视体育、松下、青岛啤酒、梅赛德斯奔驰、索尼爱立信、KAPPA、佳能、中信银行和劳力士这9大白金赞助商的支持，获得了巨大成功。中国网球公开赛已经成为后奥运时代体育赞助市场的重要平台。中国网球公开赛的名气在提高，影响在扩大，产业平台也在不断提高，品牌价值也在步步提升，自然吸引更多的高端企业前来赞助。

中国网球公开赛与中国中央电视台历史性地达成了一项全球最大网球赛事的本土转播协议。中央电视台与中网的关系，正如英国广播公司与温布尔登及哥伦比亚广播公司与美国网球公开赛一样，为中网发展为世界顶级网球赛事之一的计划，提供了极大的帮助，确保中国和世界其他区域也可通过中央电视台观看赛事，这成为中网在全球范围内成功转播的保证。按照协议，中央电视台每天有长达7小时的网球转播，另外还有其他有关网球的精彩专题节目。这样一来，中央电视台每年确定有超过150小时的转播时段，比世界上任何网球赛事的本土转播时段都要长。中央电视台覆盖国内10亿人口，中央电视台第5套则覆盖7亿人口，毫无疑问，这是网球史上最庞大的本地观众群。此外中国网球公开赛的国外电视转播机构还包括美国Mediazone、罗马尼亚Telesports、阿根廷TYC等28家电视机构。这些国际电视转播机构将为中网在世界范围内的推广提供最佳的舞台。

2015年，中国网球公开赛首席赞助商为北京奔驰，钻石赞助商为中国人寿、中信银行和劳力士表业。2015年8月12日，中国银联与中国网球公开赛在北京共同宣布，中国银联成为2015—2017年度中国网球公开赛白金赞助商。中国银联作为中国网球公开赛的官方指定支付品牌，是中网历史上支付领域的首个合作品牌。中国银联卡作为赛事的官方指定用卡，持卡人可以尊享亲情回馈，由银联补贴购买赛事门票和纪念品10%的优惠。此外，银联卡持卡人还可参加球星见面会、“未来大师赛”等多场互动活动，银联白金卡、钻石卡持卡人更可享受专属 VIP 权益及额外优惠赠礼。中国网球公开赛的其他白金赞助商还有科罗娜、嘉实基金、昆仑山雪山矿泉水、葆莛康、E 租宝和 IBM，独家合作伙伴包括北京正通、卡萨帝、利雅得、业之峰装饰、滴滴打车、红牛、杰卡斯、中央电视台体育频道、新浪和爱奇艺。

三、门票销售

在赛事票务开发方面，中网组委会与爱玛票务公司签订了长期协议。爱玛票务公司是由北京青年报集团的下属公司小红帽与全球领先的体育和娱乐公司合作创建的。中网几年来的票价几乎没有变化，价位从 10 元到 1280 元不等，学生票甚至低至 5 元。为了让更多的球迷观看到超水平的比赛，中网组委会推出了 5 元看 14 个外场比赛的超低价位门票。为了营造热烈的赛场气氛，吸引更多观众，中网组委会在赛场内举办了网球嘉年华。

2008 年，中国网球公开赛联手林肯公园热力引爆，凡持有中网联票的观众，不仅可以观看中网 2 天预选加上 7 天正选的 88 场比赛，还可以获得通行证，免费畅行林肯公园 2008 世界巡回演唱会十月北京站演出。联票观众还可以通过抽奖获取往返美国机票、网球俱乐部年卡等诸多丰厚奖品。联票共分 4600 元、3500 元、1200 元三个档次，并根据票价来划分座位。

2015 年 8 月 3 日，中国网球公开赛在钻石球场举行盛大开票仪式，宣布将派发 2000 万红包。8 月 4 日上午 11 点，球迷可以通过中网自营销售平台、中网官方热线、中网官方微信以及数十家销售代理购买包括包房、包厢、贵宾散座、看台票等所有票品在内的所有门票。球迷还可以通过中网官网、中网官方微信抢红包，直接抵票价款，最高可至七折。对于“抢红包”的玩法，中网也做了很多功课，最终给球迷了一种实惠、快捷、简单的方式：只需要登录官网或者关注官方微信，就可以领取价值 5560 元的购票红包，其中包含 8 张不同面值的代金券，最大面值一张可达 3000 元。购票球迷可以根据自己的需要选择使用，也可以转送朋友、家人。

一个月之前，中网别出心裁地推出了“愉快地玩耍”和“任性地翘班”两大套票，同时拿出决赛黄金座席供网球爱好者提前预订，深受球迷欢迎，半数票品售罄，票房远远超过上赛季同期。

经过 12 年的努力，中网早已得到了球迷的认可，也被大众熟知，越来越多的人想要了解网球运动并希望去中网看比赛。与此同时，中网的发展前景和市场价值也得到了越来越多的顶级品牌的认可，赞助体系稳固发展。今年，赛事也迎来了新的合作伙伴——联手体育之窗共同推进票务营销。

中网签约体育之窗可谓强强联手，双方达成了长期合作意向，签署了约两亿元的合作项目，旨在共同促进网球运动在国内的发展。体育之窗作为中国领先的体育产业平台，历经十多年的积累，努力打造全体育生态链，在体育赛事、场馆运营等领域都有丰富的经验，同时也是包括北京国安、上海申花、天津泰达等在内的6支中超球队及首钢篮球队的票务代理。此次牵手中网，旨在融合两家优势，打造全新的体育产业模式。

第七章 最贵族的运动——高尔夫

高尔夫被誉为是贵族运动，在中国大陆这种称呼更加名实相符。首先，在中国大陆很多地方，高尔夫球的消费非一般百姓所能承受，动辄上千元，几个朋友的消费可以超过万元人民币，球具开支也不小；其二，高尔夫球场一般在风景名胜地，占地面积通常几千亩，配置豪华会所，建造和维护耗资巨大；其三，高尔夫不仅是锻炼身体的好项目，更是商贾名流休闲旅游的好项目。就连一些高端媒体采访，往往都会选择在高尔夫球场，从而催生出高端商务政务新闻采编专业的学生热衷学习的高尔夫球新课程。

很多时候对高尔夫的解释都会围绕“GOLF”几个英文字母展开，认为是Green、Oxygen、Light 和 Friendship 的缩写，代表着自然、运动与生活。“G”代表高尔夫球场的主色调绿色，绿色寓意大自然的美丽，打高尔夫球是回归自然，享受自然享受绿色；“O”代表氧气，氧气是人类生命中不可缺少的元素，打高尔夫球即是张开双臂拥抱大自然馈赠的新鲜空气；“L”代表阳光，阳光是一切生命的乐符动感，打高尔夫球是享受生命阳光，谱写生活乐章；“F”代表友谊，球手们可以在击打高尔夫球的过程中，建立真诚信赖的球友情谊。

高尔夫运动是一项时尚的体育休闲运动，自 15 世纪这项运动诞生至今，已经过了 500 多年的发展历史，现代高尔夫已经成为一项全球性的体育产业。不管从体育运动的角度，还是休闲娱乐的角度分析，欧美等西方发达国家以及经济发展迅速的亚洲国家和地区的高尔夫的发展，都体现了产业性和经营性的特点，高尔夫球迅速成为新兴的产业。

高尔夫的温婉、时尚、高贵等特点得到众多顶级品牌的青睐，在高尔夫赛事中，各种奢侈名品在赛场内外异常活跃，豪车、名表都踊跃赞助各种顶级高尔夫赛事,欧米茄、豪雅、劳力士和西铁城等名表是各类顶级赛事赞助的常客,奔驰、宝马、沃尔沃、别克等名车品牌热衷于冠名各项高尔夫赛事,香车、美女、名表形成了高尔夫赛场的独特风景。顶级赞助商的大力支持,使高尔夫赛事高手云集,经典对局异常火热,一杆进洞奖常常引爆球员、球迷和媒体的热情。当然,此时冠名一杆进洞奖的赞助商必然成了最大赢家,达到了最佳赞助效果。通过赞助高端的高尔夫赛事,赞助商找到了一个品牌传播的高端平台,并通过这个高端平台向自己的目标消费群准确传递自己最急切的消费服务诉求。

目前,与高尔夫赛事合作最多的首推汽车产业,各种各样的汽车品牌如梅塞德斯、克莱斯勒、凯迪拉克、别克、尼桑、本田、雷诺、宝马、沃尔沃等争先恐后地出现在高尔夫赛场。由于高尔夫球场通常都远离闹市,球员驾车前往赛场成了必要条件,汽车品牌赞助高尔夫赛事显得理所应当。驾驶什么品牌的汽车前往球场,往往会和什么级别的赛事冠名相契合,这是体现其经济实力和赛事规格的指标。因此,在世界第一大职业高尔夫球赛美国 PGA 巡回赛中,汽车厂商冠名的赛事始终占据着最高的比例。在 2007 年 47 场 PGA 比赛中,由汽车品牌冠名的场次达到了近 1/3。除每年作为 PGA 揭幕战役的梅塞德斯锦标赛外,克莱斯勒、别克、尼桑、本田、雷诺、宝马等多家国际知名汽车品牌赫然在列。此外,还有 2007 年刚与休斯敦公开赛续签 5 年冠名赞助、成为美巡赛历史上冠名赞助时间排名第九位的润滑油厂商壳牌以及全球知名的轮胎制造商普利司通等汽车相关产业。2015 赛季欧巡赛的赞助商依然是凯迪拉克、宝马、沃尔沃等。紧随汽车品牌之后的高尔夫球赛事赞助商是金融行业、电信业、IT 和其他奢侈品品牌,比如美国福来德曼投资银行、万事达卡、苏黎世、美联银行、美国银行、德意志银行、莱利银行、商业银行、马来银行、土耳其航空、AT&T、贝尔和登喜路等。

当前,全球高尔夫球场数与日俱增,美国是公认的第一高尔夫大国,集中着全球顶级赛事,集中着世界上数量众多的顶级高尔夫球员。不仅美巡赛系列赛的经典赛事诞生于美国,欧巡赛的最高规格的赛事也非美国莫属。目前,美国约有大小高尔夫球场 1. 3 万个,全美高尔夫人口达 2500 万,青少年打球人口为 300 万,占比 12. 3%。

在美国这片高尔夫球沃土上,锤炼出了泰格·伍兹一代巨星,巴巴沃森、米克尔森、扎克·约翰逊等名将在全球顶级高尔夫球大赛中屡有出色表现。在伍兹职业生涯巅峰时期，运动员财富榜榜首几乎是他的专属区。2008 年《体育画报》刊登的 2007 年全球运动员收入财富榜上，高尔夫球星伍兹以 2290 万美元的比赛奖金、1.05 亿美元的广告代言及出场费 1.279 亿美元的年收入排名榜首。在全球运动员财富排行榜里，高尔夫球员常常高居前列。2015 福布斯全球运动员收入榜前 20 名选手中，米克尔森（5080 万美元）、伍兹（5060 万美元）和麦克罗伊（4830 万美元）分列第 8、9、12 位。世界超一流高尔夫球手都有自己的私人飞机，伍兹就是乘着私人飞机满世界打球的代表。

第一节　遥远传说

有关高尔夫运动的起源，众说纷纭。根据史料的记载，专家们归纳出三种说法。一种说法是高尔夫球起源于荷兰，认为高尔夫球为荷兰文 KOLF 的音译。按照"高尔夫球荷兰传说"，1000 多年以前，荷兰的放羊牧童们闲暇时，常常用手里的牧羊棍打击小石头，经常比赛谁击得远谁击得准，或是谁击打得又远又准。按照这一说法，倒很像是高尔夫练习场的模样，有点类似高尔夫球运动的雏形。第二种说法是高尔夫球运动发祥于英国。据说很早之前，有一个苏格兰牧羊人，闲来无事，就用赶羊的木棍将石子不小心打进兔子洞，从而灵光一现发明了这项运动。苏格兰怡人的气候以及大片的牧场和优越的地理环境，适合高尔夫球运动发展。1744 年，苏格兰成立了史上第一个高尔夫球俱乐部——爱丁堡高尔夫荣誉社团（Honourable Company of Edinburgh Golfers）。近代高尔夫"一场 18 洞"的比赛规则，也是在苏格兰创立的，并且第一次高尔夫巡回锦标赛也是在苏格兰举办的。不久后，现代化的高尔夫运动由苏格兰传往英格兰，再普及到全世界。1766 年，在英国伦敦成立了 The Blackheath Club，成为第一家在苏格兰以外的高尔夫球俱乐部。1787 年，美国第一家高尔夫球俱乐部成立，并于 1894 年成立了美国高尔夫球协会（USGA）。

中国的高尔夫球运动的发展是改革开放的产物，从接触到开发建造高尔夫球场只有 30 多年时间，但不乏有人将中国也纳入到高尔夫球诞生之地的序列，形成高尔夫球起源地的第三种传说。据他们提供的历史记载，中国的高尔夫球类似足球一样有着悠远历史，在唐朝时期就有了原型。早在唐代，中国民间就出现了一种叫作“捶丸”的体育活动，酷似高尔夫运动。顾名思义，捶者击也，丸者球也，并且是击球入洞。到了宋元之际，捶丸运动流行于我国北方民间，宋代的一张捶丸图可为佐证。

现在看来，高尔夫球起源地已经不再具有争议的价值。不管高尔夫球起源于哪个国家和地区，它已经不再是一个区域的小众化体育运动，而是一个充满朝气、覆盖从 8 岁到 80 岁年龄段的、休闲健身与正面竞技完美结合的运动。

从商业体育的视角考察，商业高尔夫球运动在世界范围内基本上是两条主线，一条考察路径是充满活力、不断成长的欧巡赛，另一条考察路径则是明星齐聚、粉丝簇拥的 PGA 美巡赛。

一、欧巡赛

欧巡赛国际赛程是一个充满活力、不断成长而又青春不老的国际品牌。欧洲挑战巡回赛注重培养未来之星，全年安排有 30 场左右的赛事，让年轻选手能得到更多锻炼。欧洲常青巡回赛则为那些年满 50 岁的冠军们提供一个新起点，让他们获得第二次竞技生命。

欧巡赛 1972 年成立之初，奖金只有 25 万英镑。20 年之后，欧巡赛得到了长足发展。2004 年，欧巡赛国际赛程一共包括 45 站比赛，举办的国家或地区多达 23 个，赛事总奖金超过了千万欧元，其中，欧洲挑战巡回赛奖金为 437 万欧元，欧洲常青巡回赛奖金则达到 657 万欧元。

转眼又是一个十年过去，欧巡赛奖金大幅度增长。2015 年，仅从 1 月 15 日开始的阿布扎比锦标赛、卡塔尔多哈的商业银行大师赛、阿联酋迪拜的欧米茄沙漠精英赛、马来银行公开赛、泰国精英赛、新德里的英雄印度公开赛、美国佛罗里达的凯迪拉克锦标赛、葡萄牙的马德拉岛公开赛、摩洛哥阿加迪尔哈桑二世杯、美国佐治亚州的美国大师赛到 4 月份的中国深圳国际赛、沃尔沃上海中国公开赛，以及 4 月 29 日—5 月 2 日美国加州 TPC 哈代公园的 WGC 凯迪拉克世界比洞赛，历经 4 个月 13 站赛事，总奖金就已接近 6000 万美元。其中，在美国举行的欧巡赛都是金色铺地，美国加州 TPC 哈代公园的 WGC 凯迪拉克世界比洞赛总奖金高达 1000 万美元，美国佛罗里达的凯迪拉克锦标赛和美国佐治亚州的美国大师赛的总奖金都是 900 万美元。(见表 7.1)

表 7.1　2015 赛季欧巡赛完整赛程及部分公布的奖金表

日期	赛事(总奖金)	举办地
2014 年 12 月 4 日—7 日	莱利银行挑战赛(650 万美元)	南非太阳城普莱耶乡村俱乐部
2014 年 12 月 11 日—14 日	登喜路锦标赛(150 万欧元)	南非豹溪乡村俱乐部
2015 年 1 月 15 日—18 日	阿布扎比锦标赛(270 万美元)	阿布扎比高尔夫俱乐部
2015 年 1 月 21 日—24 日	商业银行大师赛(250 万美元)	卡塔尔多哈高尔夫俱乐部
2015 年 1 月 29 日—2 月 1 日	欧米茄沙漠精英赛(265 万美元)	迪拜酋长高尔夫俱乐部
2015 年 2 月 5 日—8 日	马来银行公开赛(300 万美元)	吉隆坡高尔夫乡村俱乐部
2015 年 2 月 12 日—15 日	泰国精英赛(200 万美元)	华欣黑山高尔夫俱乐部
2015 年 2 月 19 日—22 日	英雄印度公开赛(150 万美元)	新德里德里高尔夫俱乐部
2015 年 3 月 5 日—8 日	凯迪拉克锦标赛(900 万美元)	佛罗里达多拉度假村蓝魔球场
2015 年 3 月 19 日—22 日	马德拉岛公开赛(60 万欧元)	葡萄牙圣塞拉高尔夫俱乐部
2015 年 3 月 26 日—29 日	哈桑二世杯(150 万欧元)	摩洛哥阿加迪尔皇宫高尔夫球场
2015 年 4 月 9 日—12 日	美国大师赛(900 万美元)	乔治亚州奥古斯塔高尔夫俱乐部
2015 年 4 月 16 日—19 日	深圳国际赛(250 万美元)	中国深圳正中高尔夫球会
2015 年 4 月 23 日—26 日	沃尔沃中国公开赛(300 万美元)	汤臣上海浦东高尔夫球场
2015 年 4 月 29 日—5 月 2 日	WGC 凯迪拉克世界比洞赛	美国加州 TPC 哈代公园
2015 年 5 月 21 日—24 日	宝马 PGA 锦标赛	英格兰温特沃斯俱乐部西球场
2015 年 5 月 28 日—31 日	爱尔兰公开赛	皇家乡村高尔夫俱乐部

续表

日期	赛事(总奖金)	举办地
2015年6月4日—7日	北欧大师赛	瑞典国家PGA球场
2015年6月11日—14日	奥地利公开赛	奥地利钻石高尔夫俱乐部
2015年6月18日—21日	美国公开赛	华盛顿钱伯斯湾高尔夫俱乐部
2015年6月25日—28日	宝马国际公开赛	德国慕尼黑,埃谦里高尔夫俱乐部
2015年7月2日—5日	法国公开赛	巴黎国家高尔夫俱乐部
2015年7月9日—12日	苏格兰公开赛	苏格兰古兰高尔夫俱乐部
2015年7月16日—19日	第144届英国公开赛	苏格兰,圣安德鲁斯老球场
2015年7月23日—26日	欧米茄欧洲大师赛	瑞士克莱恩斯希瑞高尔夫俱乐部
2015年7月30日—8月2日	保罗劳瑞比洞赛	苏格兰穆卡林克斯高尔夫俱乐部
2015年8月6日—9日	WGC普利司通邀请赛	俄亥俄州火石乡村俱乐部
2015年8月13日—16日	美国PGA锦标赛	威斯康星州呼啸峡
2015年8月20日—23日	丹麦公开赛	希默兰半岛高尔夫度假酒店
2015年8月27日—30日	捷克大师赛	捷克信天翁高尔夫度假村
2015年9月3日—6日	M2M俄罗斯公开赛	具体举办球场待定
2015年9月10日—13日	KLM公开赛	荷兰肯尼梅尔高尔夫俱乐部
2015年9月17日—20日	第72届意大利公开赛	米兰高尔夫俱乐部球场
2015年9月24日—27日	欧洲公开赛	德国巴特格里斯巴赫高尔夫度假村
2015年10月1日—4日	登喜路林克斯锦标赛	苏格兰圣安德鲁斯老球场
2015年10月15日—18日	葡萄牙大师赛	欧西尼科维多利亚高尔夫球场
2015年10月22日—25日	香港公开赛	香港粉岭高尔夫俱乐部
2015年10月29日—11月1日	宝马大师赛	上海美兰湖高尔夫俱乐部
2015年11月6日—9日	WGC汇丰冠军赛	上海佘山国际高尔夫俱乐部

续表

日期	赛事(总奖金)	举办地
2015 年 11 月 13 日—16 日	土耳其航空公开赛	蒙哥马利马克斯皇家高尔夫俱乐部
2015 年 11 月 20 日—23 日	DP 世界巡回锦标赛	阿联酋迪拜朱美拉高尔夫庄园

从表 7.1 可以看出欧巡赛 2015 赛季的完整赛程,在 11 个月的时间里至少迎来 47 场高尔夫比赛,比 2014 赛季增加了 6 场新赛事,包括在中国举行的深圳国际赛、在泰国华欣黑山高尔夫俱乐部举行的泰国精英赛、印度公开赛、毛里求斯公开赛、在苏格兰举行的保罗·劳列比洞赛和在德国举行的欧洲公开赛。

2015 年欧巡赛举办国家或地区总共 26 个,美国、英国和南非等高尔夫球发达国家承办了分量极重的赛事,汇聚了美国大师赛、美国公开赛、英国公开赛和美国 PGA 锦标赛四大赛事,以及赛事总奖金高达 650 万美元的南非太阳城莱利银行挑战赛、美国加州的 WGC 凯迪拉克世界比洞赛(总奖金 1000 万美元)和美国佛罗里达的凯迪拉克锦标赛(总奖金 900 万美元)。欧巡赛自从 2011 年踏上中国大陆,就呈现出勃勃生机。在整个 2015 赛季的欧巡赛赛程里,中国总共迎来 5 场欧巡赛,它们是深圳国际赛、沃尔沃中国公开赛、香港公开赛、BMW 上海大师赛和世锦赛上海汇丰冠军赛。

2011 年,中国深圳观澜湖举办首届欧洲常青巡回赛,首届赛事于 3 月 11 日至 13 日在观澜湖尼克劳斯球场举行,总奖金为 35 万美元。中国深圳欧洲常青巡回赛全名为“ISPS Handa 世界常青传奇锦标赛”,观澜湖高尔夫球会作为重要合作伙伴为赛事提供场地和运作支持。三大世界级品牌劳力士、路虎以及 CNN 共同赞助这项赛事,通过在中国创造的这个史无前例的常青巡回赛事,打破了国际高尔夫的原有格局。

二、PGA 美巡赛

PGA 美巡赛是最早期的世界顶级高尔夫球员俱乐部组织,每年举办包括 PGA 巡回赛、冠军巡回赛、韦伯网巡回赛、拉美巡回赛、加拿大巡回赛和中巡赛 - 美巡中国系列赛在内的 120 场锦标赛。PGA 美巡赛的第一要务是娱乐和激励它的粉丝们,助其合作伙伴实现价值,为志愿者们创造利益回馈,在赛区范围内创造经济影响以及组织慈善捐助，同时为美巡赛参赛球员提供丰厚奖金。

在世界范围内，PGA 巡回锦标赛电视转播覆盖到 225 个国家近 9.45 亿户家庭，以 32 种国际语言进行现场直播。2007 年—2012 年 PGA 巡回赛（不包括四大满贯赛事）由 CBS 体育频道担任 PGA Tour 的主要报道合作伙伴，每赛季逐步增加报道 16 至 19 个赛事，NBC 体育频道增加 5 至 10 个赛事的报道。另外，The Golf Channel 成了该巡回赛 15 年间的互联网转播商。在中国，PGA Tour 的独家合作伙伴为广东高尔夫频道，其所有的比赛皆由此频道进行直播，新媒体版权则属于广东高尔夫频道旗下网站。

2015 年 3 月，乐视体育与美国职业高尔夫巡回赛达成 2015 年的新媒体转播合作，乐视高尔夫正式加入美巡赛全球持权转播商的大家庭。乐视将首次通过乐视网、乐视视频、乐视体育看球移动客户端、乐视超级电视等终端，超清呈现世界男子职业高尔夫的第一巡回赛，向中国高尔夫球迷提供极致的美巡视频服务。目前，乐视体育的高尔夫版权王国已覆盖美国大师赛、英国公开赛、PGA 锦标赛、欧巡、亚巡、LPGA、莱德杯、汇丰冠军赛等世界顶级高尔夫比赛，未来还将有更多精彩高尔夫球赛事携手乐视体育。

美巡赛几乎所有赛事都是非营利性的，只为了慈善事业。2013 年，所有比赛为当地慈善组织产生超过 1.3 亿美元资助，巡回赛历史上慈善总捐款额达到 20 亿美元。美巡赛注重新媒体传播，已经开通 PGA 巡回赛的网站为 PGATOUR. COM，这是世界第一的高尔夫网站，总部设在美国佛罗里达的蓬特韦德拉海滩。为了开发日益活跃的中国高尔夫球市场，与广大高尔夫球爱好者亲密联系，美巡赛—美巡中国系列赛官方网正式开通。

PGA 美巡赛冠军巡回赛是为 50 岁以上的过往冠军开放的一个竞技、娱乐高尔夫巡回赛平台。查尔斯·施瓦布杯作为一项赛季球员积分制巡回赛，进入了第 14 个赛季。2014 年的参赛球员包括了美国以外的来自 16 个国家的 22 名球员。

韦伯网（Web. com）巡回赛是美巡赛唯一的资格赛，每年 50 张美巡赛的入场券全部由此产生。直到 2013 年，出自 Web. com 冠军巡回赛的选手共夺取了 365 站美巡赛的冠军，美巡赛 3/4 的会员都打过 Web. com 冠军赛。2014 年赛事选手除美籍选手外，还包括来自 17 个国家的 77 名非美籍球员。

美巡赛 NEC 系列赛——拉美巡回赛创建于 2012 年，是一项由美巡赛官方和拉美高尔夫联合会及推广成员共同合作创办的专业高尔夫赛事。2012

年9月—12月，第一届便举办了11场赛事，举办地包括墨西哥、哥伦比亚、巴西、阿根廷、秘鲁、多米尼加共和国和波多黎各在内的7个拉美国家。到2013年，举办国增加了乌拉圭和智利达到9个国家，规模也扩充到14站比赛。2013年4月，赛事与NEC签署了独家赞助协议。

美巡加拿大系列赛的前身是加拿大巡回赛，共有9站比赛，赛事横跨加拿大全境。赛事创立于1971年，至今已经成为一项高水平、大跨度的赛事，是专业球手检验状态的首选。在此项赛事中脱颖而出的选手不仅包括加拿大的许多传奇名将，同时还有来自全世界的精英球员。直到2013年，这些选手们总共拿下了115站美巡赛的冠军。2013赛事从6月开始，全年9场72洞比杆赛共产生了15万美金的奖金。

伍兹是最近10年来美巡赛的最大赢家，共斩获56个冠军，辛格赢得26个冠军，米克尔森和肯尼·佩利分别是24个和11个。

2013年，美巡中国系列赛创建。这是经国家体育总局批准，由小球运动管理中心及中国高尔夫球协会主办、美巡赛认证，中奥体育产业有限公司在中国独家运营推广的国家A类体育赛事，作为中国最高级别的男子职业高尔夫球巡回赛，是美巡赛3大区域顶级巡回赛之一，是PGATOUR覆盖亚洲的唯一核心赛事，是直通美巡赛的唯一通道。美巡中国系列赛全年12场赛事，横跨中国大陆全境，完全按照国际化标准运营，目的是吸引更多的优秀选手参加，为中国职业高尔夫选手提供一个软硬兼备的竞技舞台，为2016年奥运会以及中国高尔夫运动的全面发展添砖加瓦。

2015年，美巡中国系列赛包括国际资格赛、中国区资格赛、平安公开赛、别克公开赛、凯迪拉克公开赛、云南玉龙湾公开赛、重庆公开赛和海南公开赛等，分别在北京、上海、武汉、深圳、郑州、柳州、重庆和嘉兴等地开杆。

美巡赛中国系列赛的官方合作伙伴为凯迪拉克和中粮君顶酒庄，赞助商包括SRIXON、lecoqsportif，官方合作媒体有中央电视台体育频道、中央电视台体育赛事频道、新浪高尔夫、腾讯高尔夫、乐视高尔夫、《高尔夫大师》杂志、《高尔夫大视野》《高尔夫人》《高尔夫周刊》《新京报》，还有旅游卫视和中国新闻网等。

第二节　高额奖金

现代高尔夫运动以成绩论英雄，以奖金排名次。高尔夫球手能长期雄踞国际球员收入榜前列，靠的是各类大赛的高额奖金和高端广告代言收入。2009 年，欧巡赛收官站迪拜世界锦标赛成为当时世界上奖金最高的高尔夫赛事，总奖金达到 1000 万美元，冠军奖金则高达 166 万美元。

在 2013 年 6 月最新一周美巡奖金榜排名中，英雄迟暮的伍兹仍能以 586. 250 万美元的赛季奖金位居第 1。美国球手马特 · 库查尔和布兰德特 · 斯内德克尔分别以 433. 308 万美元和 338. 806 万美元排名第 2 和第 3。美国名将米克尔森在圣裘德精英赛事中获得并列第 2，拿到 50. 16 万美元，赛季奖金以 272. 188 万美元列第 4 位。

时过境迁，2015 年前 7 个月的美巡赛似乎成了乔丹 · 斯皮思的表演舞台、一代球王伍兹无论在世界排名还是奖金榜上都已经一落千丈，掉到了 266 位。90 后小将斯皮思在比赛中展现出高超的球技和过人的镇定，接连加冕今年的美国大师赛和在钱伯斯湾举行的美国公开赛，成为历史上第 6 位获得这项成就的选手，首次获得世界排名第 1，并且以 917 万美元奖金、高出第 2 名巴巴 · 沃森 472 万美元排名美巡赛球手第 1。澳大利亚小将杰森 · 戴伊在加拿大高尔夫公开赛上实现 2015 赛季第 2 个美巡赛胜利之后，世界排名从第 9 位上升到第 4 位，追平了生涯峰值，其奖金合计 414. 021 万美元，紧追名将麦克罗伊，排名升至第 6 位。（见表 7. 1）

表 7　2013 赛季和 2015 赛季美巡赛奖金榜

排名	2013 年 6 月		2015 年 7 月	
	球员	奖金（万美元）	球员	奖金（万美元）
1	老虎伍兹	586. 250	乔丹 · 斯皮思	917. 022
2	库查尔	433. 308	巴巴 · 沃森	472. 452
3	斯内德克尔	338. 806	达斯汀 · 约翰逊	435. 533
4	米克尔森	272. 188	吉米沃克	419. 069
5	霍斯切尔	270. 672	麦克罗伊	414. 785
6	斯垂尔曼	257. 299	杰森 · 戴伊	414. 021

续表

排名	2013 年 6 月		2015 年 7 月	
	球员	奖金(万美元)	球员	奖金(万美元)
7	斯科特	232.755	扎克·约翰逊	388.369
8	维克利	230.751	贾斯汀·罗斯	337.743
9	布拉德利	216.920	霍尔姆斯	325.110
10	D.波恩茨	215.102	斯勒德克尔	323.879
11	史翠克	197.714	查尔·霍夫曼	322.460
12	麦克道尔	191.065	凯文·基斯纳	310.358
13	杰森·戴伊	186.992	罗伯特斯莱博	307.412
14	达斯汀·约翰逊	186.718	松山英树	297.765
15	亨特·马汉	182.330	帕特里克·瑞德	290.262
16	拉塞尔·亨利	180.003	路易·乌修仁	289.398
17	英格里希	179.333	瑞奇·福勒	282.192
18	韦伯·辛普森	175.902	李真明	274.152
19	豪威尔三世	173.900	吉姆·福瑞克	269.758
20	裴相文	160.476	保罗·卡西	265.403

这位劳力士形象代言人在比赛中展现的勇气和专注精神都体现了冠军的风采,而斯皮思在场下表现出的正直与诚信也使他成为楷模,为全球高尔夫选手带来启迪。在通往辉煌的道路上,斯皮思从小就学会如何在比赛中取胜,他在早期就享有成功的业余球员生涯。这位德克萨斯少年在2009 和2011 年期间,多次获得美国青少年业余锦标赛的冠军,成为继伍兹之后获得该赛事最多冠军的第一人,并被美国青少年高尔夫协会评选为2009 年劳力

士年度青少年球员。斯皮恩在19岁时转为职业选手,成为参加总统杯比赛最年轻的选手,截至目前他已赢得5项PGA巡回赛,其中包括两项大满贯赛事。

随着收官战迪拜世界锦标赛落幕,欧巡赛2011年度奖金榜单出炉。世界头号高尔夫球手卢克·唐纳德以532.34万欧元的奖金位居榜首,他在2011年10月还拿到了美巡赛奖金王称号,成为第一位在同一赛季赢得欧巡赛、美巡赛双料奖金王的球手。北爱尔兰选手麦克罗伊位居第2位,德国选手马汀·凯梅尔居第3位,李·韦斯特伍德、托马斯·比约恩、加西亚和西蒙尼斯等名将金榜题名。2011年下半年,俨然就是比约恩的欧巡赛。2011年8月29日,托马斯·比约恩获得欧巡赛总奖金为140万英镑的尊尼获加锦标赛冠军,2011年9月,比约恩再展雄风,获得欧巡赛场上总奖金为200万欧元的欧米茄欧洲大师赛冠军。

到了2014赛季,丹麦老将托马斯·比约恩凭借2013年底的莱利银行挑战赛冠军的丰厚奖金和2014年开年之初连创佳绩,以916.786万欧元的奖金长时间位居第一,2011赛季的欧巡赛奖金榜冠军卢克·唐纳德成绩下降奖金跌落到第5位,加西亚、路易乌修仁和舒瓦特泽分列奖金榜2、3、4位。(见表7.2)

表7.2　2011赛季和2014赛季欧巡赛奖金榜

排名	2011年12月		2014年2月	
	球员	奖金(万美元)	球员	奖金(万美元)
1	卢克·唐纳德	532.340	托马斯·比约恩	916.786
2	麦克罗伊	400.217	加西亚	741.475
3	马丁·凯梅尔	348.903	路易·乌修仁	579.235
4	舒瓦特泽	292.983	舒瓦特泽	507.433
5	韦斯特伍德	243.960	卢克·唐纳德	500.092
6	奎罗斯	225.924	布兰登	446.074

续表

排名	2011 年 12 月		2014 年 2 月	
	球员	奖金(万美元)	球员	奖金(万美元)
7	安德汉森	207.437	加拉赫	402.949
8	加西亚	196.272	巴布洛	339.151
9	托马斯·比约恩	181.412	路易滕	326.171
10	西蒙尼斯	169.478	马德森	318.693
11	达伦·克拉克	159.042	艾洛宁	310.130
12	吉米内兹	157.045	范德沃特	298.517
13	彼得·汉森	150.059	沃特尔	274.203
14	诺伦	142.764	亨利克·斯滕森	270.350
15	路易·乌修仁	140.913	吉米内兹	243.173
16	麦克·道威尔	123.046	布乐敦	221.449
17	帕布罗	118.304	埃米利·亚诺	220.501
18	保罗·洛瑞	114.201	贝罗	207.100
19	冈萨罗	111.406	麦克罗伊	206.821
20	尼古拉斯	109.150	戴伦·费查特	201.926

世界比洞锦标赛是欧巡赛中奖金最高的赛事之一,总奖金高达千万美元。2014 年 2 月 24 日,总奖金 900 万美元的 WGC 埃森哲世界高尔夫比洞赛在美国亚利桑那州图森鸽子山丽思卡尔顿高尔夫俱乐部举行,澳大利亚选手贾森·戴伊在决赛中艰苦击败法国选手维克多·杜比松,最终夺得冠军,得到了 153 万美元的巨额奖金。

2014 年 10 月 15 日至 19 日,欧洲版的世界比洞锦标赛自 1964 年举办首届比赛以来已经是第50届了,此赛事在英格兰肯特郡的伦敦高尔夫俱乐部举行,赛事总奖金225万欧元,冠军奖金65万欧元。芬兰球手米科·艾洛宁力挫瑞典名将斯滕森夺冠,艾洛宁成为首位夺得沃尔沃世界锦标赛的芬兰球手。

2015年,WGC世界比洞赛改变了需要3天才能决出最终冠军归属的赛制,总奖金小幅提升达到950万美元,麦克罗伊赢得全部7场比赛,赢下了157万美元高额奖金,第2名伍德兰德赚到了93万美元。2015年的赛制安排,比赛形式与足球世界杯如出一辙,赛前要进行抽签分组。

世界排名前64名的球员有资格参加比赛,这64人按照世界排名分成4个等级,世界前16名将作为每一个小组的头号种子选手,每一个等级的球员进行抽签进入一个小组进行循环赛,16强产生后进行个人对抗淘汰赛。美国高尔夫频道与NBC从小组抽签就开始进行直播,总直播时间长达33小时,创下了该赛事电视直播时间历届之最。

毫无疑问,高尔夫球四大满贯PGA世界锦标赛、英国公开赛、美国公开赛和美国大师赛是当之无愧的奖金之王,从2015年开始,四大满贯赛的总奖金都是1000万美元,冠军奖金为180万美元。

一、PGA锦标赛

1916年,PGA锦标赛在美国创办,逐渐成为每年一度的高尔夫球顶级赛事,与英国公开赛、美国大师赛和美国公开赛一起,组成了世界职业高尔夫球坛四大满贯赛事。与另外三个大满贯赛不同的是,PGA锦标赛只有职业选手才可以参加。与其他大满贯赛事一样,PGA锦标赛的优胜者将取得直接参加其他赛事的优先权,在取得冠军后,球员可以自动获邀参加此后5年内的其他3项大满贯赛事,同时也将获得终生直接晋级PGA锦标赛正赛的资格。另外,冠军获得者可以直接参加今后5年内的PGA巡回赛全部比赛和球员锦标赛。

PGA锦标赛不菲的奖金一直为人们津津乐道,1916年首次举办时,当时的冠军吉姆·巴恩斯赢得了500美元的奖金。到了2009年,PGA锦标赛的冠军韩国球手梁容银赢得了135万美元的奖金,同时还赢得由纽约商业界大亨罗德曼·沃纳梅克捐赠的沃纳梅克奖杯。

2015赛季,PGA锦标赛的总奖金为1000万美元,冠军可以独得180万美元。2014年的冠军麦克罗伊领走了这一大奖。

二、英国公开赛

英国公开赛的全称是英国公开锦标赛，始于 1860 年，是高尔夫四大满贯中历史最悠久、最古老的赛事，由英国圣安德鲁斯皇家古典高尔夫俱乐部主办，每年 7 月的第 3 个周末举办。

无论在球员心中还是在球迷心中，英国公开赛都有其独特的、不可动摇的历史地位。由于业余球手的抗议，1861 年英国公开赛主办方宣布“比赛将向全世界敞开大门”，从此开启了真正的公开赛时代。

英国公开赛始于 1860 年，刚开始时并不是一项很大的比赛，而且也不公开，起初仅有 8 人参加，这 8 人就是第一批职业选手，但是此举却引起业余球员们的不满，因此到 1861 年第二次比赛就宣布要“面向全世界”，这次比赛才算得上真正意义上的公开赛，允许业余选手参加。英国公开赛规模是四大满贯赛中参赛人数最多的一个，目前参赛人数达到 2000 人左右。

英国公开赛开始的前 12 届，比赛固定在 Prestwick 海滨球场举行，之后移师到圣安德鲁斯老球场。此前沿用了 10 年的冠军奖品是镶嵌银牌的红色皮带，从 1872 年开始，参赛球员只要能坚持到最后一天的竞赛，组委会都会为他颁发一块铜牌作为奖品。奖牌需要从本身的奖金中出钱来买。1920 年，奖牌的价值从 1872 年的 10 英镑上涨到 25 英镑。从 1930 年开始，冠军不再被要求自己出资购置奖牌了。现在，闻名全世界的“葡萄壶奖杯”不仅是高尔夫球明星眼中的圣物，更意味着丰厚的冠军奖金。

2015 年 7 月 16 日至 19 日，英国公开赛在苏格兰圣安德鲁斯迎来第 144 届赛事。赛事主办方 R&A 将英国高尔夫公开赛总奖金提高了 90 万英镑，达到 630 万英镑，约合 1000 万美元，冠军奖金创纪录提升到 115 万英镑，约等于 180 万美元，与其他 3 项大满贯赛事持平。

2015 年 7 月 20 日，第 144 届英国公开赛决赛轮在圣安德鲁斯老球场进行。决赛轮成绩出现了胶着状态，斯皮思和杰森 · 戴伊 18 洞未能抗住压力，失去了夺冠的机会，乌修仁、马克 · 利什曼和扎克 · 约翰逊均以 15 杆的成绩进入到了加洞赛。最终扎克 · 约翰逊战胜了乌修仁和马克 · 利什曼，赢得了 2015 年英国公开赛冠军和 115 万英镑的奖金，比 2014 年的冠军麦克罗伊夺冠时相比多收入 17. 5 万英镑。与此同时，亚军将收入 65. 3 万英镑，而第 3 名会获得 42 万英镑，甚至是排名最后的一位选手（第 70 名）也可以得到 14 500英镑的奖励。

R&A 执行总裁彼得·道森说,英国公开赛是世界上顶级的体育盛会之一。英国公开赛代表着世界高尔夫运动的顶峰,这次奖金的上涨进一步增加了英国公开赛在全球的吸引力。

三、美国大师赛

美国大师赛是高尔夫四大满贯赛事里唯一一个每年固定在同一球场进行的赛事,同时也是四大赛事中每年最先举行的赛事。

提到大师赛,就不能不提到奥古斯塔国家俱乐部和鲍比·琼斯这两个名字。因为首届大师赛就是在位于佐治亚州的奥古斯塔俱乐部举行的,时间是 1934 年 3 月 22 日,而首届赛事的发起人就是鲍比·琼斯。1940 年起,美国大师赛的举办时间得到了确定,即每年四月的第一个完整的星期。

美国大师赛每年的冠军都有资格被上一届的冠军披上俱乐部特制的绿夹克,这件绿夹克可以由冠军保存 1 年,在第 2 年的赛事举行之前归还给奥古斯塔球场。绿夹克的出现,最早要追溯到 1949 年,那年的冠军萨姆·斯尼德有幸成了美国大师赛史上首位披上奥古斯塔绿夹克的球员。

1934 年才开始举办的美国大师赛,最终能成为四大赛事之一,球场奥古斯塔的重要地位是一个很关键的因素。

1955 年,《体育画报》将美国大师赛搬上封面,封面文章由传奇记者赫伯特·温德撰写。他认为,美国大师赛地位的上升可以说是当代美国体育的奇迹之一。然而仅仅 20 年时间,它已经发展成为从地位和魅力上足以让国家公开赛(美国公开赛)黯然失色的一场顶级大赛。

赫伯特·温德认为奥古斯塔至少有 6 点与众不同,这 6 点让它成为一个经典之作,也让美国大师赛独一无二。奥古斯塔一方面可以检查职业球手各方面的技能,另外也是普通高尔夫爱好者的朋友;这里的果岭非常大,其波纹就像海浪一样,如果推杆不好便不可能赢得美国大师赛;光有力量是不能在奥古斯塔取胜的,长距离发球务必保证方向是正确的;无论奥古斯塔的哪一个洞,不仅在画面上很完美,而且实际作用也很突出;奥古斯塔很考虑观众,比如在第 2 洞果岭后边,将一个比较缓的斜坡改造成可以容纳 2000 人的观礼台。

四、美国公开赛

美国高尔夫球公开赛简称美国公开赛,是每年一度的高尔夫球四大满贯赛事之一，由美国高尔夫协会主办。美国公开赛并没有固定的比赛场地，而是每年选择美国境内的一个著名球场作为主办地，这是为了避免选手通过研究熟悉场地而产生不公平的竞争。

1895 年 10 月，第一届美国公开赛在 9 洞的 Newport 高尔夫乡村俱乐部举行，有 10 个职业球员和 1 个业余球手参加 1 天 4 轮共 36 洞的比赛，冠军罗林斯得到总奖金 335 元中的 150 美元，外加一个奖杯。

从 1900 年起，由于一些著名的英国球手的加入，美国公开赛逐渐被重视。1911 年，第一个美国本土冠军麦克德斯穆特出现，1913 年年仅 20 岁的美国业余球手弗朗西斯奎梅特在加洞赛中夺冠，让美国公开赛才成为真正的美国人的公开赛。1954 年，美国公开赛球场将发球台到果岭的地方用围挡装饰起来，实现全国电视转播。1965 年，经过近 70 年变革的美国公开赛，最后定为每天 18 洞，4 天共 72 洞的形式。

从 2015 年开始，美国高尔夫协会与福克斯网络以及福克斯体育一台达成了 12 年的多媒体合作协议，福克斯体育成为美国高尔夫公开赛的电视直播单位。根据这份协议，美国公开赛以及美国高尔夫协会主办的所有锦标赛，其美国国内的电视直播方都是福克斯，福克斯直播的首场美国公开赛将从西雅图郊外的钱伯斯湾开始。

美巡赛与 NBC、CBS 和美国高尔夫频道三家所签的电视合同一直到 2021 年。

美国高尔夫协会与福克斯的协议包括完善频道的多平台资产（包含未来的手机客户端“Fox Sports Go”）、提高美国高尔夫协会业余赛事的能见度、将美国公开赛周转变为“高尔夫强有力的样板以及高度娱乐化的盛典”和支持以及展示美国高尔夫协会的项目（比如高尔夫规则、球具标准、差点系统、美国高尔夫协会博物馆以及美国高尔夫协会果岭分部）。这样的多赢合作，代表了两个机构欣欣向荣的未来，也标志着电视转播的方法与思维创新的开始。

决定与福克斯合作是美国高尔夫协会今年所做的一系列重大决定之一，之前他们决定禁止支点式推击模式，从 2015 年开始取消美国公共林克斯锦标赛，以及针对慢打启动“我们还年轻”活动。①

---

①小风. USGA 与福克斯签下 12 年合同，NBC 失去美国公开赛. 2013－08－08. http://sport. sina. com. cn/golf/2013－08－08/12256712340. shtml.

第三节　高球产业

当下的高尔夫球已走上产业化道路。商业赛事、地产开发、商业赞助、球具制作与销售、球星广告代言、电视转播与新媒体转播权售卖、商务会所与酒店以及高尔夫旅游等众多相关产业与高尔夫完美结合,形成了一定规模的高尔夫产业链。

高尔夫赛事是高球产业的核心,一年一度的欧巡赛、美巡赛、亚巡赛、中巡赛等系列赛事,让组织方、商业赞助商、电视转播商与新媒体转播商以及高尔夫旅游等各方面都有收益。大河涨水小河满,涓涓细流汇大海,高尔夫赛事发达了高尔夫球产业链。

2008 年 1 月份,世界高尔夫基金公布的美国高尔夫经济报告——《2005 年高尔夫经济报告》指出,2005 年高尔夫对美国经济的直接影响为 760 亿美元,比 5 年前的 620 亿美元有大幅度的增长,超过了美国影片和录像行业。除了高尔夫直接的收益,报告还第一次统计了高尔夫对美国经济所带来的直接与间接的影响,2005 年高尔夫对美国经济的总影响为 1950 亿美元,创造了大约 200 万个工作岗位,工资收入为 610 亿美元。2000 年到 2005 年的 140 亿美元增长意味着每年的平均增长率为 4. 1% ,增长主要反映在高尔夫设施的经营性收入、房地产以及与高尔夫相关的旅游上。①

在欧美等高尔夫运动较为普及的国家,都已形成了相对完整而发达的高尔夫产业。高尔夫球专业设备、球场设计建造、无毒害的农药化肥、高尔夫球场和赛事广告策划、高尔夫会籍权益、高尔夫会所及餐饮健身娱乐等,形成一个产业体系,一串串紧密联动的链条,对所在城市及周边地区的经济都起到了积极的促进作用。

一、地产开发

现代高尔夫已经成为一项全球性的体育产业,亚美欧等许多发达国家和区域的高尔夫发展都体现了商业体育的形式与特点,高尔夫已迅速成为新兴的体育产业。中国高尔夫的发展走过了 30 多年的历程,已形成了与土

---

①美国高尔夫经济呈增长趋势,2005 年解决 200 万人就业. 2008 - 01 - 21. http://sport. sina. com. cn/golf/2008 - 01 - 21/08233431004. shtml.

地开发、商业地产和旅游联动的一体化新潮。有专家直言，高尔夫是旅游地产的标配，没有高尔夫，旅游地产就做不起来。

高尔夫房地产业是高尔夫产业链的重要一环，国内外许多高尔夫俱乐部致力于发展高尔夫房地产，瞄准球场中间以及周边的地产开发。高尔夫球场环境优美，青草、阳光、水塘、山坡等组合式休闲运动，为开发一个城市的特色旅游提供了不可多得的自然条件。一个占地超过1000亩的高尔夫球场，不仅是城市空气净化器，同时又是一道亮丽的景观。高尔夫球场对其周边地块的土地价格、房产开发起到了巨大的推进和带动作用。中国大大小小的房地产商，都会将高尔夫球场作为销售卖点，哪怕自己的项目与球场距离遥远，依旧会诉求"紧邻高尔夫球俱乐部会所"。北京、上海、广州和深圳的一些高品位的地产楼盘广告词语中，都常常以"毗邻高尔夫球俱乐部"，"高尔夫球场美景尽收眼底"做宣传。

高尔夫世界杯是世界上最负盛名也是最吸引赞助商的赛事之一。2007年，为了更好地在世界范围内推广世界杯，PGA国际联盟将世界杯从世界高尔夫锦标赛中独立出来，成为一项单独赛事，连续12年在中国深圳的大亚湾观澜湖球会举办，并连续12年被冠名为"欧米茄观澜湖高尔夫世界杯"。高尔夫世界杯被誉为"高尔夫的奥林匹克"，是当今世界最高级别的高尔夫赛事，也是唯一以国家形式进行对抗的职业赛事。深圳观澜湖高尔夫球会希望与高尔夫世界杯画上等号，并建立奥古斯塔与美国名人赛那样的传统联系。自从加拿大实业家约翰·霍普金斯1953年创立这个高尔夫的奥林匹克以来，世界杯的历史已经发生了诸多转变。2007年之后的12年里，高尔夫世界杯，这个耗资50亿的全球第一大球将会在深圳举行。

观澜湖申办高尔夫世界杯成功的消息刚一传出，球会周边的房价每平方米立涨了1000元。现在，这个当年的垃圾填埋场已经是深圳最高端的房产区域，集中了最豪华的别墅项目，显现出一个高尔夫地产帝国的庞大体系。到目前为止，观澜湖集团已经分别在深圳、东莞和海口兴建了高尔夫综合产业群。其中，深圳和东莞项目都拥有12个国际锦标级高球场，海口项目拥有10个火山岩地貌的高球场。此外，观澜湖还引入了高尔夫世界杯和职业明星配对赛等国际赛事。

观澜湖集团根据当年董事长朱树豪的发展思路，打造一个个以高尔夫文化为原点的国际性旅游度假区，成为中国休闲产业的领航者，已形成一个世界级的高尔夫和多元休闲产业群，是世界第一大球会的保持者。目前，观澜湖集团已有高尔夫产业、房地产开发、休闲旅游、商业文化运营等6大主营业务。作为全球低碳生态景区，首批全国低碳示范区，国家5A级旅游景区，如今的观澜湖深莞片区早已是珠三角的“鲜氧绿肺”社区。

依托世界第一大球会，观澜湖地产以卓越的品质、规划及管理，打造了具有国际经典的首席国际别墅生活社区。为尊崇高尔夫文化的国际国内精英人士创造了与自然环境完美融合的生活环境，体现出居住、商务、休闲、文化的完美结合。

自1997年首次推出晓峰居项目以来，观澜湖地产先后推出深圳观澜豪园、观澜湖赛维纳、观澜湖高尔夫大宅、翡翠湾、长堤、上堤、比佩亚，东莞酒店公寓、酒店官邸、御林山、君悦山等高端私属住宅。2009年，观澜湖集团跨过琼州海峡，在度假区内打造海口观邸、观墅等顶级物业项目，成功地将房地产与体育休闲活动、高端生活模式等方面有机地结合起来，于深圳、东莞、海口3地营造了中国首屈一指的国际高尔夫私属宅区。

20多年的精心运营，观澜湖始终坚持“先建配套，再造房子”，打造世界最大高尔夫会所、世界最好的高尔夫学院、容纳3000人的国际会议中心、亚洲最大的SPA中心等一系列顶级多元化休闲产业链，开创业内独一无二的“活地”模式，这样不仅可以保证业主享受到尽善尽美的商务、休闲、运动等生活配套，而且这一系列“活地”模式还能成为观澜湖全球优质资产价值的永恒支撑。

二、高球旅游

高尔夫球既可以丰富人们的业余体育文化生活，而且可以带动高尔夫旅游逐步兴起，成为新的体育旅游项目。高尔夫球场占地广阔、一碧千里，成为能入画赋诗的风景，是新兴的旅游胜地。近年来，越南、韩国、日本以及欧美等地的高尔夫球及旅游爱好者跨国打球兼旅游热潮的兴起，为中国很多旅行社开创了旅游新项目。

从“2014年至2015年高尔夫管家特惠价5800元/人”的越南高球之旅来看，就极具震撼力和号召力。让你以最优惠的价格体验最美好的越南高尔夫之旅，让众多高尔夫球爱好者欣然神往。“神秘的越南，静谧的芒街，期待与您邂逅”的广告词叫人怦然心动，而包含机票、5星级宾馆住宿、4天无限畅打、越南餐费、下龙湾旅游、签证费、全程交通费的超低价格，将打球、旅游、购物极为便捷地融在了一起。

世界十大高尔夫球场是世界高尔夫球手心中的伊甸园，是高尔夫球员寻梦的起点，也是高尔夫旅游的火爆地。美国松树谷高尔夫俱乐部在高尔夫界内充满了神秘色彩，因为它难于寻找，极其隐秘。这个俱乐部位于新泽西人迹罕至的贫瘠松林地带，1913 年，它的创建者将他买下的 1125 亩杂乱的松树林建成这个俱乐部。后来又扩张了 2520 亩的原生森林，为俱乐部增添了更美丽的风景。

美国柏树点俱乐部是一个名副其实的私人会所，位于加利福尼亚美丽的大瑟尔乡下的圆石滩南部。在一片地势起伏的地带上，建有俱乐部的 18 洞球场。美国圣安德鲁斯老球场镶嵌在充满风暴的北海沙丘之中，使世界上最棒的高尔夫球手也感到其富挑战性。圆石滩高尔夫球场是美国最负盛名的球场，当你行走在狭窄的球场草道上时，别忘记停下来欣赏一下这里迷人的岩石海滩景色。松林赫斯乡村俱乐部成立于 1894 年，位于北卡罗来纳州的沙丘区，拥有 8 个一流的球场和比其他任何普通俱乐部都多的球洞。其中“第一球场”设计得诗情画意、景色优美。奥古斯塔国家高尔夫俱乐部位于佐治亚州的中心，每年春天在这里举办的名人赛是最令美国人追捧的锦标赛。在这里，优胜者按照传统总会穿上醒目的绿色夹克。辛尼克山高尔夫俱乐部不仅是美国历史上第一个成立的俱乐部会所，同时也是第一家允许女性会员参加的俱乐部。皇家乡村高尔夫俱乐部有着长达 100 多年的悠久历史，人们常用 3 个之“最”来形容这个球场，即爱尔兰岛最古老的高尔夫俱乐部之一、世界上最美丽的球场之一、世界上最具挑战性的球场之一。

绿绿的草地、明媚的阳光、新鲜的空气，脱离了大城市的喧嚣和繁重的脑力劳动，高尔夫运动成为非常合适的休闲运动，时尚、动感、高贵，成为各种知名人士工作生活之余休闲运动的首选。世界冰上高尔夫锦标赛每年都会在零下 50 摄氏度的格陵兰乌玛纳克举行。由于其位于北极圈以北 500 公里，参赛者还得处理冰川、冰山。

亚洲的极大高尔夫球场将高球与生态旅游有机结合，著名球场都位于旅游胜地。蓝峡谷高尔夫俱乐部位于旅游地泰国普吉岛，建造于峡谷的边缘，四周环绕着多个淡水湖，拥有自然障碍区以及厚厚的百慕迪沃夫狗牙草草坪。

尼瓦纳高尔夫乡村俱乐部坐落于巴厘岛风景秀丽的东南岸，这里既有壮丽的海景，也有青翠的园林景观，设计着眼于巴厘岛的自然、热带美景，堪称视觉上的杰作。

越南的蒙哥马利林克斯高尔夫球场是一个世界级、半私人的俱乐部，是岘港市最豪华的球场，具备优秀的沙质土壤和风蚀山丘。

新加坡圣陶沙高尔夫俱乐部是亚洲地区风景优美但具有高难度的高尔夫球场，在茂盛的热带植物群和红树沼泽的基础上，改造成漂亮、群山起伏的，并具有挑战性的绿地。

海南神州半岛高尔夫球会专注于保护该半岛未受触动的海岸线，精雕细琢的沙丘和本地珍稀物种，加之无与伦比、激动人心的景色，使高尔夫球手能够享受到每一座18洞球场的壮丽美景。

香港久负盛名的清水湾乡村俱乐部有点类似于加利福尼亚州的圆石滩，拥有美妙的海岸线风景以及峰峦曲折的球场环境，能够欣赏到清水湾赏心悦目的风景。

杨升高尔夫乡村俱乐部位于台湾北部的高山上，其特点在于自然高度的变化和持续的微风，弓形的球道以及成百上千棵种类不同的树木，且从任一角度都可以观赏到球场全貌。

综观上述国际国内的高球场，大都是建立在气候宜人、风光秀丽、交通便利的沿海地区和著名的旅游开放城市。许多球手都对那里充满阳光、沙滩、海浪和独特球场的景致赞叹不已，每逢周末，球场随处可见来自日本、韩国和中国的高尔夫观光客。

第四节　奥运商机

目前，全球的高尔夫赛事一片火热，有高尔夫世界杯、美巡赛、欧巡赛、四大满贯、比洞赛、亚巡赛、名人赛、公开赛、邀请赛以及各种冠名赛、业余赛等赛事，名目众多，参加单位和赞助企业都乐此不疲。2016年，高尔夫球列入里约奥运会正式比赛项目，奥运战略让中国高尔夫球看到了新的发展机遇。随着冯珊珊在大满贯赛事夺冠以及关天朗、叶沃诚和窦泽成等一批稚嫩面孔在美巡赛、欧巡赛的初露头角，中国高尔夫球员正日益与国际接轨。

随着中央“八项规定”出台，反对奢靡之风渐成社会共识，高尔夫球作为“标志性奢靡”正经历着前所未有的整治力度。一些省市下发通知，严禁党和国家工作人员违规打高尔夫球的通知，对严禁现职党和国家工作人员违规打高尔夫球做出了明确规定。2014年11月，国家发改委、国土资源部等中央11个部门开展高尔夫球场清理整治行动，全国600余家高尔夫球场面临整改。到2015年3月止,已有66家球场被取缔。中央倡导的“八项规定”与高尔夫奥运战略无形中产生了无法规避的冲突,直接波及国际高尔夫中国赛事的开展,影响到高尔夫赛事商业赞助的投入与精细化运作。

一、奢靡之风与奥运战略的博弈

自从1984年中国首家球场开业,目前全国已投入使用球场有近600家,只有为数不多的高尔夫俱乐部有完整的审批手续,大部分球场严格来说处于“非法”状态。2004年,国务院下发暂停新建球场的通知,在那之后的10年里兴建的超过400家球场基本上都没有“合法”身份。更具讽刺意味的是,国务院下发暂停新建球场的通知之后的10年,竟然是中国高尔夫球场蓬勃发展的黄金10年。

2014年7月,国家发改委、国土资源部等中央11个部委联合下发落实球场清理整治措施的通知,携法规利剑快刀斩乱麻,将66家球场取缔。这66家被取缔的球场,涉及23个省(区、市),主要集中在我国东部沿海地区及经济发展水平较高的中部地区。其中,山东省取缔高尔夫球场数量8家,云南省和广东省分别取缔高尔夫球场6家,风景如画的浙江省千岛湖高尔夫俱乐部也在俱乐部老板、球员和当地百姓等一片叹息声中偃旗息鼓。

2009年10月9日,国际奥委会在丹麦首都哥本哈根投票决定,高尔夫和7人制橄榄球成为2016年巴西里约热内卢奥运会、2020年东京奥运会的正式比赛项目。这是高尔夫在1904年奥运会后,时隔百年重返奥运会大家庭。

国家奥运争光计划以及冯珊珊、关天朗等高尔夫球巨星的成长,让人对中国高尔夫发展后劲充满希望。国家“八项规定”又似乎对消费高端的高尔夫贵族运动有遍地打压之势。如何在两者的博弈中找到最佳发展路径,是中国高尔夫产业在绝佳的奥运商机面前需要破解的急迫而重要的命题。

二、国际大赛与民间赛事的呼应

中国属于高尔夫球运动的年轻沃土,20世纪80年代初才有了高尔夫球场,少数精英开始近距离接触高尔夫球。2007年,观澜湖高尔夫集团将加拿大实业家约翰·霍普金斯1953年创立的高尔夫世界杯赛定址于沙坑密布的奥拉沙宝球场,世界顶级大赛终于来到了中国大陆,中国高尔夫球翻开了崭新一页。自从1994年第一个18洞球场竣工以来,观澜湖球会增加了11个标准的球场,形成全球无可争议的第一大球会。自此,中国的高尔夫球开始全面走向国际舞台,大型化、高级别、高奖金国际赛事与丰富多样的国内赛事交相辉映,共同繁荣了中国高尔夫球产业。

美巡中国赛创建于2013年,是经国家体育总局批准,由小球运动管理中心及中国高尔夫球协会主办的国际顶级高尔夫球赛事,赛事经过美巡赛认证,是中奥体育产业有限公司在中国独家运营推广的国家A类体育赛事。美巡中国赛是中国最高级别的男子职业高尔夫球巡回赛,是美巡赛3大区域顶级巡回赛之一,是PGATOUR覆盖亚洲的唯一核心赛事,是直通美巡赛的唯一通道。美巡中国赛全年12场赛事,横跨中国大陆全境,完全按照国际化标准运营,目的是吸引更多的优秀选手参加,为中国职业高尔夫选手提供一个软硬兼备的竞技舞台,为2016年奥运会以及中国高尔夫运动的全面发展添砖加瓦。

2011年3月11日至13日,中国首个欧洲常青高尔夫球巡回中国赛在观澜湖著名的尼克劳斯球场举行,总奖金为35万美元。这座世界级锦标赛球场全长约7000码,突出了尼克劳斯喜用沙洼和水洼陷阱挑战击球者的设计特色,充分利用起伏不定的地形,将纯技术考验的准则糅合于不同的球洞上。

欧巡赛自从2011年踏上中国大陆,就呈现出勃勃生机。在2012赛季的欧巡赛赛程里,中国天津滨海湖高尔夫球会沃尔沃中国公开赛、中国香港高尔夫俱乐部粉岭球场的香港公开赛和上海佘山国际高尔夫俱乐部举行的WGC汇丰冠军赛赫然在列,赛事级别及奖金大幅提升,中国天津滨海湖高尔夫球会VOLVO中国公开赛总奖金达到2000万人民币。

欧巡赛2014赛季的赛程中,在26个国家和地区中举行至少48场高尔夫比赛,中国高尔夫球的地位进一步提高,香港公开赛、深圳沃尔沃中国公开赛以及上海举行的两场欧巡赛总决赛——上海美兰湖高尔夫俱乐部举行的BMW大师赛和上海佘山国际高尔夫球会举行的世锦赛汇丰冠军赛。

在整个2015赛季的欧巡赛赛程里,中国系列赛再上层楼,比上一年增加1场大赛,总共迎来5场欧巡赛,它们是深圳国际赛、沃尔沃中国公开赛、香港公开赛、BMW上海大师赛和世锦赛上海汇丰冠军赛。

中国高尔夫赛事种类很多,除了上述大赛,在中国举行的还有沃尔沃杯、别克杯、宝马杯、丰田杯、本田杯等汽车冠名扎堆的冠名高尔夫赛事。根据中国高尔夫球协会公布的2015年赛事表,其中男子职业比赛预定45场,女子职业比赛 21 场,别克联赛 10 场,业余赛事待定 27 场,青少年赛事 33 场。其中,中巡赛 - 美巡中国系列赛达到 15 场,分别在上海、武汉、郑州、成都、昆明、广州和深圳等地举行,纵贯整个华夏大地。(见表 7.3)

表 7.3　2015 年中国高尔夫球协会男子职业赛事表

日期	比赛名称	地点
1 月 26 日—30 日	中巡赛——美巡中国系列赛——国际资格赛 1	港中旅聚豪
2 月 2 日—6 日	中巡赛——美巡中国系列赛——国际资格赛 2	港中旅聚豪
3 月 30 日—4 月 5 日	中巡赛——美巡中国系列赛	海口
4 月 27 日—5 月 3 日	中巡赛——美巡中国系列赛	河南郑州
4 月 16 日—19 日	深圳国际赛	深圳
4 月 23 日—26 日	VOLVO 中国公开赛	上海汤臣
5 月 18 日—24 日	中巡赛——美巡中国系列赛	武汉驿山
5 月 25 日—31 日	中巡赛——美巡中国系列赛	天津
6 月 1 日—7 日	中巡赛——美巡中国系列赛	上海览海
6 月 15 日—21 日	中巡赛——美巡中国系列赛	北京
6 月 22 日—28 日	中巡赛——美巡中国系列赛	四川成都
7 月 27 日—8 月 2 日	中巡赛——美巡中国系列赛	云南昆明
8 月 14 日—16 日	南山中国大师赛资格赛	山东南山
8 月 17 日—21 日	BMW 大师赛资格赛	山东南山
8 月 24 日—30 日	中巡赛——美巡中国系列赛	山东青岛
9 月 7 日—13 日	中巡赛——美巡中国系列赛	北京清河湾
9 月 14 日—20 日	中巡赛——美巡中国系列赛	浙江九龙山

续表

日期	比赛名称	地点
9月24日—27日	2015南山中国大师赛	山东南山
10月5日—11日	中巡赛——美巡中国系列赛	重庆
10月26日—11月1日	中巡赛——美巡中国系列赛	广州
10月12日—18日	欧巡挑战赛	重庆保利
10月19日—25日	欧巡挑战赛佛山公开赛	广东佛山
11月5日—8日	汇丰世界锦标赛	上海
11月16日—22日	中巡赛——美巡中国系列赛	海南三亚
11月23日—29日	中巡赛——美巡中国系列赛	深圳
11月12日—15日	宝马高尔夫球大师赛	上海

三、商业赞助的兴盛与低回

2006年,深圳观澜湖球会创纪录地赢得了高尔夫世界杯从2007年至2018年连续12年的举办权,欧米茄出资12亿元独家冠名赞助,联想Think-pad也为其提供技术与资金支持。在2007年第53届高尔夫世界杯上,联想Think－Pad作为赛事的顶级赞助商,为赛事提供了高品质的产品及技术支持的同时,还需要出资170万美元赞助赛事。这是联想Think－Pad继2007年4月份赞助沃尔沃中国公开赛以来,第2次涉足高尔夫赛事的赞助,也是自联想奥运TOP计划之后的重要体育营销活动。21世纪以来,中国高尔夫球赞助进入一个兴盛阶段,不仅国际大牌公司竞相赞助中国高尔夫球赛事,中国本土企业也频频在高尔夫球市场投下大手笔。和赞助传统的美巡、欧巡赛事不同,目前很多国际大牌赞助商开始争相冠名在中国举办的高尔夫赛事,很大程度上是因为对中国经济发展的认同和对中国市场的重视。

汽车品牌冠名赞助高尔夫赛事,可以将其称为国际惯例。沃尔沃在中国高球赛场随处可见,大众品牌系列汽车频施妙手以吸引中国高尔夫球手和球迷的眼球，宝马凭借其资深的高尔夫赞助传统早已在消费者心中留下了深刻的印象，奔驰通过冠名中国高尔夫总决赛的方式将自己积极进取、勇于创新的品牌精神与比赛紧密地联系在了一起。

2015 年中国女子高尔夫球职业赛事 7 月 4 日至 6 日在威海举行锦湖轮胎女子公开赛，赞助商是汽车关联企业。别克汽车品牌瞄准中国高尔夫俱乐部大市场，一口气赞助了中国高尔夫球俱乐部联赛、对抗赛和总决赛等 2015 年全年度高尔夫俱乐部赛事。（见表 7.4）

表 7.4 "别克杯"2015 高尔夫球中国系列赛

日期	比赛名称	地点
4 月 20 日—23 日	中国高尔夫球俱乐部联赛南方分区赛第 1 站	三亚/惠州
5 月 11 日—14 日	中国高尔夫球俱乐部联赛南方分区赛第 2 站	安徽黄山
5 月 25 日—28 日	中国高尔夫球俱乐部联赛南方分区赛第 3 站	昆明天湖岛
6 月 8 日—11 日	中国高尔夫球俱乐部联赛南方区复赛	浙江德清
6 月 29 日—7 月 2 日	中国高尔夫球俱乐部联赛北方分区赛第 1 站	烟台/山西
7 月 13 日—16 日	中国高尔夫球俱乐部联赛北方分区赛第 2 站	京南/曹妃甸/龙熙
7 月 27 日—30 日	中国高尔夫球俱乐部联赛北方分区赛第 3 站	大连/吉林
8 月 10 日—13 日	中国高尔夫球俱乐部联赛北方区复赛	营口/内蒙古/沈阳
9 月 21 日—25 日	中国高尔夫球俱乐部联赛总决赛	重庆
10 月 26 日—30 日	中国高尔夫球俱乐部南北对抗赛	庐山国际

在中国高尔夫赛事中频频出现另一个赞助品牌——银行，他们总是和巨额的赛事奖金联系在一起。汇丰银行是高尔夫赛事赞助的常客，在全球赞助了 400 多项与高尔夫有关的赛事，是现阶段 3 大顶级赛事的赞助商。2006 年 12 月，光大银行冠名高尔夫名人邀请赛，与中国银行联合推出了国内第一款"银联高尔夫信用卡"，主要围绕高尔夫运动配套多项增值服务，同时提供部分城市高尔夫球场优惠等服务。"以卡会友、以球传情"的交流平

台，赢得了参赛选手和商界精英的青睐。由中信银行冠名的青少年高尔夫对抗赛，则让银行 VIP 客户的孩子们享受到挥杆的乐趣，让重要的理财客户感受到了银行的优越服务。在 2015 年中国女子职业高尔夫球赛事中，中国的银行品牌担当了主力赞助，5 月 28 日至 30 日的青岛银行金山挑战赛、6 月 12 日至 14 日的中国信托上海女子精英赛和 9 月 25 日至 27 日在中国台北举行的中国信托女子公开赛等比赛，我们就可以感受到青岛银行和中国信托的品牌魅力。

高尔夫球青少年赛事和业余赛事的商业赞助，更能反映一个国家和地区对运动项目的整体支持程度。中信银行独家冠名赞助 2015 中信银行中国业余高尔夫球巡回赛和挑战赛，汇丰银行包揽 2015 年汇丰中国青少年高尔夫球公开赛、冠军赛、锦标赛和汇丰全国青少年高尔夫冠军赛总决赛等比赛，慧眼独具，放眼未来。2015 年中国高尔夫球 27 场业余赛事和 33 场青少年赛事，只有孤零零的两家银行品牌买单赞助，反映出中国现阶段高尔夫球赞助的不景气。

第八章

最中国的武术

武术是把踢、打、摔、拿、跌、击、劈、刺等一系列动作，按照一定规律组成徒手的或器械的各种攻防格斗套路和单势练习，是中华民族几千年集体智慧的创造和发展。中华武术渊源悠久，博大精深，具有健身护体、御敌制胜的作用，与传统中医、京剧和书法一起被称为中国四大国粹，为中国各族人民和世界各国人们所喜闻乐见。武术具有极其广泛的群众基础，是中华民族在长期的历史演进过程中不断创造、逐渐形成的文化瑰宝，是中国人民在长期的社会实践中不断积累和丰富起来的宝贵文化遗产。

武术是最具中国特色的运动项目，刀枪棍剑等十八般武艺让人目不暇接，李小龙、李连杰等武林英雄扬名海内外。武术不仅是强身健体的重要手段，而且是弘扬中国文化的一种方式。少林寺、塔沟武校等武术品牌，通过北京奥运会开闭幕式舞台表演，通过中央电视台春节联欢晚会和其他各种传播途径，将武术蕴藏的无限魅力从中国传向了世界。

春秋战国时期，武术的健身作用逐渐受到重视。这时比试武艺的形式已广泛出现，拳术打法有进攻、防守、反攻、佯攻等。隋唐五代时期，随着封建社会经济的发展和繁荣，武术重新兴起，唐朝开始实行武举制，并用考试办法授予武艺出众者相应称号。明代是武艺大发展的时期，出现了不同风格的技术流派，拳术、器械都得到了发展。特别是在理论上总结了过去的练武经验。清代出现了各类民间拳馆和著名的拳种，如太极拳、八卦掌、形意拳、八极拳、劈挂拳等。中华人民共和国成立后，武术作为优秀民族遗产被传承，并有了很大提高，同时，成立了各级武术协会，将武术列为正式比赛项目。

1982 年，一部影片《少林寺》彻底唤醒了埋在人们心底的中国功夫情结。

《少林寺》让嵩山少林寺天下闻名,电影中的嵩山少林寺以其优美的自然环境、神秘的禅宗色彩以及身怀绝技的众武僧形象令人神往,随后与少林寺有关的电影和电视剧如雨后春笋般出现,少林功夫片一时成为最受欢迎的影视作品。在系列功夫片的影响下,各色人群蜂拥来到河南登封少林寺,探幽少林功夫奥秘。一时间,长期沉寂在嵩山脚下的千年少林古刹焕发了生机,求师学艺者来了,诵经拜佛者来了,怀才不遇者也来了。而其中更多的是怀着功夫梦的少年,他们来到这里,希望拜谒武林高僧,在少林这片肥沃热土上精进武艺,渴望将来有一天能成为一代武术大师。在此后的时间里,嵩山少林寺周边各种门号的武术学校也都纷纷创办起来了。

看到少林大热,敏锐的商人嗅到了商机。他们从中国各地涌来嵩山,开设与武术有关的各种商店,售卖热门武术产品,建造刀枪棍剑以及武术服装等各种工厂。

身处其中的少林寺看到了武术背后的勃勃商机,它的规模日渐扩大,政府支持力度也不断增加。嵩山少林寺品牌名扬海外,商业王国版图已经由河南扩张至全国乃至亚洲及欧美发达国家。

《少林寺》的成功,捧红了功夫巨星李连杰。随后,内地与香港的功夫影片接连不断,深受人们的欢迎。近些年的《卧虎藏龙》《十面埋伏》《功夫》等影片的高票房收入,都证明了功夫影片市场的火热。

嵩山少林寺、武当山、峨眉山、衡山、华山等与中国武术紧密相连的旅游胜地,早已随着小说与影视剧等深烙人们的脑海。人们提起少林寺便能想到那些高深莫测的方丈大师,提起上述名山让人自然而然地会想起很多英雄人物和事件,它们的知名不仅因为其秀丽独特的风景,还因为人们对它们特殊的武侠情结。这些景区已经形成了具有很高武术旅游价值的景区,给当地带来了极为可观的经济利益。

2006 年 3 月,俄罗斯总统普京的造访,使一直活跃在国际视野的少林寺更加受到世界瞩目。事实上,在普京来少林寺之前,已经有美国、日本、意大利、巴西等几十个国家的各界重要人物和民间团体前来参观交流,这使作为宗教圣地和武林热土的少林寺成为中国与世界各国进行文化交流的一个重要窗口。

武术热,少林热,使得武当山、峨眉山等与武术结缘的名山古刹备受关注。与此同时,围绕这些名山古刹周边的武术馆校门庭若市。据不完全统计,我国练习武术的人数达 6000 多万,武术馆校达 1 万多所,形成了年收入达100多亿元的产业规模。河南登封少林寺塔沟武校因浩浩荡荡的4700名学生参加2008年北京奥运会开闭幕式及残奥会开幕式而名扬海内外，这是从2.4万名学生中选拔出的“武林精英”，其总教头刘海科是河南省散打队总教练和中国散打队教练。山东莱州中华武校从2003年开始，先后在法国、美国、西班牙、西非、南非、泰国成功建立了6所国外分校。

1981年7月，《武林》正式推出面世，创刊号首印即达30万册，第2期印数达到70万册。《武林》是中国内地出现的第一本武术类杂志，因为率先在国内连载金庸武侠小说，最高发行量曾达到创纪录的350万册，成为武术类杂志中当之无愧的第一品牌。《中华武术》杂志创办于1982年，当年由国家体委党组批准兴办，新闻出版总署及中共中央宣传部对外宣传领导小组批准，向国内外公开发行，当时月发行量达150多万份，行销五大洲50多个国家和地区。

第一节　国际化进程

中华人民共和国成立后，党和政府关心人民健康，重视优秀民族文化遗产的继承和发展，武术运动得到了蓬勃发展。国家有关部门不仅定期举行武术汇报表演比赛，还在有条件的高等师范院校及体育学院开设武术专业，并组织专业人员在继承传统拳术的基础上，广收众家之长，整理出简化太极拳、中级长拳、初级长拳以及器械套路，编写图文并茂的各类教材读物，为武术传承积累了宝贵资料。为了弘扬武术这一独特的中华民族文化，发展武术运动，全国各地还建立了武术协会，吸引武术爱好者前去习武健身交流。

1956年，中国武术协会正式成立。中国武术协会是中华全国体育总会领导下的单项运动协会之一，下设教练委员会、裁判委员会、科研委员会，各地设有武术协会分会。中国武术协会的任务是团结全国武术工作者继承、发掘、研究整理武术遗产，广泛推动群众性武术运动，不断提高技术水平，开展科研活动，宣传武术运动知识，协助国家体育部门研究审定武术项目的比赛和表演规则，组织全国武术比赛，选拔优秀运动员，审查考核等级教练员、裁判员等。

此后的岁月中，中华武术一步一个脚印地从1957年举办全国锦标赛、到历尽沧桑在1987年跨入全国运动会正式比赛项目，直至2008年列入北京奥运会表演项目，一步步登上大雅之堂。

一、全运之旅

作为中国文化瑰宝,武术理应是中国最高级别的国内赛事的正式比赛项目,但事实并非如此,为了使武术与田径、游泳、篮排足乒羽球等在全国运动会竞技体育大家庭中平起平坐,有关各方做出了很大努力。

1957年武术被列为竞赛项目后,每年都举行全国性比赛,全国武术界开始筹划如何将其打入全国运动会。可是,由于武术界自身门派之争由来已久,很难统一起来制定科学合理的赛事规则,且连设置哪些项目也争议不休,更别说太极以谁为正宗源流。每每商议竞赛规则项目设置,都会在一片争吵声中收场。

1982年11月,全国散手竞赛规则研讨会在京召开,确定了《全国武术散手规则(初稿)》,并按体重分设9个级别。随后按照这个规则,在北京举行了首届全国武术散手和太极推手对抗项目的表演赛。同年12月,国家体委在京召开"第一次全国武术工作会议",党和国家领导人万里、杨尚昆以及廖承志、彭冲、阿沛·阿旺晋美、余秋里等接见了全体代表,揭开武术新时期大发展的序幕。这次会议倡议"团结起来,共同奋斗,开创武术新局面",要求以"积极、慎重、稳妥"的精神发展,提出了"积极稳步地向外推广,使武术逐步走向世界"的设想,成为80年代中国武术事业发展的里程碑。这次会议为中国武术捐弃门派纷争、统一武术品牌、按照科学合理原则制定武术赛事标准,创造了良好条件。

1983年9月,在第5届上海全国运动会上,武术列为表演项目,有29支代表队的189名运动员参加。1985年,在西安举行了首届国际武术邀请赛,并成立了国际武术联合会筹委会,这是武术走向世界发展进程中历史性的突破。1987年11月,在广东省举行的第6届全国运动会上,武术正式列为比赛项目,设金牌16块。自此,中国武术在自己国家的最高运动殿堂中站稳了脚跟,为中华武术走向亚运会、奥运会创造了条件。

1994年5月30日,国家体委武术运动管理中心成立,确立了武术在国家机构中的应有地位,标志着中华武术有了名正言顺的管理机构。

二、亚运之旅

1987年,在日本横滨举行了第一届亚洲武术锦标赛,为武术迈向亚运会打下了坚实基础。选择日本作为中华武术走出国门迈向世界的第一步,意味深长。中国武术自唐宋后，逐渐传向国外，日本和东南亚一带即是最早传输之地。据记载，明代拳师陈元资东渡日本，传授少林拳法，奠定了日本柔道的基础。至于日本的空手道、合气道，朝鲜的跆拳道，以及马来西亚、印度尼西亚和菲律宾的拳术、枪术、棍术等，都不同程度地受到中国武术的影响。

1990 年 10 月，第 11 届亚运会在中国北京举行。当时，国家体委协同亚运会组委会有关各方，充分运用了亚运会东道主的便利条件，通过与亚洲各国的积极沟通和交流，第一次将中国武术列为正式比赛项目，随后逐渐成了各届亚运会的比赛项目。1990 年北京亚运会，一共有 11 个国家和地区的 96 名男女运动员参加了比赛。

1994 年 10 月 12 日至 14 日。第 12 届亚洲运动会在日本广岛举行，武术继续被列为正式比赛项目，亚洲地区有 14 个国家和地区的 78 名运动员参加比赛，中国武术队获 5 枚金牌。

1998 年 12 月，第 13 届亚运会在泰国曼谷举行，武术连续在 3 届亚运会中被设为正式比赛项目，金牌数为 11 枚。至此，中华武术被固定下来，永久地列为亚运会的正式比赛项目。武术比赛项目在 2006 年卡塔尔多哈亚运会上得到了进一步的完善，多哈亚运会的武术比赛共设置了 11 个小项。

2010 年 11 月 13 日，广州亚运会武术比赛开幕。本届亚运会的武术金牌共 15 枚，其中套路和散打分别是 8 枚和 7 枚。中国代表团武术队共派出了 7 男 3 女参赛，中国武术运动员袁晓超获得广州亚运会首金。

在 2014 年仁川亚运会武术比赛中，中国队以 10 金 2 铜的成绩傲视群雄，韩国队以 2 金 2 银 3 铜排名第 2，伊朗队以 1 金 2 银 1 铜位列第 3。仁川亚运会武术比赛分为套路和散手两个分项共 15 个小项，其中套路有 8 个，散手为 7 个。中国队共参加了 12 个小项的比赛。

正如亚奥理事会主席法赫德亲王所说，“武术是属于我们亚洲的运动”，中国是武术的发源地，拥有大批热衷武术的观众，并能向世人展示武术的精髓，这些都将保证武术作为一个亚运项目取得成功。

亚运赛场的武术比赛精彩绝伦，然而在中国之外举行的亚运武术赛事，体育馆里稀少的观众和媒体曝光率不足还是显露出了武术运动在亚运会上的尴尬。推广武术运动，让这项中国的国粹真正走向世界，依然任重道远。①

①刘宁，欧阳为. 中国武术“独孤求败”，发展依然任重道远——仁川亚运会武术项目综述. 2014 - 09 - 24. http://news.xinhuanet.com/sports/2014 - 09/24/c_127029683.htm.

三、奥运之旅

尽管1936年中国武术队就赶赴柏林，参加了奥运会项目表演，但距离真正进入奥运会正式比赛项目，还是一个美好梦想。为了将武术运动发扬光大，尽早成为奥运会永久性的正式比赛项目，完成中国武术界一代又一代的夙愿，中国社会各界特别是武术界做出了不懈努力，而且还依然在继续努力的征程中。

在1936年柏林奥运会上，中国武术震惊了世界。当时，中国体育代表团派一个由9人组成的国术队到会表演，受到了异乎寻常的欢迎。队员们表演的器械和拳术娴熟敏捷、刚健优美、翻腾跳跃、虎虎生风，使外国人大开眼界，在整个柏林引起了轰动，所有德国人都以能目睹中国国术队的表演为幸事。

西欧国家一些参加奥运会的拳击手，对来自他们称为“东亚病夫”之国的中华武术队如此受人青睐很不服气，纷纷前来挑战。中国武林高手寇运兴挺身而出，给了不可一世的芬兰拳击手和英国拳师一个下马威。寇运兴发挥中华武术闪、展、腾、挪的特点，避其锐气，伺机下手，打得对手口服心服。

这一次表演和比武，奠定了中华武术在世界人民心目中的地位。此后，中国国术队还应邀到法兰克福、汉堡等城市表演，每场都受到热烈欢迎。①

1990年10月3日，国际武术联合会（简称国际武联，缩写为IWUF）在中国北京正式成立，全世界共有会员国38个，时任国家体委主任李梦华担任国际武术联合会主席。国际武联以推动各个国家和地区武术团体的联合与统一，促进国际武术运动的发展为宗旨，在世界上以各种可能的形式推动和鼓励发展武术运动，组织世界武术锦标赛和国际武联的其他活动。

国际武联现有成员协会142个，下设执行委员会、技术委员会、传统武术委员会、市场发展委员会、医务委员会、运动员委员会等，管辖及举办的正式比赛有两年一届的世界武术锦标赛、世界青少年武术锦标赛、世界传统武术锦标赛暨世界传统武术节、世界杯武术散打比赛和世界太极拳健康大会等。1991年10月，在北京成功地举办了第一届世界武术锦标赛，有40多个国家和地区的300多名运动员参加了表演和比赛。到2013年，世界武术锦标赛

①倪斯. 中国的奥运之路：1936年中国武术震惊世界. 文汇报，2008-07-03.

已经在中国、意大利、马来西亚、亚美尼亚、土耳其、越南、美国和加拿大等国家和地区举办了12届赛事。

1994年10月22日国际武术联合会被国际单项体育联合会接纳为正式会员。1999年6月20日，国际武术联合会得到国际奥委会的临时承认。2002年2月，国际奥委会第113次全会通过“正式承认国际武术联合会”的决定，武术同时成为国际奥委会承认的体育项目。

2004年10月，首届世界传统武术节在中国河南省郑州市进行。世界传统武术节除了来自亚洲的队伍外，欧洲、非洲、美洲、澳洲的参赛队伍非常踊跃，美国、加拿大都派出了上百人的队伍，参加本届世界传统武术节的国家和地区达到了63个。世界传统武术节充分展示了来自世界各国的各门各类的精妙武艺，各种流派取长补短进行了充分交流。①

1999年国际武联被吸收为国际奥委会的正式国际体育单项联合成员，是武术迈向奥运旅程中的历史性突破。2001年，国际武术联合会向国际奥委会正式递交了武术进入奥运会的申请，并得到中国政府的支持，中国国家体育总局和2008年奥运会北京组委会对武术进入奥运会给予了大力支持。2008年，北京奥运会将武术列入奥运表演项目，意味着“将武术推向世界”的宏伟目标进一步实现。

2015年6月，在东京召开的2020年奥运会东道主城市提议候补比赛项目选择大会上，武术和棒垒球、保龄球、空手道、轮滑、攀岩、壁球、冲浪等8个项目被列为2020年奥运会的候补项目，将于2016年8月举办的里约奥运会上，由国际奥委会全体会议决定上述8个项目的其中一个会被列入东京奥运会正式比赛项目。②

第二节　赛事商业化

2000以后，我国的武术赛事与大型活动有了较大突破和发展，特别是北京申办2008年奥运会成功以后，伴随着争取武术进入奥运项目的梦想，以及一代拳王邹市明和矿工拳王熊朝忠在国际拳击台上的优异表现，中华武术

①田军. 首届世界传统武术节郑州落幕. 2004－10－20. http:///news. xinhuanet. com/sports/2004－10/20/content_2116970. htm.

②刘艾林. 武术棒垒球等被列入东京奥运会候补项目. 北京青年报，2015－06－23.

在华夏大地也掀起阵阵狂潮，世界拳王争霸赛、中国散打俱乐部赛、中外散打对抗赛、世界武术锦标赛和传统武术节等赛事与活动接连不断，促进了我国武术赛事与大型活动市场的发展，中国武术赛事逐步走向了商业化运作的道路。

按理说，中华武术的文化底蕴无与伦比，其厚重和精练之处世界上没有任何一项体育运动能出其右，但上述赛事还远远没有达到国际顶级赛事级别，故还不能与形成了独特风格和自身品牌的美国拳王争霸赛、泰国的泰王杯等赛事并驾齐驱。中国武术需要一个个能够叫得响名号的、经得起时间历练的武术赛事，来提振中国武术的商业品牌。

一、职业拳赛

职业拳击赛是钻石黄金铺地的地方，老拳王阿里和福尔曼在拳台上打下了无尽财富，后来的霍利菲尔德与“坏孩子”泰森的世纪之战，让全世界拳击迷热血沸腾，不仅创下了电视转播史上包括收视率在内的一系列记录，而且两位的出场费也高到令人难以置信。进入 21 世纪，梅威瑟、帕奎奥成为国际拳台上的新贵，是最近多年福布斯运动员财富榜上的榜首级人物，梅威瑟从 2011 年—2015 年 4 次位居榜首（2013 年榜首位置为高尔夫巨星老虎伍兹），2015 年更是以 3 亿美元的至高年收入笑傲体坛。

33 岁的熊朝忠是云南文山一个矿洞坑里成长起来的苗族穷孩子，因为倾慕泰森的拳击，为了生活和梦想走上了职业拳击之路，拥有 IBF 泛太平洋区蝇量级金腰带和 WBC 亚洲区蝇量级金腰带。

2012 年 11 月 24 日，在昆明举行的 WBC 迷你轻量级世界拳王金腰带争霸赛中，熊朝忠战胜墨西哥拳王哈维尔·马丁内斯，成为中国首位世界职业拳王。2013 年 6 月 29 日，在迪拜 12 个回合点数击败菲律宾的挑战者奎洛，成为史上第一位卫冕世界拳王金腰带的中国拳王。2012 年及 2013 年，熊朝忠两度获得世界拳击理事会最佳拳手奖。这是中国人历史上第一次获得职业拳击的世界级金腰带，熊朝忠创造了中国职业体育的历史，成为中国首位世界职业拳王。

33 岁的拳王身高只有 1 米 55，直到 23 岁“高龄”才开始接触拳击，职业生涯中从未挂靠任何体育机构。舆论普遍认为，熊朝忠的成功，可以比肩姚明和李娜在篮球和网球赛场的成功。有消息称，70 岁拳王阿里欲收其做关门弟子，亦有影视机构要将这个屌丝逆袭的故事拍成电影。

2013 年 1 月，中国第一个职业拳王熊朝忠受到当地政府表彰，熊朝忠的家乡云南省文山壮族苗族自治州马关县给予其 75 万元人民币的奖励，另外还有企业向其捐赠了一套住房，马关县群众更是争相目睹拳王的风采。

2015 年大年初四，一年前被挑战者诺沃亚击倒卫冕失败的熊朝忠卷土重来，再次选择在家乡云南文山州文山县举行的 CCTV 贺岁杯上出战，与日本新人王山本浩也争夺 WBC 迷你轻量级国际金腰带，启动自己的世界挑战赛。双方打满 10 回合，熊朝忠通过点数取胜，拿到 WBC 迷你轻量级的国际金腰带，取得再次挑战世界金腰带的机会。

2013 年 4 月 6 日，连续夺得北京奥运会和伦敦奥运会拳击金牌的邹市明，在中国澳门威尼斯人酒店的金光综艺馆，迎来自己进入职业拳坛的首场比赛，对阵 18 岁的墨西哥小将伊莱扎 · 瓦雷祖拉。比赛中邹市明占据绝对优势，经过 4 回合激战，凭借点数击败对手，拿到职业拳击生涯的首胜。以奥运冠军身份闯荡职业拳坛的邹市明，创造了多项国际拳坛纪录。首先，一个拳坛新人的 4 回合比赛竟然放在两场 12 回合拳王争霸战之后作为当天比赛的压轴大戏。同时，邹市明也是历史上第一个只打 4 回合就能获得出场费的拳手，其出场费超过 15 万美元。国际拳坛顶级推广公司总裁鲍勃 · 阿鲁姆表示，他们将着力将邹市明打造成刘翔、孙杨式的中国体坛新偶像。①

二、散打争霸

中国武术散打功夫王争霸赛，是由国家体育总局武术运动管理中心主办，北京圣方传动国际体育交流有限公司承办的中国目前顶级的武术散打个人联赛，是中国最具权威、规模最大、水平最高、影响最广、奖励级别最高的武术搏击类赛事，赛事分为初赛、擂主赛、功夫王争霸赛 3 个阶段，整个赛事贯穿全年。赛事囊括了国内散打界最优秀的一批选手，邀请到著名体育电视评论员、搏击专家任解说嘉宾，是武术搏击与电视传播的高度商务组合，是武术界、搏击界的年度盛事。

2000 年 3 月，将现代电视节目包装大胆引入比赛之中的中国武术散打王争霸赛在湖南长沙正式推出。争霸赛极富特色的出场式，比赛间隙串接的精彩武术套路表演，赛事现场结合现代声、光、电的舞台效果，把一台高水准武术竞技的惊险刺激与视听欣赏巧妙地融合在一起，极富观赏性和娱乐

---

①邹市明出场费或超 15 万美元，欲打造刘翔式新偶像. 新闻晨报，2013 - 04 - 07.

性。节目经湖南电视台卫星频道播出后,立刻在海内外引起了轰动。从第2期开始,收视率扶摇直上,一度超过了《快乐大本营》,跃居湖南卫视前3名,每次比赛有2100万电视观众在收看。

2001年,中国武术散打王争霸赛转战河北石家庄,香港亚洲电视、台湾新朝日电视、日本欢乐中国频道高价购买赛事转播权和新闻报道权,电视转播改由湖南卫视、各省市台及港台地区和日本电视媒体联合直播的方式,使节目覆盖人口达到5亿,进一步提升了散打王争霸赛的收视率和知名度,每场收视观众达到3600万。

2002年,中国武术散打王争霸赛赛事影响力进一步扩大,电视转播阵容更为浩大,亚洲韩国搏击卫星频道、马来西亚有线视频点播系统、欧洲体育台、北美巴西环城影视机构等与主办方签订了赛事独家转播权和报道权。中国最大的电视机构——中央电视台介入散打王的转播,使中国武术散打王争霸赛实现了国字号电视转播机构的全国覆盖,武术散打节目成了真正意义上的全国性节目,散打节目的收视率节节攀升,每场收视观众达到5200万。

中国武术散打王争霸赛运作短短几年时间,包括湖南卫视在内的全国100多家电视台的贴片广告都因转播散打王比赛而大幅飙升,攀高到了当时电视广告30秒4万元的高价位,电视转播权售卖已成为散打王争霸赛的主要收入。成功的商业运作,引来赛事的超高人气和超高电视收视率,使其成为中国商业体育赛事的名牌产品,吸引了有战略眼光的企业倾情赞助。红牛饮料、维克多西装等著名企业纷纷与散打王争霸赛管委会进行合作,沱牌集团一次性买断了连续3年总价值1500万元的冠名权。在冠名3个月后,知道沱牌曲酒的人中有30%来自看散打比赛,散打王争霸赛极大地提升了沱牌曲酒的知名度和美誉度。①

2000年首届中国武术散打功夫王争霸赛鸣金开打,掀起了中国武术散打职业化改革第一波浪潮,使得散打赛事终于得以像其他国际搏击类项目一样,作为竞技赛事面向世界和公众开放。中国众多散打高手登台竞技,真刀真枪的搏斗激动人心,高额奖金刺激了竞争的激烈程度,催生了更高级别的武术散打赛事——2002年第一届世界杯武术散打比赛的成功举行,就是对中国武术散打功夫王争霸赛商业运作模式的高度肯定。

---

①王友唐.武术散打赛商业价值何在.市场报,2002-07-27.

根据国际武联章程的规定，从 2002 年开始，每两年举办一次世界杯武术散打比赛，由上一年度世界武术锦标赛取得前 4 名的运动员参加，集中来自世界散打强国最高水平的运动员进行面对面搏击。随着赛事的深入，品牌影响力日益扩大，商业运营日益优化，中华武术在世界进一步推广，使得国际散打运动水平不断提高，亚洲的越南、伊朗、日本、菲律宾，欧洲的俄罗斯、法国，美洲的美国、巴西以及大洋洲的新西兰等国家的散打水平，正在接近并逐步超过散打发源地的中国。代表这一国际最高层次的散打赛事——世界杯武术散打比赛应运而生，而且焕发着生机和活力。

连续两届世界杯武术散打比赛成功运作，借鉴了中国武术散打功夫王的 5 年赛事运作模式成果，组委会积极打造赛事品牌、传播武术文化、搭建合作平台，形成多元化、世界性的武术赛事商业合作模式，开发了武术赛事巨大的市场商机和社会经济价值，赛事媒体宣传的受众超过 10 亿人次，包括招商引资、企业宣传等，其商业价值超过了 3 亿元人民币。

此后的中国武术产业市场，武林赛事一个接着一个，且都有高规格的电视转播机构参与，赛事冠名权争夺更加火爆，商业运作模式不断成熟。2007 年 8 月，由国家体育总局武术运动管理中心和黑龙江电视台主办，哈尔滨少林武术学校协办的“今麦郎”杯 2007“龙”中俄散打对抗赛在黑龙江电视台 2800 平方米演播大厅电光火石般打响。比赛现场沿用拉斯维加斯拳击场地灯光标准，让观众领略域外风情。此后，这套赛事组织方又先后组织了“大比武 2008——中国武术散打功夫王争霸赛”和“中伊散打对抗赛”等国际国内武术赛事。

第三节　表演商业化

俗话说，艺体不分家，很多体育明星一转身就成了娱乐明星、演艺明星，武术本身的表演成分与搏击浑然一体，为其商业化操作营造了非常大的发展空间。2008 年北京奥运会开闭幕式节目中，以河南塔沟武校为主体的小武僧表演征服了中国、征服了世界。从此，以武术为主题的各种各样的电视节目频频出现在公众视野里。由中国武当太极功夫团、山东莱州中华武校、中国武当功夫艺术团联合打造的武术精粹节目《剑心书韵》，从“我要上春晚”节目中脱颖而出，成为 2014 年中央电视台春晚最受欢迎的节目之一。现场精妙的武术功夫表演，让观众如醉如痴，而糅合武术元素的电视节目和舞台剧等，则让全世界武术爱好者为之倾倒。

一、国家引领

武术的商业演出是带动其产业发展的核心部分，我国的武术表演市场发展已初具规模，部分专门从事武术表演的独立公司相继成立，各种形式的武术商业演出活动已在不同地区、不同层面展开，并且有的还取得了一定的社会效益和经济利益。在武术表演的商业化运作过程中，门票、音像制品、纪念品等创收渠道也逐步开拓出来。目前我国某些武术表演团队不但能在政府举办的各种庆典活动中参与演出，而且还能以政府的名义组团，走出国门到海外进行商业演出，为弘扬国威、宣传中华武术起到了积极的作用。表演团的收入一方面来自演出的报酬和演出现场的武术用品的销售，另一方面则是通过演出，加大对本武术学校的宣传力度，扩大生源以增加学费收入。

2004 年 3 月，为了弘扬武术文化，致力于中华武术在国内外的推广、普及和提高，国家体育总局武术运动管理中心和中国武术协会成立了“中国国家武术表演艺术团”。该团是目前国内唯一代表国家的武术表演艺术团体，拥有一大批国内著名的武术家和全国冠军级的高级教练员，以及多家国家重点体育大学武术学院教授和现代管理经营精英。中国国家武术表演艺术团以弘扬武术文化为宗旨，致力于中华武术在国内外的推广、普及和提高，承担国内外体育文化交流活动，创作演出精湛的大型武术舞台剧目。

中国国家武术表演艺术团的任务是将正宗、丰富多彩、高水平的武术进行全方位的艺术包装，让武术博大精深的神韵吸引五大洲的观众。中国国家武术表演艺术团在各地武术队和武术馆校建立 10 个武术表演人才选拔培训基地，组织武术名家和艺术家进行有针对性的教学，为剧目的生产打下坚实基础，并积极开拓海外演出市场。前不久，中国国家武术表演艺术团应美国电影制作及娱乐公司邀请，赴拉斯维加斯、洛杉矶等地，就中国功夫剧在美国演出等事宜，与当地演出管理机构、表演艺术公司、剧院、电影制作公司的有关人员进行了洽谈。目前，国际演出市场普遍看好中国武术文化和武术人才，希望与中国加强合作，推出新颖的东方功夫节目。

中国国家武术表演艺术团赴美国演出一部名为《五行繁衍》的中国功夫剧，该剧以中国武术的刀、枪、剑、棍、拳为基本元素，展现物质世界中的金、木、水、火、土相辅相成、相生相克、循环繁衍，演绎出中国武术博大精深的内涵和天人合一的理念。

中国国家武术表演艺术团的成立，是武术表演走向世界的又一种新尝试，其目标就是通过技术和艺术的完美结合，将中国功夫剧打造成为与意大利歌剧、法国芭蕾、德国交响乐、美国现代舞、爱尔兰踢踏舞等相同的、独具特色与代表性的演艺品牌，在舞台表演和影视方面探索和实践中国武术在国际上的产业化发展。

二、高端品牌

中国武术表演的高端品牌，有两个重要标志性事件，一是 2008 年塔沟武校 4700 人庞大阵容在北京奥运会开闭幕式上展示武林精粹，二是近年来武林高手武术团队屡屡在中央电视台春节联欢晚会上，以各种形式强化中国武术品牌形象。

2013 年中央电视台春节联欢晚会欢乐祥和，功夫明星赵文卓身着宝蓝色战袍，带领 8 名全国少儿武术冠军与近百名武校学员共同演绎的武术节目《少年中国》成为春晚最大亮点，为全球观众奉上了一场精彩绝伦的中华武术盛宴，令人拍手叫绝。该节目向全国观众以及全世界华人传递了正能量，令人热血沸腾。

赵文卓以“少年总教头”的身份带领着年幼的武术弟子进行晨练，一段挥洒自如的通背拳彰显出太极拳法大劈大搓、放长击远、粗犷豪放、凶猛沉实、雄浑有力、舒展大方、内外兼顾、刚柔相济的特点，看得人如痴如醉。随后，26 名来自河南塔沟武校的学员在 40 秒内完成了近 300 个武术动作，一气呵成，且队形整齐、动作标准。最后，赵文卓带领全场中华少年一起边打拳边念出梁启超的《少年中国说》中的名句，“少年智则国智，少年富则国富，少年强则国强，少年独立则国独立，少年自由则国自由，少年进步则国进步”。整个画面震撼之势犹如排山倒海扑面而来，令电视机前的观众激动不已。

2014 年 1 月 30 日晚，成龙央视春晚创意武术秀《剑心书韵》节目以崭新的思维、文武相融的寓意，形象地表达了中国武术人的精气神，以笔为剑书写了中华文化的内涵。与此同时，中国二指禅第一人王巍堡的惊艳演出，让春晚舞台绽放更为绚丽的武术光芒。

《剑心书韵》整个节目将无形的中国传统文化与有形的武术肢体表演结合起来，“千字文”“毛笔”“书签”等道具将传统文化巧妙展示，提升了节目的文化品位，扩大了文化的外延，提高了文化包容量，让海内外观众更好地领略到了中国传统文化的独特魅力。

《剑心书韵》的最初版本来自于山东省莱州中华武校，2011年11月，曾在中央电视台《我要上春晚》节目中获小组第1名。2013年7月，受山东省广播电视台推荐参加央视春晚节目排练后，先后进行了十几次修改，最终达到登上春晚的要求。《剑心书韵》的背景音乐中众童子朗诵的《千字文》，表达了只有站在巨人的肩上才能更好地成长和传播尊师重道的思想，并把整个节目推向了最高潮。充分地表达功夫的最高境界就是手中无剑，心中也无剑，就是以大胸怀包容一切，中国博大精深的文化才是武术的发展源泉和动力。整个节目所展示的，是具有儒家风范的武生境界，中国武术人习功练武、苦读书文，为的是建设家园、保家卫国。①

三、少林僧团

少林武僧是中国武术表演艺术的重要力量，屡次在国内国际舞台上进行了精彩的表演，彰显了中国武术的文化艺术魅力。

中国改革开放之后，为了继承并发扬少林武术的优良传统，同时也为满足社会对少林武术的需求，地处中原的嵩山少林寺在少林寺禅武高僧素喜大和尚的倡导下，于1979年成立了少林武术队，并以此为基础培养了大量的少林武术后备人才。1989年，嵩山少林武术队正式更名为少林寺武僧团，管理体制仿照历史上的僧兵，职能已经演变为通过表演少林武术，达到弘扬祖国传统武术文化，宣传少林禅宗正法的目的。

少林武僧团的主要业务为承接国内外少林功夫的表演及功夫舞台剧、教学和文化交流，还为各大品牌企业的开业庆典、新产品发布会、节日晚会和少林寺朝拜游等活动进行即兴演出，成了一个展示少林武术、自主运营的国内外知名的武术表演团体。少林武僧团成立以来，已经应邀出国表演近百次，足迹遍及五大洲的50多个国家和地区，是中国武术文化与世界各国交流沟通的重要使者。

1991年，少林武术团访问意大利，所到之处，掀起一股股习武热潮，米兰站最大武术馆的4500张门票销售一空，数十个城市争相邀请访问团前去表

①张子扬. 2014 央视马年春晚成龙表演创意武术秀《剑心书韵》. 2014－01－31. http://www.sd.xinhuanet.com/news/2014－01/31/c_119195877.htm.

演;1995年,适逢少林寺1500年大庆,在英国、丹麦、德国、瑞士及奥地利的首次巡回表演场场满座;1998年,少林武术团赴意大利演出教学,对中意文化交流做出了巨大的贡献,表演团曾多次出访美国、英国、德国、日本、新加坡、西班牙等几十个国家和地区,进行武术表演和教学、传禅说法,赢得了国际社会的广泛赞誉;2000年,少林寺《少林——生命之轮》在英国皇家白金汉宫首演成功,随后到欧洲各国以及北美、澳洲、亚洲等地连续巡回演出,形成全球性影响,录制的节目制作成DVD向全球发行;2002年,在荷兰演出40场和德国演出100场,获得轰动性的成功;2004年,少林寺武僧团赴巴西,参加在当地举办的"感知中国"大型文化交流活动,并在巴西最大城市圣保罗表演了精彩的少林功夫。

2010年,应上海世博会组委会邀请,少林寺武僧团一行40人参加了从2010年5月1日到2010年10月31日的室内、室外功夫展演。从2010年5月1日开始,少林武僧团在世博园区广场开始了每天4场,为期184天的武术表演,累计将有736场,每天有两三千观众观看并参与体验,这种互动环节使得现场气氛十分活跃。据统计,两台少林功夫展演全程约有400万观众,两台节目交替贯穿世博会全程。

2010年,为配合中央高层访问非洲庆祝喀麦隆等非洲国家独立50周年,少林寺武僧团一行25人先后访问了喀麦隆、刚果(布)、赤道几内亚等3个国家的4个城市,分别在喀麦隆首都雅温得的多功能体育馆和杜阿拉DB剧场、刚果(布)的国家议会大厦、国家电视台和赤道几内亚的马拉博综合体育中心等场馆进行了7场演出,每场演出都有当地政要、社会名流出席,还吸引了当地众多民众、华人社团和中资企业前往观看,观众场场爆满。少林寺武僧团凭借过硬的基本功、饱满的激情和昂扬的士气,把少林功夫的威武神勇、刚柔并济演绎得淋漓尽致。①

2014年9月,由中国驻印度使馆主办,印中经济文化促进会协办的"庆祝中华人民共和国成立65周年"中国武术演出在印度首都新德里斯里堡剧场举办,少林寺武僧团一行23人为印度观众献上了一台精彩的少林功夫展演,中印官员政要及各国驻印使节以及各界友好人士近2000人应邀观看演出。

---

①河南少林寺武僧团出访非洲三国获圆满成功. 2010-06-09. http://www.henan.gov.cn/zwgk/system/2010/06/07/010197838.shtml.

在近90分钟的演出中，身怀绝技的少林寺武僧为观众们献上了极其精彩的展演，包括罗汉拳、八极拳、通背拳、罗汉十八手等少林传统拳和少林棍、拐子枪、梅华刀、达摩杖等传统兵器以及二指禅、五枪刺身、头开钢板等硬气功。武僧们个个武艺超群、身手敏捷，枪如游龙、棍似旋风，刀是猛虎、剑比飞龙，锤杖沉稳、钩帚机巧，刚柔并济、虎虎生威，以精彩绝伦的表演震撼了全场。观众们被少林寺武僧们的精湛武艺所折服，赞叹声不绝于耳。

四、舞台戏剧

以武术为主要内容的舞台表演形式，是近几年演出市场上推出的新作品，《风中少林》《少林——生命之轮》和《少林雄风》等都是其精品力作。

《风中少林》讲述了一名少林武僧的传奇故事，演绎了一场民族正气与邪恶外敌的生死较量，呈现了一出包蕴东方隐忍之美的爱情悲剧。全剧以天元习武作战、天元与素水的爱情故事展开，既有少林功夫的展示和恢宏的战争场面，又有如歌的人间爱情和扣人心弦的故事情节，给人以强烈的视听震撼和全新的艺术享受。《风中少林》是近年来郑州歌舞剧院推出的大型原创舞剧，以传奇的故事情节、新颖的舞台设计和不同寻常的表现形式，深刻地演绎了中原武术文化的奥秘。《风中少林》自推出以来，已经演出100多场。2005年，《风中少林》应台湾友好人士之邀，完全按照市场化运作的方式，组织了103名演职人员赴台演出，成为迄今为止大陆赴台文化交流演出团体中规模最大的一个，台湾东森、三立、台视、中天等20多家主流媒体全部到场，随后在"台北中山纪念馆"进行了为期5天的7场演出，场场轰动，盛况空前。

《风中少林》问世以来，连摘中国舞蹈"荷花奖"金奖、"五个一工程"优秀剧目奖、"文华奖"新剧目奖等大奖，引起国内外演艺机构的关注，商约不断，已在内地30多个城市连演百场。为了提升《风中少林》在世界上的知名度和影响力，郑州歌舞剧院近年来积极开拓海外演出市场，努力实现海外巡演。

2005年，美国蓝马克娱乐集团经过多方考察，决定将《风中少林》重新包装后推向国际市场，并在美国演出两年约800场。此后，该剧又与澳大利亚的演出公司签约，于2009年在堪培拉、墨尔本、悉尼3个城市进行了33场商业演出，近100万人观看演出，在海外掀起了一场中华文化旋风。[①]

---

①郑州歌舞剧院精品舞剧风靡全球. 2014－05－06. http://www.sznews.com/zhuanti/content/2014－05/06/content_9460914.htm.

《少林——生命之轮》是一场反映少林寺在中国历史长河中保护寺院、维护少林名望的历史剧,1999 年由英国制片人 Steve Nolan 编导而成,迄今仍在全球连年演出,观众无数,深受欢迎。

《少林——生命之轮》由英方投资并负责整台活动的策划编排、音乐、灯光、服装等设计制作,中方由河南嵩山少林寺负责少林品牌输出和遴选最出色的功夫演员。从 2001 年 4 月 18 日首次到英国演出,历时 4 年多,足迹遍及英伦 3 岛和欧洲 16 个国家,所到之处受到热烈欢迎,引起观众的极大兴趣。

2010 年 3 月,中国少林寺《少林寺——生命之轮》在南非约翰内斯堡进行首场演出,轰动南非。南非蒙蒂大剧院 3000 座位座无虚席,南非观众无不为少林高手精美绝伦的表演、扣人心弦的武功所震撼,为中国数千年的历史文化所感染。演出近两个小时,掌声不断,叫好不停。很多观众面对当地媒体的采访赞不绝口,甚至有人在演出后模仿武林高手的一招一式。

《少林雄风》是中国对外演出公司与中国嵩山少林寺合作的武术作品,节目取材于中国嵩山少林寺武僧的日常生活,演员均由少林寺组织的武僧担任。这些少林英雄们在舞台上时而稳坐蒲团,诵经修心,时而互相比武、展示绝技。动静交加,起伏转折,扣人心弦。表演犹如一幅幅修文不忘武备的少林武功精华图,使观众在欣赏整台节目的同时,也品味着少林武术文化"禅武合一"的无穷魅力。

《少林雄风》选择将少林武功作为演出内容,并以舞台剧作为演出形式进行包装,迎合了国内外观众的心理需求,大大地增强了节目的欣赏性、趣味性。短短两年间《少林雄风》两次赴美,在美国纽约、华盛顿、芝加哥、波士顿、洛杉矶等 50 多个大中城市巡演 85 场,观看人次逾 18 万,其中 45 场的上座率达到 100% 。

2013 年 7 月,由共青团中央、中华全国学生联合会主办的"青春唱响中国梦,同心共筑中原情"全国各民族中职学生暑期同心营暨豫澳青少年交流活动集中启动仪式在河南省博物院举行,少林寺武僧文武学校阳光慈善艺术团 24 名弟子表演了《少林雄风》,其中的童子功、旗阵、兵器演练、气功、针穿玻璃、头开钢板等精彩表演.博得与会人员的阵阵掌声。①

---

①苏爱云.《少林雄风》激情飞扬,少林小子精彩亮相. 郑州晚报,2013 - 07 - 31.

第四节　培训商业化

唐朝开始实行武举制，极大地提升了武术的社会地位，对武术的发展起到了促进作用。裴旻的剑术、李白的诗歌、张旭的草书并称唐代三绝，裴旻将军的剑术独冠一时，可见武术作为一种独特的文化形式在当时就已具有相当的影响。

尽管全球的体育俱乐部最早诞生在英国，商业体育也是发迹于欧美国家，但是中国武术的社团馆校，却是很早以前就出现在中华大地。宋元时期，以民间结社的武艺组织"社""堡""塞"等形式的民间练武活动蓬勃兴起，有舞枪弄棒的英略社，习射练习的弓箭社等。由于商业经济活跃，出现了浪迹江湖，以习武卖艺为生的"路歧人"。

到了近代，武术适应时代的变化，逐步成为中国近代体育的有机组成部分。民国时期，民间出现了许多拳社、武士会等武术组织。1927 年，在南京成立了中央国术馆，为现代武术馆校的发展开了先河，并推动了各地市、县分馆的建立和发展。①

武术培训主要包括举办长期、短期的境内外培训班，中国高等院校体育学院体育系的武术专业是最为正统的武术精英人才培养场所，而散布各地的武术馆、武术学校、搏击学校以及由各种武术协会举办的各种技术培训和职业培训班，也是中国武术培训市场的重要力量。无论在北京、上海这些国际性大都市，还是在陈家沟、少林寺这样偏远的村镇，都可以看见许多练中国武术的外国人的身影。目前，全国注册的武术学校及武术馆超过了 1 万家，规模最大的河南塔沟武校在校学生已达 2.4 万人，一般武术学校也都在几百上千人的规模，由此而来的武术培训年收入约为 100 亿元。

据知，河南登封市现有 82 所武术馆校，其中外地人士投资办的武校有 39 所，仅此一项就吸引外来投资 2 亿元。一批武校的开办，吸引了来自海内外的 5 万多名学员，每年为该市输入资金逾亿元，极大地促进了该市农业、交通运输、金融、保险、商业和旅游业的发展。武术馆校的应运而生，为繁荣武术事业，培养武术专业人才做出了贡献，截至 2002 年 11 月底，河南塔沟武术

①绿奕秋心. 中国功夫承前启后，武术馆校繁荣发展. 2010 - 01 - 13. http://www.kungfunews.com/gongfu/2010 - 01/19767p2.html.

学校共培养世界级冠军 59 人，国家级冠军 193 人。

随着中国武术的品牌张力不断扩大，武术教育培训市场开始漂洋过海走向了世界。现在，越来越多的非洲人、欧洲人和美洲人开始迷上了中国功夫，迷上了中国太极。中国热的兴起以及中国孔子学院的全球化推进，中国武术的渗透力和影响力进一步增大，中国武术、气功和太极拳等协会出现在世界各地。目前，全世界学习和接触中国功夫的学员以千万计，一些欧洲的大专院校，如布鲁塞尔大学已经把中国功夫纳入了教学大纲。

一、郑州少林塔沟教育集团

郑州少林塔沟教育集团位于中岳嵩山脚下，辖少林塔沟武术学校、嵩山少林武术职业学院、少林中等专业学校、少林中学、金塔汽车驾驶学校、塔沟武校青少年体育俱乐部 6 个教学单位。

郑州少林塔沟教育集团由始创于 1978 年的少林塔沟武术学校发展而来，出身于武术世家的全国著名拳师、中国杰出的民间文化传承人、国家武术九段的刘宝山先生，率先办起了以传授少林武术为主要特色的少林塔沟武术学校。武术教学设有套路、散打、拳击、跆拳道、武术表演、影视表演、太极、养生、泰拳、综合格斗等专业，有武术教学班 800 多个。文化教学有全日制普通中学、半日制中小学和中专、学历性大专和本科，以及被国家汉办确定的汉语国际推广基地，已形成了从幼儿园、小学、初中、高中、中专、大学、本科和国际教学的完整教学体系。

少林塔沟教育集团目前占地面积 2300 余亩，建筑面积 132 万余平方米，练功场地 50 万平方米，大型练功房 23 座，文化课教室 600 多个，还有设施一流的多媒体教室、语音室、生理化实验室、微机室、图书馆等。现有师生 3.5 万余人。

多年来，塔沟教育集团始终坚持“文武并重，德技双馨，传少林真功，育全新人才”的办学宗旨，高度重视学生的全面发展。迄今，集团共参加国内外重大武术比赛 790 多场，共获得奖牌10 085枚，其中金牌 4879 枚；获得奥运冠军等世界级冠军 508 人次；获得全国冠军 776 人次，在全国性大型武术赛事中获得 44 次团体冠军。学员陈卫刚、李俊丽等先后在第 3 至第 11 届世界武术锦标赛上获得金牌，学员张帅可在北京奥运会武术散打比赛上，夺得唯一一枚男子散打金牌，还有一大批学员先后在亚运会、全运会和南京青奥会上夺得金牌，实现了在奥运会、青奥会、世锦赛、世界杯、亚运会、全运会等国内外重大武术赛事上夺取金牌大满贯的目标。

为了更好地弘扬和传播少林武术，塔沟教育集团武术艺术表演团应邀到世界80多个国家和地区进行武术教学和表演。2003至2015年连续13年参加中央电视台春节联欢晚会并5次获奖。集团学员先后参加了雅典奥运会闭幕式、世界特殊奥运会开幕式、北京奥运会和残奥会开闭幕式、广州亚运会开幕式、南京青奥会开闭幕式等大型活动的演出，并得到了习近平、李长春、刘延东等党和国家领导人及导演张艺谋、陈维亚、张继刚的高度评价。

塔沟教育集团高度重视文化课教学，按照国家教育部颁发的教学大纲开全课程，并形成了完整的升学链条，学生不出校门就可以完成从小学到大学本科的全部学业。集团所辖各教学单位的升学率一直保持在85%以上。多年来，学员通过中招、高招和体育单招考试，先后被全国各专科、本科院校录取，升学率达86.7%，由于成绩突出，塔沟武校多次被评为教学一等先进单位；少林中学、少林中专、职业学院分别被评为郑州市民办教育十佳学校、河南省民办教育名校、诚信办学先进单位、河南省民办教育十大名校等荣誉称号。

目前，集团已被确定为河南省散打训练基地、解放军散打训练基地、河南省重点竞技运动训练基地、河南省拳击跆拳道训练基地、特种兵征兵基地、河南大学体育学院生源基地、河南大学体育硕士专业学位研究生教育实践基地、成都体院武术系教育实习实训基地等。30多年来，集团通过公安、武警特招，参军入伍，省市专业队特招，企事业单位就业，安排出国任教，内部就业和到其他学校任教等方式来实现就业，已为社会培养了15万余名文武兼备的优秀复合型人才，学生就业率达80%以上。

二、少林武术城

近年来，河南登封努力扩大武术基地的规模，开拓武术表演市场，探索少林武术与少林景区旅游的融合方式，使少林武术产业化道路越走越宽。登封市政府充分利用少林武术发祥地这一得天独厚的地理优势，制定了一系列优惠政策，鼓励兴办武术馆校。目前，在以登封市区和少林寺为中心的范围内，共有武术馆校近100所，在校习武学员接近10万人，被称为“世界上最大的武术基地”。

加快武术与旅游的联姻，使少林武术的产业化与少林寺旅游形成互动，是登封少林武术产业化的又一努力方向。由少林真功夫表演、少林迎宾仪式、少林功夫交流组成的少林寺景区体验游已正式向游人推出，为少林景区从单一的观光旅游过渡到多元化旅游打下了坚实的基础。

为进一步扩大武术产业规模，登封市政府正在筹建世界最大、规格最高的“少林武术城”，建成后将集武术教学、表演、旅游、餐饮、科研、产品为一体，预计每年将会形成 3 至 4 亿的社会效益。少林武术城以优越的地理条件和人力资源优势及突出的特色为依托，以特色经济和体育资源优势进行品牌塑造。

少林武术城在登封市区西北高地，西临少溪河，东靠万羊岗（大周封祀坛），北跨 207 国道，南跨少林路，占地面积 2.99 平方公里，毗邻嵩山风景名胜区的少林寺、三皇寨、嵩阳书院三大景区，有太室、少室群峰环抱，少溪河碧水绕城而过。

少林武术城以少林武术教学为主体，同时积极开展对少林武术的科学研究、整理和发展。以塔沟武校为龙头，建设中国第一所武术高校，带动大、中、小武校及武馆蓬勃发展，形成中国一流的武术教学科研基地，为少林武术走向世界奠定基础。为配合各类大型武术比赛活动以及平时训练、表演需要，武术城规划建设武术训练、表演、竞技比赛场馆。充分利用优美的自然环境和武术之乡的风貌，增加旅游观光、度假休闲及影视拍摄基地等功能。武术城建设还要突出禅武文化的神韵，向世界展示少林武术文化。

第五节　影视商业化

武术产业的另一条发展路径，即是与电影电视的结合，生产出一批又一批既有社会效益又有经济效益的精品力作，既弘扬了中国武术博大精深的文化内涵，又丰富了影视作品，形成了新的影视产业和武术产业。

20 世纪 70 年代，功夫片巨星李小龙火遍全球。李小龙主演的《唐山大兄》《精武门》《龙争虎斗》和自编自导自演的《猛龙过江》，改变了功夫片和中国电影的历史。《唐山大兄》在港上映不到 3 周，票房已达 350 万港元，同时连破东南亚地区的华语片票房纪录，再次掀起武术功夫片的热潮。《龙争虎斗》是李小龙处于全盛时期的巅峰之作，其累计票房至今已数以十亿计，成为李小龙电影里票房最高的一部。

黄飞鸿系列功夫片曾在中国香港家喻户晓，从香港导演胡鹏 1949 年拍摄的第一部以“黄师傅”为主人公的电影《黄飞鸿鞭风灭烛》，到2001年徐克监制上映的《黄飞鸿之八大天王》，共拍出了100多部。20世纪90年代到21世纪初，徐克执导监制了《黄飞鸿之壮志凌云》《黄飞鸿之男儿当自强》《黄飞鸿之狮王争霸》《黄飞鸿之铁鸡斗蜈蚣》《黄飞鸿之龙城歼霸》《黄飞鸿之王者之风》《黄飞鸿之铁马骝》《黄飞鸿之龙行天下》《黄飞鸿之西域铁狮》和《黄飞鸿之八大天王》这10大黄飞鸿功夫片，将黄飞鸿推上峰巅，独占功夫片市场，关德兴、成龙、李连杰和赵文卓等功夫明星都扮演过黄飞鸿这一角色。2014年11月，周显扬执导的《黄飞鸿之英雄有梦》登上大银幕，这个经典的英雄系列距离上一部已经整整过去了13年。

改革开放初期，一批以中国传统武术为背景的影视作品相继问世，创造了极佳的票房，并引爆了当时内地的功夫热潮。1982年，一部《少林寺》电影，捧红了功夫巨星李连杰。靠着一毛钱一场的票价，竟然创下了上亿元的票房，至今仍是一段传奇。受《少林寺》电影热映的影响，少林寺接待的游客数也直线攀升，从1978年的20万人到1982年《少林寺》上映后暴涨的70余万人。在武侠风横扫全国的1984年，游客数更是飙升到了260万。1983年，香港电视剧《霍元甲》打破禁锢之风首次在内地播放，引发万人空巷，《霍元甲》主题歌“万里长城永不倒”成为当时最流行的歌曲。此后，《武当》《大刀王五》《新方世玉》《海灯传奇》《陈真》和《少年张三丰》等影视片风靡华夏大地。

为了进一步弘扬中国武术文化精髓，河南卫视、中央电视台体育频道和陕西卫视等都策划了一批高水平的武术类电视节目。2004年元月，河南卫视精心打造的《武林风》亮相电视屏幕，以全新的节目形式和前卫的时尚包装很快征服了观众，成为河南台的一个标志性节目，收视稳居河南卫视第二位。强大的市场份额，固定的收视群，独特的节目架构，新颖的节目形式让《武林风》迅速成为全国自办栏目耀眼的关注焦点，成为众多武术爱好者追逐的热点。2007年，中央电视台体育频道倾力打造的中华传统武术技击赛事——《武林大会》，旨在“还原真实武林、传承功夫精髓”。

1996年，中国首家寺院网站在少林寺建立，www. shaolin. org. cn 成了少林寺的官方网站，中国武术开始了新媒体品牌宣传。2003年，中国互联网新闻宣传高峰论坛搬到了少林寺古老大殿藏经阁，并独家授权网络游戏《少林传奇》。

2004年7月，中断700余年的“少林药局”得以恢复，并将从不外传的千年秘方公之于众。紧接着，少林寺更是出人意料地将《易筋经》、72 绝艺、点穴功等少林武功秘籍以及修炼方法通过网站向全世界公开，由此，少林寺的网站日点击量超 10 万。对于少林寺官方网站公开少林武功秘籍引发的争论，有关方面回应认为这属于全世界人民的宝贵财富，应该公之于众。

一、李小龙功夫片

李小龙是全球公认的中国功夫巨星，是中国武术传向世界的积极推进者和亲力亲为者。李小龙不仅精通武艺，创造了截拳道等很多独门绝技，而且还在海外传授中国武术，手把手教外国学生学习中国国粹。为了武术传承的国际化，李小龙以自己的独门秘籍打入好莱坞，开启了好莱坞中国功夫片的大幕，是公认的世界功夫片始祖。

李小龙的出现打破了以往功夫动作片的虚假以及香港明星气质的萎靡，开创了华人进军好莱坞的先河，让西方人认识和学习中国功夫，同时令动作片成为香港电影和中国大陆的主流片种之一。李小龙被誉为"当代中国武术及电影史上的奇才""发扬中国武术最有成效的人"，美国人赞誉他为"功夫之王"，日本人称他为"武之圣者"。

截拳道是李小龙所创立的融合世界各种武术精华的全方位自由搏击术，意思是阻击对手来拳之法，或截击对手来拳之道。截拳道倡导搏击的高度自由和本能性，抛弃传统形式，忠实地表达自我。截拳道的纲领和要义是"以无法为有法，以无限为有限"，将东西方哲学理念运用于武术，是一种搏击指导和方法论。

李小龙旅居美国期间，曾和亦徒亦友的美籍菲律宾棍术名家丹·伊诺山度交流过双节棍。在好莱坞剧集《青蜂侠》中，李小龙首次使用双节棍。双节棍为两节圆柱体的硬木，中间以铁链或皮条相连，既可猛击，又可绞杀，集棍的刚猛与鞭的阴柔于一身，美国一本武术专著上曾如此介绍："挥舞着的双节棍的一端，其落点可产生 1600 磅的力，威力非常惊人。一旦连接双节棍的铁链或皮条缠绕到对方的脖子上，只需轻轻一拉，便足以将人绞死。"生活中的李小龙常携带双节棍防身。

如今美国的不少州以法律的形式禁止拥有与使用双节棍。原因是有些美国青年看过李小龙的功夫片，或耳闻双节棍的威力，玩弄双节棍并因此酿成人命。《精武门》让当时的香港观众见识了李小龙精湛的双节棍术，令观众叹为观止。《猛龙过江》时，李小龙手中的双节棍变成两对，表演难度极大,更是令人眼花缭乱。

1971年夏季,李小龙接受香港嘉禾电影公司的邀请,以1.5万美元的片酬签下了两部影片,第一部是以中国武术为题材的《唐山大兄》,该片预算只有10万美元,却创下了香港开埠以来的电影最高票房纪录,达到了300万港元。

1971年,李小龙投入《唐山大兄》拍摄,引起了世界各地武林高手的关注。在泰国曼谷《唐山大兄》拍摄片场,察尔·铺挑战李小龙,李小龙以“连环三脚”将他重重击倒在地,整个对抗时间前后不足18秒。

1972年,李小龙为嘉禾公司出演第二部电影《精武门》,预算比《唐山大兄》增加了一倍,引起了全港地区更大的轰动,一举打破了亚洲票房纪录。李小龙在片中的大无畏精神和惊人的打斗技巧,特别是他表演中的“李三脚”“地躺拳”和“双节棍”,令人赞不绝口。

此后,李小龙又自组协和电影公司,自编、自导、自演了影片《猛龙过江》和《死亡游戏》。此后,李小龙与美国好莱坞华纳电影公司联合拍摄了《龙争虎斗》,并担任了主角。《龙争虎斗》在美国放映时,在票房上击败很多同期上映的一级好莱坞大片,好莱坞新的功夫片由此诞生。

正当李小龙雄心勃勃,准备继续拍完《死亡游戏》的时候,7月20日突然在香港逝世,年仅33岁。李小龙的死使好莱坞为之惋惜,美国方面追授他多项电影纪念奖。

1975年,根据李小龙武学和哲学遗稿《武道释义》编辑整理而成的《截拳道之道》一书由美国奥哈拉出版社正式出版,并很快被译成9种文字畅销全球,被欧美武术界奉为“武道圣经”。截至1999年,《截拳道之道》前后重印40余次。

1976年,粤语版《李小龙传奇》在香港上映。1993年,美国好莱坞将李小龙功夫传奇搬上荧屏,英文版《李小龙传》受到高度热捧。2008年和2010年,分别出版了中国大陆版的《李小龙传奇》和《李小龙我的兄弟》。2005年,美国探索频道播出纪录片《李小龙之截拳道》,以此缅怀李小龙的武术成就。2009年10月,美国历史频道播出的纪录片《李小龙如何改变了世界》,全面展示了李小龙的中国武术和参演的世界功夫影视片等综合成果。2015年2月,李小龙女儿李香凝宣布将开拍有关李小龙的传记电影,希望新作能更深入体现李小龙的信念、武学本质及人物精神。

李小龙的成就得到了全世界公认,美国等西方国家给予极高评价,以各种形式对他进行缅怀。1993年，美国发行李小龙逝世20周年纪念钞票，好莱坞名人大道铺上李小龙纪念星徽。同年，李小龙获香港电影金像奖大会颁发“终身成就奖”。1998年11月，李小龙获中国武术协会颁发的“武术电影巨星奖”。1999年，美国《时代周刊》列出20世纪英雄与偶像人物名单，李小龙与英国已故王妃黛安娜、美国总统肯尼迪等一同上榜。同年，由香港7家电子传媒联合举办的“世纪娱乐风云人物选举”，李小龙荣登“娱乐风云人物榜”的首位。2000年，美国政府宣布发行一套《李小龙诞辰60周年纪念邮票》，这是继玛丽莲·梦露和007之后第3位获此殊荣的艺人，也是华人中的第一人。2003年，美国《黑带》杂志推出李小龙逝世30周年纪念专辑“李小龙对美国武术界的恒久影响”。2008年11月，全球最大的李小龙纪念馆在其祖籍广东顺德均安镇开馆，总用地面积3.7万平方米。

尽管过世已久，李小龙依然是功夫代名词，已成为一个无法复制的神话。李小龙可以不用电脑特效也能做出难以想象的动作，与美国拳王阿里和泰森一起被视为搏击史上最伟大的3位格斗家。

二、中国功夫片

李小龙开创的中国功夫片，对国内外武术影视市场都产生了深刻而广泛的影响。由中资长城电影制片厂拍摄的《少林寺》，成了与中国内地观众见面的首部香港功夫片，是频繁创造票房纪录的影视典范。

《少林寺》是第一部在武林圣地嵩山实地拍摄的电影，巍峨挺拔的嵩山，飞流直泻的瀑布，清澈见底的小溪，幽深庄严的古寺，千姿百态的佛像，还有塔林、碑碣、壁画等饱含中华武术神韵的镜头在影片中出现，使观众大饱眼福。

《少林寺》影片的主要演员都是各有所长、各怀绝技的武林高手，不用替身、不仰仗特技，影片中表演的中国传统武术，无论是拳术，还是刀、枪、棍、棒等十八般武艺，都是真材实料，绝妙高超。男主角觉远和尚的饰演者李连杰，8岁习武，刀、枪、剑、棍、拳样样精通，曾于1974年到1978年蝉联5届中国武术比赛的全能冠军。李连杰的武技静如处子，动如脱兔，收放自如，线条优美，节奏分明。

除艺惊天下的李连杰外，其他演员也都是武技惊人。影片武术总指导潘清福，曾多次在中国武术比赛中获得金牌。他在片中饰演的王将和棍僧的对打，紧张激烈，令人眼花缭乱。饰演昙宗大师的于海担任山东武术队教练，在中国武术比赛中，曾获得螳螂拳冠军。另一位山东武术队教练于承惠饰演大反派王仁则。他擅长醉剑和双手剑，身法优美，气如长虹。拳术名家胡坚强是浙江武术队队长，饰演了悟空和尚，他的拿手本领是地趟拳和猴棍，曾获得中国武术比赛的全能冠军。饰演女主角白无瑕的丁岚，是河南省戏曲学校著名的豫剧刀马旦，也是影片中唯一的女武艺高手。其他参加演出的刘怀良、孙建魁、计春华、杜传扬等，也都是中国武术界的精英。

影片经过苦心设计和巧妙安排，使每一个角色扮演者都能把自己所怀绝技结合着剧情的发展，在各场打斗中充分施展，龙腾虎跃，各显神通。正宗的中国武术功夫系统地再现于银幕，可谓是一次武术精华大荟萃，一次具有世界水平的武术群英会。

《少林寺》在许多国家同时公映，如美国的纽约、旧金山，泰国的曼谷，澳大利亚的悉尼，菲律宾的马尼拉等地。在春节放映出期间，均打破华语片的卖座纪录，影片还行销到日本、新加坡和非洲一些国家。

《少林寺》在香港上映期间，盛况空前。报刊每天登载有关影片的消息、少林寺的逸闻、演员的轶事。日本少林拳法联盟由女掌门人宗由贵小姐亲率7人代表团到港祝贺《少林寺》首映。李连杰、于承惠等5位主要演员赴港参加首映式活动，所到之处皆受欢迎，观众对他们的武技赞不绝口。《少林寺》在香港放映时，场场爆满，首映6周票房总收入已达1600万港元，观众超过100万人次，打破了由成龙自编、自导、自演的香港功夫片《师弟出马》创造的1100万元港币票房收入的最高纪录。

在泰国，《少林寺》成为一些电影院起死回生的影片，认为李连杰是继李小龙、成龙之后的第3个里程碑。《少林寺》在美国放映时，在美国影坛引起了极大反响。该片除了普通话版和粤语版外，还有英语、泰语、德语、日语、法语等版本，堪称标准制式的国际性大片。《少林寺》在中国各地城乡公映时，群众争相观看，各个影院门庭若市。1982年，《少林寺》在湖南株洲市区5家电影院共放映了222场，创下当时的最高纪录。

1983年，由香港亚洲电视台制作的《霍元甲》引入内地播放，这是第一部在内地播放的香港电视连续剧。《霍元甲》引发了收视热潮，出现万人空巷的盛景，其主题曲"万里长城永不倒"传唱神州大地，让亿万国人热血沸腾。当时，中国正处于改革开放之初，人的思想受到太多的禁锢，压抑太久正是需要释放的时候，加上那个年代高品质影视剧极度匮乏，所以该片的上映特别能引起人们的兴趣。

后来,《霍元甲》另起炉灶请中国功夫皇帝李连杰担纲主演,在票房上收获颇丰,突破亿元大关,位居2007年度港产片票房收入之首。全美首映票房超过千万美元,海外累计票房为4180万美元。

武术类影视作品在中国大陆掀起一波波高潮,形成了长时间的武术影片热。2001年,广东皮卡王影业公司倾资5000万元人民币重拍《霍元甲》《大英雄陈真》和《精武小子霍东阁》3部电视剧。由刘德华、谢霆锋、成龙、范冰冰、吴京等人主演的电影《新少林寺》于2011年1月19日在全国各影院上映,首周票房过亿元,至2011年3月总票房近4亿元。2008年6月,一部进口动画功夫片《功夫熊猫》被人们津津乐道,影片上映首周便达到6500万票房,影片上映10天,累计票房轻松突破亿元大关。

三、武林大会

电影和电视连续剧功夫片热卖,孵化出电视台制作的武术类电视节目。2004年,河南卫视精心打造《武林风》这一集竞赛、表演与娱乐为一体的节目,在每周六晚黄金时段18:00和20:05分别以60分钟和100分钟进行超长时段播放,其收视覆盖周边52个国家和地区。这是中国传统武术文化和现代化电视艺术的完美融合,也是中国唯一一档走向世界的大型武术娱乐栏目。

河南电视台《武林风》栏目是中国唯一一档武术、竞技、娱乐节目,自2004年元月开播至今,已经成为河南台的标志性节目,全新的节目形式、前卫时尚的包装,使《武林风》的收视稳居河南台第2位,强大的市场份额,固定的收视群,独特的节目架构,新颖的节目形式让《武林风》迅速成为全国自办栏目的关注焦点,成为众多武术爱好者热追的栏目。

2007年7月10日—9月2日《武林风 · 少林寺传说》在日本演出,每天演出3场,每场45分钟,共演52天156场,该类活动在河南电视台历史上尚属首次,是规模最大、时间最长、影响最广的一次国际演出。

富士电视台的负责人表示,现在《武林风》已经成为日本民众最为熟悉的中国电视节目之一。应日本富士电视台邀请,韩国人气明星权相佑率3000名粉丝前来日本参加富士电视台《武林风 · 少林寺传说》的主题活动,在日韩两国掀起了新一轮的《武林风》宣传高潮。①

①郭俊华. "武林风 · 少林寺传说"继续热演东京. 2007-07-27. http://www.dahe.cn/xwzx/bwzg/t20070727_1054517.htm.

2007 年，由中央电视台体育频道、中国大学生体育协会、中视体育推广有限公司倾力打造的中华传统武术技击赛事——《武林大会》在中央一套播出，旨在"还原真实武林、传承功夫精髓"。自 2007 年 3 月开播以来，深受全国武术专业人士及电视观众的好评。

2007 年 11 月 1 日，中视体育推广有限公司与中国奥康集团在中央电视台梅地亚中心宣布，由中国大学生体育协会、中央电视台体育节目中心主办、中视体育推广有限公司承办和制作的《武林大会》，正式以康龙《武林大会》的形象面向广大电视观众和武术爱好者。《武林大会》开播不久，即赢得赞助商及欧美各国、韩国等国外电视传媒的高度关注。

2008 年 2 月 20 日，《武林大会》同韩国主流媒体 YTN 电视台正式签约，4 月韩语版《武林大会》率先在韩国主流媒体 YTN 电视台播出了 2007 赛季的 14 场精彩对决，这是我国拥有完全自主知识产权的传统民族体育赛事第一次以商业模式正式在国外定期播出。随后，《武林大会》在欧洲的版权交易开始进入协商阶段。

《武林大会》作为中央电视台体育频道麾下的中视体育完全自主知识产权的品牌赛事，已经成为一个中国电视体育人自己打造的中国传统体育的标志性体育赛事，吸引了越来越多的社会资源（企业、民众、武术界人士），赢得了越来越多的喝彩声，并开创了一个民族体育品牌国际化的先河。

第九章
最稚嫩的全运会

全国运动会简称全运会，是中国规模最大、影响最为广泛的大型综合赛事，长期以来一直是计划经济的产物，直到第8届上海全运会，才开始有了商业赞助，有了电视转播权的售卖。第10届全运会打破了在北京、上海、广州等地举行大型综合运动会的惯例首次在江苏南京举行，自此中国的全运会真正开始了商业之旅的探索，可谓是最稚嫩的财富赛事。

全运会是中国国内水平最高、规格最高，也是最为隆重的综合性体育盛会，在我国体育事业几十年的发展进程中，占有举足轻重的地位。在计划经济时期，全运会基本上是计划经济运作模式，举办经费主要靠中央和地方拨款。随着我国改革开放的深入和体育产业的发展，全运会逐步走上市场化运作道路，在保证能够实现锻炼队伍、奥运练兵和发展全民健身运动战略目的的基础上，开始大规模地商业运作，最终形成了具有中国特色的赛事品牌，真正地成为"体育的盛会，人民的节日"。

全运会代表着中国体育的高规格（党和国家最高领导人出席开闭幕式、国际奥委会主席到场）、高水平（国内各项体育运动最高水平的运动员齐聚，还有部分港台选手参加）和高质量（赛事申办和组织严谨，主办地举政府之力营建最好的体育场馆，组织最高水平的裁判员队伍）。正因为如此，全运会成为一个巨大的商业传播平台和经济活动平台，可以帮助一个企业或品牌迅速扩大在中国的知名度。自1997年10月上海全运会走上市场开发之路后，全运会组委会借鉴了奥运会的市场开发模型，又结合了我国的实际情况，取得了一定的成功。经过5届全运会的20年经营运作，全运会的收入从8运会的1亿元、9运会2亿元发展到10运会的4亿元，到山东济南11运会时达到 8 亿元人民币。

根据国家统计局的统计数据,2012 年我国体育产业的总规模为 9500 亿元人民币,从 2006 年到 2012 年年增长率是 16.1%,在此基础上,2014 年 10 月,国务院印发了《关于加快发展体育产业促进体育消费的若干意见》,提出"到 2025 年中国的体育产业要达到 5 万亿"的目标,中国体育产业可以接近发达国家的中等水平,体育产业对经济的贡献率要从 0.5 上升到 1.3,对 GDP 的贡献的比重至少有 0.8 个点的增幅空间。《意见》既是对中国体育产业宏观目标的设计,也对中国全运会商业开发提出了更高的要求和期待。

第一节　发展变迁

作为国内最具影响力的综合赛事,全运会肩负着提高我国体育竞技水平、选拔培养后备体育人才、为奥运锻炼出征队伍的重任,所以全运会在项目上基本按照奥运项目或潜在奥运项目(比如中国武术)进行设置,对于非奥运项目赛事则专门创设了全国体育大会,并且在竞赛办法上也按照奥运会来执行。

在已经举办的 13 届全运会的旅程中,比赛由最初的 1600 多名运动员发展到第 13 届上的近 1 万名,随之而来的是教练员、裁判员、新闻工作者以及观众规模的扩大,全运会规模已经逐步接近奥运会的参赛规模。

随着我国国民经济水平的提高,经济体制的变化,全运会的举办地点也在悄然发生着重大改革。自 1959 年第 1 届全运会在北京市举办以来,国务院就有文件规定,只容许在北京、广东、上海 3 个经济相对发达的省市举办,并且举办费用主要依靠中央及地方行政拨款与捐赠来筹措。随着中央政策的变化,从第 9 届全运会开始,举办费用改变了以政府拨款为主的思路,转变为以市场开发为主的经营思路,全运会的运作和管理发生了根本性变化。

全运会的最大变化,当属打破了由中央政府决定的京、沪、穗 3 个省市承办的格局。随着改革开放的进一步深化,中国国民经济发展水平不断提高,综合国力不断加强,国运兴、体育兴,体育作为社会主义现代化建设事业的重要组成部分和社会主义精神文明建设的重要载体,在人民群众的生活中发挥着越来越重要的作用。许多省区市的体育设施建设步伐也显著加快,体育场馆如雨后春笋般兴建起来,交通通信条件、宾馆饭店等日臻完善,基本具备了承办大型综合性运动会的条件。国家体育总局对全运会的项目设置、规模进行了调整，使之更为合理、适度和易于运作，使京沪穗之外的更多地方承办全运会成为可能。2000 年 10 月，国家体育总局向国务院上报了《关于申请开放全国运动会由北京、上海和广东三地轮流举办限制的请示》，国务院适时做出批复，同意取消限制，但要求申请和举办全运会要本着实事求是、量力而行、勤俭效能的精神，按照国家体育总局和申办省、自治区、直辖市“共同举办、共同负担，经费以地方自筹为主，中央定额补助为辅”的原则进行。

国家体育总局借鉴了奥运会申办的办法，并结合中国实际制定出《申请承办全国运动会的基本要求》，全国各地积极响应，辽宁、江苏、浙江、湖北和陕西等 5 个省正式提交了承办第 10 届全国运动会的申请。2001 年 6 月，国家体育总局在北京召开全国体育局长会议，采取不记名投票办法，民主推选 10 运会承办单位，最后确定第 10 届全国运动会于 2005 年在江苏省举行。

全运会一直是京、沪、粤两市一省轮流坐庄，由江苏省承办的 2005 年第 10 届全运会打破了这一规定，是中国大型综合运动会真正开启商业之门的标志性符号。自此，全运会进入了竞争申办时代，中国全运会也进入了全面商业化运营时代。（见表 9.1）

表 9.1　历届全运会举办情况一览表

届次	时间	地点	规模	项目数量	特点
1	1959 年 9 月 13 日—10 月 3 日	北京	30 个单位，1658 名运动员	36 个比赛项目，6 个表演项目	新中国成立以来第一届全国运动会
2	1965 年 9 月 11 日—9 月 28 日	北京	30 个单位，5922 名运动员	22 个比赛项目，1 项表演项目	是我国经历 3 年困难时期后首次全国比赛
3	1975 年 9 月 12 日—9 月 28 日	北京	31 个单位，12 497 名运动员	28 个比赛项目，10 项表演项目	台湾首次派团参加了全国运动会
4	1979 年 9 月 15 日—9 月 30 日	北京	31 个单位，15 189 名运动员	34 个比赛项目，1 项表演项目	拨乱反正改革开放，火炬象征着继往开来

续表

届次	时间	地点	规模	项目数量	特点
5	1983年9月18日—10月1日	上海	31个代表团，8943名运动员	25个比赛项目，1项表演项目	是首次在首都北京之外的城市举行
6	1987年11月20日—12月5日	广东	37个代表团，11 676名运动员	44个比赛项目，3项表演项目	行业体协首次参加本届运动会
7	1993年9月4日—9月15日	北京	45个体育代表团，8000人	43个比赛项目	首次设分赛场四川和秦皇岛，首次有吉祥物
8	1997年10月12日—10月24日	上海	46个代表团，7000余人参加	28个比赛项目	香港首次组团参赛，首次设运动会志愿者
9	2001年11月11日—11月25日	广东	45个代表团，12 314名运动员	30个比赛项目	澳门首次组团参加，也是历史上真正市场化运作首届比赛
10	2005年10月12日—10月23日	江苏	46个代表团，9922名运动员	42个竞赛大项，357个小项	是第一次由北上广之外的城市申办的全运会，市场运作比较成功的一届
11	2009年10月16日—10月28日	山东	46个代表团，12 000名运动员	33个大项，43个分项，362个小项	参赛规模最大，市场运作最成功的一届
12	2013年8月31日—9月12日	辽宁	46个代表团，9000多运动员	31个大项，40个分项，350个小项	勤俭办赛，白天开幕式，取消大型文艺演出

第12届全运会开幕式安排在下午16时举行，是近30年以来首次在白天举办的全运会开幕式。为办成一届“全民参与、回归体育、节约朴素”的全运会，第12届全运会组委会贯彻落实党的十八大以来中央关于改进工作作风、反对铺张浪费、开创赛会新风的要求，改变了1987年6运会以来晚上举

办开幕式的惯例，不燃放焰火，而且取消大型文艺演出，将请明星大腕演出改为深受群众欢迎的全民健身活动，来自全省各地的群众成为开幕式主角。开闭幕式总预算为 900 万元，仅为原计划的 1/10。

第 12 届全运会的比赛场馆，无论是在省会沈阳市的场馆，还是其他设有分赛区的 13 个地市场馆，一半是在原有场馆基础上改造而成，能改造的场馆不新建，所有设备能借的不租，能租的不购，25 个市属全运会场馆中只有 3 个新建场馆。

第二节　商业之旅

全运会是我国计划经济体制下的产物，在经历了改革开放和中国经济迅速发展的时期后，全运会赛事开始了市场运营。从第 1 届全运会开始的全运奖券（最早期的集资体育彩票），到后来开发的吉祥物产品、全运会赞助、全运会邮票及特许产品，以及电视转播权的售卖等，都标志着全运会商业之旅已经开启。改革开放的前沿阵地广东省，在全运会的商业操作上大胆先行，为我国体育产业的发展做出了积极贡献。

一、全运奖券

我国早期的体育彩票，最早多是由大型运动会的组织委员会发行的。1984 年末，国务院首次批准为筹办广东 1987 年第 6 届全运会，发行集资彩票（时称“奖券”），并于 1985 年 2 月开始在广东全省发行。这是我国第 1 套体育彩票。从此，彩票与全运会结下了不解之缘，由彩票募集的资金，为历届全运会做出了巨大贡献。历届全运会的集资彩票，成为收藏界特别是全运会收藏中的重要门类，其在体育界的历史价值与收藏价值不可低估。

1987 年，第 6 届全运会在广州举行。在这届全运会之前，国务院首次批准发行集资彩票。此前，也有业界人士提出过全运会彩票动议，但前 6 届全运会举办期间，用彩票为体育赛事集资的理念尚未成熟，所以均未施行。直到 1985 年 2 月第 6 届全运会体育彩票第 1 期上市，才宣告体育赛事集资型彩票在我国初具雏形。每注 2 元的全运会奖券，在那个时代相当于现在的 100 元，算是一种奢侈品。在此之后的两年时间里，第 6 届全运会体育彩票又陆续发行了 21 期，共募集资金 3000 万元。第 6 届全运会彩票集资的成功，引得之后各届全运会纷纷效仿，并不断推陈出新。1994 年 3 月 11 日，一份名为《国务院办公厅关于体育彩票等问题的复函》文件正式下发至国家体委,"国务院同意适量发行体育彩票为举办大型体育运动会筹集部分资金"。这份复函,标志着国家赋予了体育系统发行体育彩票的职能,中国体育彩票正式诞生。

为了迎接第11届山东全运会的开幕,为这一体育盛事营造氛围,国家体育总局体育彩票管理中心特意推出"顶呱刮"即开型彩票——"第11届全运会"。这种即开票面值3元,返奖率高达65%,最高奖金为3万元,受到体育彩民广泛欢迎。这套全国统一发行的彩票自2009年2月份以来陆续在全国各大省市发行,并引起了广泛关注,热销的同时也成为彩票收藏爱好者的新宠。彩票票面印制精美,色彩艳丽,全运会徽标"和谐中华,活力山东""和谐中国,全民全运"的主题口号以及吉祥物"泰山童子"均跃然于票面上。①

2013年8月31日,为庆祝第12届全运会的胜利召开,国家体育总局体育彩票管理中心发行以"全运会"为主题的中国体育彩票"十二运邮彩"。这是继2011年"世游赛邮彩"后中国邮政与中国体育彩票两大品牌的第2次合作,也是首次以"全运会"作为主题的邮票。

作为12运特许商品,"十二运邮彩"在全国限量仅发售6万套,升值潜力和收藏前景巨大。十二运邮彩为票册形式,由封皮、封底和内部插页组成。插页设计为5联票,由5张个性化邮票和5张面值10元的12运主题传统型彩票组成,彩票分为6个奖级,最高奖金15万元。

"十二运邮彩"每张分为两部分,左侧分别为玉兰花、杜鹃花、百合花、梅花、荷花5枚不同的个性化邮票主图,右侧为传统型体育彩票。5枚主题传统型体育彩票分别采用12运主赛场——沈阳奥体中心体育场、游泳馆及网球中心、省柏叶基地自行车馆、综合馆和省柏叶基地射击馆这5个场馆外景为背景图案。

在此次设计上,中国邮政集团特批在同一版邮票上可同时出现5枚不同的鲜花邮票主图,这在中国邮票史上是第一次,属国内首创,在世界上也没有查询到类似的产品记载。"十二运邮彩"不仅集体育彩票的公益性、彩票游戏的娱乐性和邮票的收藏价值于一身,而且彰显着体育彩票的品牌价值,具有很大的收藏价值。由于独具匠心的设计理念与品牌效应,2011年的"世游赛邮彩"仅出售两天就被抢购一空。

---

①倪佳."全运彩票"让彩民情系全运,11届全运会藏市抢手.公益时报,2009-08-10.

体育奖券(彩票)给体育运动带来了直接的经济收入,弥补了举办运动会尤其是大型综合性运动会经费的不足。截至 2014 年 3 月 31 日,中国体育彩票上市发行 20 年来,累计筹集体彩公益金超过 2119 亿元,为我国的体育事业和社会公益事业做出了巨大的贡献。①

二、电视转播

在以往的中国体育赛场上,没有电视转播权之说。作为中国电视的龙头老大,中央电视台不仅可以无限制免费转播任何赛事,而且还可提出一些额外的条件,比如让赛事举办方提供往返交通费用、人员食宿接待乃至转播费用。在常规的赛事举办方眼中,唯有中央电视台的转播或直播,才能够体现赛事的档次和规格,才能够满足赞助商、广告商等合作伙伴们的需求。

第 8 届全运会组委会认为,国外重要体育赛事的主要收入来自电视转播权,但中央电视台一向是免费转播。在上海东方电视台向组委会提出独家转播全运会的背景下,上海开始与中央电视台协商,最后终于获得了 160 分钟的广告时段,收获了价值约 160 万元的转播权收入。这笔转播费尽管数目不大,而且仅以电视广告作为转播权售卖,但意义十分重大,它开创了我国全运会历史上电视机构购买赛事转播权的先河。

如果 8 运会是电视转播权销售的有效尝试,那么 9 运会则是首次全面实行电视广播权有偿转让的开始。8 运会首卖电视转播权赚得 160 万的收入,9 运会顺势扩大战果,同各电视台、广播电台进行艰苦的谈判,最终有 30 多家电视台购买了电视转播报道权,香港的两家电视台共同购买了香港地区的报道权,中央电视台花费 450 万元购买了全国版权,组委会最终从广播电视转播权的开发中收益 1000 多万人民币。

10 运会组委会与中央电视台建立合作伙伴关系,共同开发 10 运会的电视转播权,实际上也证明了 10 运会组委会的成功。

10 运会电视版权开发项目共计实现收益近 1200 万元,其中净收益 980 万元,国内共有 28 家电视台购买了 10 运会电视转播权,收入达 410 多万元。港澳台电视版权开发获得收益近 50 万元。另外,海外版权开发也获得了 7.5 万元的收益,德国的 ZDF 电视台购买了 10 运会的海外版权,这恰好填补

①体彩上市 20 年销售 7354 亿创奇迹,筹集公益金 2119 亿. 2014 - 04 - 08. http://sport. sina. com. cn/1/2014 - 04 - 08/07437109405. shtml.

了全运会电视版权开发史上的一项空白，是电视版权开发立足国内、辐射海外的一次成功突破。（见表 9.2）10 运会与中央电视台的此次合作，开创了全运会乃至其他大型体育赛事与电视媒体合作的新模式、新途径。

表 9.2　第 10 届全运会电视转播权销售实施计划（单位：万元）

<table>
<tr><th>开发项目</th><th>主要开发对象</th><th>辅助开发机构</th><th>收入目标</th></tr>
<tr><td>电视转播权
一揽子销售</td><td rowspan="2">中央电视台/
ESPN 体育频道</td><td rowspan="2">体育总局电视转播权指导委员会</td><td>2000</td></tr>
<tr><td>赛事转播权
一揽子销售</td><td>1800</td></tr>
<tr><td>三类比赛
电视转播权
一揽子销售</td><td>地方有线
电视台联盟</td><td>中体影视有限公司</td><td>1600
600
450</td></tr>
<tr><td>新闻报道权
一揽子销售</td><td rowspan="2">国内卫星
电视台联盟</td><td rowspan="2">中国教育电视台</td><td>350</td></tr>
<tr><td>资料集锦权
一揽子销售</td><td>150</td></tr>
<tr><td colspan="3">按照客户意见调整产品结构</td><td>2000</td></tr>
<tr><td>27 个大项
剩余项目转播权招标</td><td rowspan="2">地方有线台
国内卫星台</td><td></td><td>2650</td></tr>
<tr><td>400 个小项
剩余项目转播权招标</td><td></td><td>3000</td></tr>
</table>

第 11 届全运会组委会创新转播方式，尝试与国际接轨，通过不断创新工作方法、转播技术手段等，顺利完成了举重、摔跤、排球、拳击、马术 5 个大项的电视转播及公共信号传输，山地自行车、公路自行车、速度赛马 3 个项目的电视录播，共计完成 360 个小时的电视公共信号制作。实现了零事故、无差错的工作目标，受到了国家体育总局宣传司、中央电视台等部门的一致好评。

三、赛事赞助

如果说体育彩票的发行和电视转播权的转让，只是全运会商业运作的小荷初露尖尖角，那么，江苏省的10运会则开始了名副其实的大规模全运会商业开发，签订的赞助合同金额超过3.6亿元人民币，全面超越了8运会和9运会（8运会为1亿元，9运会为2亿元）。其中，赞助招商成效显著，中国石化、中国电信、中国移动、可口可乐、江苏隆力奇公司等12家企业相继成为10运会组委会合作伙伴，江苏牡丹汽车集团、广东大哥大集团等企业成为10运会组委会赞助商。另外，还有英派斯、飞亚达等一批企业成为10运会组委会的独家供应商。

在获得10运会主办权后，组委会在2003年10月成立了10运资源开发有限公司，主要负责10运会各项工作的组织管理和商务营销以及宣传工作。2005年江苏南京第10届全运会，首次举行特许经营权拍卖会，来自澳门、上海、南京等地的20多家广告、印刷、工艺品公司齐聚江苏省拍卖总行，角逐10运会金属制品特殊标志使用权、10运会指定印刷服务权。特许经营、其他商业资源开发进展顺利，通过公开拍卖、定向邀标等形式，云锦、金属制品、毛绒玩具、运动服饰、接力火炬、雨花石制品、水晶玻璃制品、旗帜、手表、瓷砖、陶瓷饰品、旗袍等特许标志使用以及指定新闻发布会场、指定印刷服务权等特许经营项目，还有其他商业资源开发，共实现合同成交金额2500余万元。

在前几届全运会上，基本没有体育保险业务。从第9届全运会开始，组委会进行了有目的的保险开发，一些保险公司也发现了体育保险市场的潜力，积极地以各种形式参与全运会的保险业务。9运会上，中国人民保险公司赞助600万元并将独家承保九运会的公众责任保险、财产保险等一切保险业务。

在10运会上，中国人保财险承保了10运会开、闭幕式大型团体操排演人员4590多人的人身意外伤害保险及附加医疗保险责任，从而成为10运保险的“第一单”。这为10运会提供包括公共责任保险、人身意外伤害保险和专用车辆保险等多项保险保障，并提供包括卫星定位系统查勘调度在内的多项增值服务。

前3届全运会时没有进行任何的市场开发，真正意义上的市场开发始于第4届全运会。1979年举行的第4届全运会的比赛场地上出现了商业广告,当时的纯广告收入将近1万元人民币。

第11届全运会组委会共与70多家国内知名企业签订了供应商以上级别的合作协议,其中合作伙伴18家、特别支持单位2家、赞助商6家、独家供应商8家、供应商27家,涉及行业及企业比往届有较大突破,既有中国石化、中国人寿等大型国有或国有控股企业,也有上海通用这样的知名外资企业,也有潍柴动力、齐鲁证券、山东高速等山东省属企业,还有国人西服、特步等大批民营企业。此外,全运会以特许经营、指定产品、门票销售等方式也筹集到了可观的资金,11运会仅门票收入就超过1200万元,大大超过预期。据第11届全运会官方统计,此次市场开发收益包括现金、物资和服务合同签约额,共计超过7亿元。

第11届全运会组委会借鉴奥运会TOP计划的经验,将赞助等级分为合作伙伴、特别支持单位、赞助商、供应商4级,其中的特别支持单位属匠心独运。

第11届全运会合作伙伴的赞助起点是2000万人民币,赞助商则是800万,对于一些实力介于合作伙伴和赞助商之间的有赞助意向的企业,组委会增加"特别支持单位",既满足了赞助企业的赞助要求,又有利于全运会的市场开发,可谓一举两得。

第11届全运会组委会坚持赞助商至上理念,突出做好回报维权工作,通过设置项目经理,在策划、营销、洽谈、跟踪回报等各个环节与赞助商全程保持紧密联系,减少了以往信息沟通不对称的状况,同时严厉打击各类侵权行为,切实维护赞助企业的权益。

第11届全运会组委会为所有全运会赞助商推出全运会历史上真正意义上的整合营销计划,将有形市场与无形市场整合打包,如此,赞助商的广告赞助可以得到多重荣誉和宣传,回报丰厚。①

第12届全运会的赞助主要包括3个层级,分别为合作伙伴、赞助商、供应商(独家和非独家)。第12届全运会组委会先后与特步(中国)有限公司、鞍钢集团、辽宁岭秀山矿泉饮品公司、中国银行、中国移动通信集团、中国联通集团、中国电信集团、中国南方航空股份有限公司、大连万达集团、华晨汽车集团、本钢集团、沈阳远大集团签订了合作伙伴协议,与八王寺等3家企业

---

①张曙光.全运会背后的钱经,总投资达2000亿,收益超7亿.2013-08-16.http://news.china.com/domestic/945/20130816/18000802_1.html.

签订了赞助商协议。

第三节 场馆商机

在国内外，为举办大型运动会而兴建的大型体育场馆的“一次性消费”现象屡见不鲜，就连奥运会主体育场也难逃赛后经营惨淡或被改造重新挪作他用的局面。亚特兰大奥运会的主体育场在赛后拆除，悉尼奥运会的主体育场在赛后拆了一半，剩下部分政府每年还必须拿出4600万澳元来维护，雅典奥运场馆赛后也部分闲置，每年的维护费更是高达1亿美元。

2014年索契冬奥会号称“史上最昂贵的奥运会”，其510亿美元的投资冠绝历史，比赛场地等基础设施建设是一笔巨大投资。2014年2月，全球约6000名运动员聚集在俄罗斯索契共享盛会，这里曾是全球媒体聚光的焦点。但是短短几周过去，索契就已经变成了一个“鬼城”，处处是废弃的场馆、空空的街道，只有几条流浪狗在悠闲地游荡晒太阳。索契这个曾经的荣耀之地似乎变成了被人遗忘的角落，荒凉的景象，很难让人想象不久前这里曾是全球游客趋之若鹜的旅游胜地。①

从6运会开始，除北京7运会利用了不少亚运会留下的场馆外，6运会投资建设天河体育中心，上海8运会新建8万人体育场，9运会新建了广州奥林匹克体育中心，10运会则新建了南京奥体中心，这些场馆在一定时期内承担了竞赛功能，但赛后既要保证体育场馆设施的公益性，又要保证商业运营与创收，全运会场馆设施的经营管理成为新时代不可回避的新问题。

上海在全运会场馆的经营管理方面确实不错，尤其是8运会的主会场——上海体育馆的商业运作更是可圈可点。当时，上海体育馆需要12.5亿元的建设资金。面对巨额投资和还贷压力，第8届全运会组委会从上海体育馆的设计出发，进行了科学的评估规划，并充分地考虑了赛后场馆的运营等问题。首先，在看台夹层中精心设置了104套配有国际国内通信线路和卫星电话线路的豪华专用包厢，每套卖500万，使用期50年，每个包厢上方都有买方的冠名广告，以致购者纷至沓来，售出一半收回了2.5亿元的资金后，就暂停出售待价而沽了。观众席下是一座4星级宾馆，上海方面将股权转让

①俄罗斯索契冬奥会后变“鬼城”，空无一人. 2014－03－26. http://news.mydrivers.com/1/298/298203.htm.

一半，收回资金1亿元，又将管理权以1000万美元转让给了香港国际酒店公司，观众席的黄金地段座位，以俱乐部金卡会员制予以拍卖，围绕体育场的一条宽30米，长达1000米的太平台，变成了中国第一广告长廊——爱心廊。就连主席台前的那块空地，广州今日集团也以300万元的高价铺上了乐百氏的大红地毯，1万多平方米的“海洋世界”，1万多平方米的商场和商品展示厅，盘活了主体育馆的资金。据悉，8运会主会场建成时，已回收了超过3亿元人民币的资金。上海全运会组委会在建设场馆之初，就规划好的商场、超市等商业元素，为体育场馆注入了生机和活力，并且成为场馆长期经营、以馆养馆的典范。而对其他场馆，市政府将任务下放到各区县，很多区县都通过土地置换方式来筹资建设体育场馆设施，使政府掌握了主动权。

广州体育馆是为中国第9届运动会建设的一座现代化的综合性多功能体育场，是9运会体操、篮球等项目的比赛地和盛大的闭幕式举办地，是广州市新世纪的标志性建筑，也是中国全运会主体育馆商业运作的成功典范之一。

广州体育馆是由法国建筑大师保罗·安德鲁担纲设计的，建筑师把以人为本和回归自然的设计理念巧妙融合，3个场馆均采用下沉式设计，大部分建在地下，这样既便于观众的出入交通组织，又能使建筑物置于若隐若现和充满诗情画意的自然之中，与毗邻的优美生态环境融为一体。整个建筑汇集了许多科技及设计的元素，包括灵活多样的座椅组织形式，多功能的智能化建筑，新、美、奇的屋盖结构，新颖舒适的空调设计。

广州体育馆位于广州新广从公路原白云苗圃地段，项目占地约24万平方米，其中约8万平方米作体育馆建设用地，6万平方米作体育公园，另8万平方米做运动员村，剩余的2万平方米为市政规划道路，项目总建筑面积约17万平方米。赛后，大卫·科波菲尔大型魔幻表演、艾薇儿广州演唱会、张敬轩广州演唱会、蔡依林广州演唱会以及李宗盛、李宇春、梁静茹等明星的演唱会都在这里举办。通过文化、体育、商业等产业的紧密结合，在坚持公益性不变的基础上，基本上实现了多元化的经营，使广州体育馆在9运会结束3年后，就实现了馆内运营的基本平衡。

南京很多新建的场馆，建馆之初就通过科学设计为赛后运营预留空间，南京奥体中心的赛后运营成为人们关注的焦点。集“二场二馆二中心”于一身的南京奥体中心，位于南京市建邺区河西新城中心区域，是亚洲仅有的4个A级体育馆之一，世界第5代体育建筑的代表，是2008年以前中国最大的体育场。南京奥林匹克体育中心是一个多功能复合型的国家级体育馆，总占地面积1345亩，总建筑面积约40万平方米。主要建筑为“四场馆两中心”，其中包括体育场、训练场、体育馆、游泳馆、网球中心、体育科技中心，总投资约40亿元。

2005年5月1日，南京奥体中心交付运行，成为10运会、第2届亚洲青年运动会的主会场和2014年南京青奥会的主会场。南京奥体中心西邻南京地铁10号线奥体中心站，东临南京地铁2号线奥体东站。除了所有副馆向市民开放之外，奥体中心的多元化经营和相当程度的商业开发有声有色。南京奥体中心各场馆设置了商务包厢181个、贵宾会议室25个以及餐饮用房和配套商业服务设施等。10运会上用作新闻中心的体育科技中心，被布置成107个商务套房，奥体中心的中心公共区域预留的4.3万平方米的商业、服务用房，现在全部派上了用场。

济南奥体中心体育场是第11届全运会主赛场，结合地形地势在西场区布置体育场，东区的场馆布局以圆形体育馆为中心，游泳馆、网球馆以对称的形式环抱体育馆。

济南奥体中心位于东部燕山新区内的龙洞地区，北经10路、南至体育南路、东起奥体东路、西到奥体西路，占地约1215亩，建筑面积约35万平方米，包括6万人的体育场，1万人的体育馆，各4千人的游泳馆、网球馆，5.5万平方米的中心区平台及其他设施。在济南奥体中心设计之初，组委会就结合北京奥运场馆的情况，充分考虑到了赛后运营的灵活性，通过场馆建设及赛后运营，使其成为高品位的服务大众的体育文化休闲中心，成为济南市新的形象标志。在体育赛事、大型活动、体育健身、体育装备、餐饮购物、商务会展及体育旅游等方面实现多元化发展。2013年1月31日，山东鲁能足球俱乐部宣布2013赛季鲁能泰山比赛主场将转移到济南奥体中心体育场。

第12届全运会的赛事场馆利用，却遭到了来自各方面的诟病，全运村成了当初热投此地的地产商等眼中的“鬼城”。沈阳全运村位于沈阳市浑南新区，2010年，在庆祝全运村开工的礼炮声中，沈阳市领导宣布“第12届全运会沈阳赛区全运村开工”，政府新的“大浑南”规划和招商引资让房地产开发商纷至沓来，被“全运”概念滋养的如野草般生长的房地产项目在这里迅速蔓延，如今这里几乎成了一座“鬼城”。

走在沈阳全运村宽阔的马路上，除了住在附近白塔地区回迁房里的人外，几乎看不到任何行人。智慧大街、高深路、全运路，这些有着响亮名字的宽阔道路上鲜有车辆来往，在清晨和傍晚，除了一些热爱运动的市民在骑车外，这里更是找不到其他人影。

沈阳乃至整个东北三省经济相对疲弱，人口流入不足，使得整个全运会板块的规划成为一场黄粱美梦。几乎所有的项目都规划有自带的商业配套，但空旷的街区和无人入住的房屋让开发商们止步不前，在这些房子卖出去之前，没有谁愿意花钱去运营乃至修建这些商业配套设施。①

第四节　特许产品

特许产品开发一向是赛事的主要收入之一，如果能够获得大企业的赞助，将会为赛事举办缓解很大一部分的经济压力。全运会的特许经营主要是通过组委会授权生产制造商，在其产品上使用全运会标志，包括名称、会徽及吉祥物等，并允许企业相关产品在全国范围内生产、销售，从而获取全运会标志使用费并参与销售等经营活动。全运会纪念币、纪念钞、纪念牌、纪念邮品和纪念衫等文化、生活用品的特许经营，都是全运会组委会的专有权利。

全运会特许经营主要是吉祥物、纪念邮票的发行销售，随着近几届全运会的深入开发，逐渐扩大到纪念币、文化用品等商品的授权销售上。9 运会纪念品包括纪念币、会徽、胸饰、钥匙扣和磁卡等，这些小配件在广州的大小商场、邮局和小摊档随处可见。9 运会组委会、中国民航宣传广告公司、广州隆城雅格文化发展有限公司联合推出了一套包装精美的“龙腾九运”航空纪念磁卡，集中展示了 1 至 9 届全运会的会徽、吉祥物，并以珍贵的体育邮票点缀其中，更显其珍藏价值。

第 10 届全运会特许经营的做法较为简单，就是将特许产品的标志权益一次性出售，允许企业相关产品使用 10 运会特殊标志，并在全国范围内自主生产和销售，同时还将与 10 运会有关的服务权，如指定印刷服务、指定新闻发布会会场等，也纳入特许经营的范畴之中。通过在全省范围内推广、发行 10 运会纪念(有奖)明信片，取得了 520 万元的销售业绩。

在参照奥运会和历届全运会特许经营运作模式的基础上，10 运会特许

---

①开发商深陷沈阳全运死城，项目停工街道空无一人. 2015 - 06 - 12. http://sports.sohu.com/20150612/n414891370.shtml.

经营创新运作方式，先后通过公开拍卖、公开招标、定向邀标和个案销售等形式，选定了22家特许经营企业，开发了四十余种普通金属纪念品，近20种吉祥物毛绒玩具和树脂玩具，20余种云锦产品，18类邮品及多款水晶玻璃、雨花石工艺品、手表和打火机等纪念品，实现了1100余万元的签约，既为赛事市场开发营造了极佳的宣传氛围，也为特许经营企业提供了一个充分的展示机会。

全运会邮票是每一届赛事必不可少的特许产品，凭此邮票全运会取得了超乎寻常的收益。全运会至今共举办了12届，国家邮政部门每届都发行1套全运会纪念邮票。这不仅是中国体育的成就展示及全运会筹集资金的主要渠道，也是体育集邮爱好者的财富殿堂。

1959年邮电部发行了“纪72《第一届全国运动会》纪念邮票”，全套16枚，这是迄今为止全运会发行枚数最多的邮票，面值8分，第1枚主图为主会场北京工人体育场，其余15枚为各项目运动员形象。是我国发行的枚数最多的全运会邮票，发行量800万套。当时筹得资金1000多万元。在现今的邮品市场上，这套16枚总价值1.28元的邮品身价涨到了近千元，是当时市值的800倍。

第2届全运会邮电部发行了“纪116《中华人民共和国第二届运动会》纪念邮票”，全套11枚，由邮票设计泰斗孙传哲设计，图案为足球、射箭、标枪、体操、排球、开幕式、自行车、游泳、高栏、举重、篮球，全套11枚，共发行90万套，总面值1.77元，筹得资金170万元。该套邮票图案底色大红大绿，极具时代特征，这套邮票的发行日是该届全运会的闭幕日。本套邮票由于设计印刷精美，1980年在全国评选建国30年最佳邮票活动中被评为最佳邮票。

第3届全运会于1975年9月12日至28日在北京举行，中国邮政发行“J6《中华人民共和国第三届运动会》纪念邮票”，一套7枚，总面值0.83元，发行量200万套，筹得资金160万元。由于受当时政治环境的影响，这套J6邮票根本谈不上什么体育色彩，就连邮票的名称都是采用标语口号的形式。7枚邮票的图名分别为“发展体育运动，增强人民体质”“认真看书学习”“友谊第一、比赛第二”“体育为工农兵服务”“开展群众性体育活动”“各民族体育运动蓬勃发展”和“新生力量茁壮成长”。其实这套邮票就是7幅带有政治色彩的体育宣传画。

第4届全运会发行的“J43《中华人民共和国第4届运动会》纪念邮票”一套4枚，采用狭长4格形式构图，首枚第1格为会徽，其余15格均为各项目运动员形象，总发行量6000万枚，同时发行邮票小型张20万枚，筹得资金520万元。发行的邮票小型张是新中国小型张中面积最小的。原价2元的小型张，现在市场价600元。

第5届全运会发行“J93《中华人民共和国第5届运动会》纪念邮票”，一套6枚，总面值1.18元，发行量303.76万套，筹得资金360万元。

第6届全运会发行“J144《中华人民共和国第6届运动会》纪念邮票”，一套4枚，发行量699.65万套，总面值0.96元，筹得资金700万元。这套邮票全套4枚按顺序排成一个4方连，显示出跑道组成的“6”字背景，寓意第6届。

第7届全运会发行的“1993－12《中华人民共和国第7届运动会》纪念邮票”，一套1枚，面值0.2元，以天坛和火炬手为主图，并将7运会会徽巧妙变化成火炬手所举的火炬，总发行量11603.7万枚，筹得资金2000万元。此套邮票是由北京人民印刷厂印刷的，印刷非常有特色。纪念邮票最初准备用双色影写版套印印刷，最后采用了胶版套色印刷工艺。邮票票幅小，是1至11届全运会邮票中最小的。第一次采用了过桥的印刷方式。

第8届全运会发行的“1997－15《中华人民共和国第8届运动会》纪念邮票”，一套2枚，首枚主图为会徽与铁饼运动员，次枚主图为吉祥物小牛“圆圆”和主会场上海体育场，这也是全运会吉祥物首次登上邮票，同时发行小全张，小全张以红色为底色，饰以奔跑中的运动员剪影，显得热烈而欢快。大版票包括会徽、运动员、吉祥物、场馆邮票各1版，每版50枚。纪念邮票和小全张发行量分别为3201.75万枚和2571.75万枚，筹得资金过亿元。

第9届全运会发行了“2001－24《中华人民共和国第9届运动会》纪念邮票”，1套2枚（连印）、小全张1枚，面值3.6元，发行量1700万枚，筹得资金过亿元。

第10届全运会发行的“2005－22《中华人民共和国第10届运动会》纪念邮票”小型张，面值6元，发行量820万套，筹得资金4900万元。

2009年第11届全国运动会中国邮政发行“2009－24《中华人民共和国第11届运动会》纪念邮票”2枚、小全张1枚，均面值2.4元，发行量1149.69万枚，筹集资金5500万元。

2013年中国邮政发行《中华人民共和国第12届运动会》邮票1套，全套邮票2枚，面值均为1.20元，另发行小全张，售价3.60元，筹得资金超过5000万元。

中华人民共和国全国运动会纪念邮票已经成为邮品收藏的宠儿，1959年第1届全运会发行的邮票，一经面世便受到集邮爱好者的追捧，目前已经升值了800倍。第2届全运会邮票全套11枚，由著名邮票设计大师孙传哲亲自设计，曾被评为"建国30年最佳邮票"，目前存世量稀少，市值已经高达5000元。

后　记

整整一个暑假,在浙江传媒学院行政楼和乔福一品高尔夫公馆两点一线之地,无数次看到窗棂发白,听闻潮起潮落,终于把《商业体育赛事论》初稿修改为自认为拿得出手的成稿。尽管还有诸多问题,但总算可以拿出来接受广大方家的批评指正了。

就在前一天,还在考虑是否要将"最稚嫩的全运会"删去,因为中国的全运会更多是政府行为,组委会领导即是省市领导,迄今还没有专业团队、专业人才参与到全运会赛事的经营管理当中来。加上中央电视台在电视转播中处于绝对优势地位,要想真正与国际接轨,实现全运会赛事售卖,尚且任重道远,全运会的新媒体转播倒是可以另辟蹊径,充分发挥一下自身优势条件。

2015 年北京田径世锦赛期间,我在微信朋友圈写下"怀念内比奥罗",本想将田径钻石联赛列入《商业体育赛事论》。但田径在很长时间内都是商业体育的弃儿,一遍遍重复跑圈单调乏味,又笨又重的三铁比赛更像匹夫蛮勇,再高端大型的田径赛事现场观众相对而言也较少,更没有赞助,指望电视转播商出资购买田径赛事转播权更是不可能。在内比奥罗主政国际田联时,他用实实在在的黄金铺路创建了黄金联赛。从此,一代代田径巨星横空出世,受到媒体追捧,特别是电视关注,田径世锦赛才有了今天万众争相观看,赞助商趋之若鹜的景象。

尽管中国足球超级联赛红红火火,国家高层对全中国足球发展给予厚望,国家体育总局亦将中国足球作为改革试验田,但笔者对中国足球的职业化、商业化不敢奢望过高,欧美国家弃之不用的教练员和球员,成了中国足球场上天价的太上皇香饽饽，原本叱咤世界女足赛场的“铿锵玫瑰”，已经凋零了好几代含苞待蕊。不伦不类的所谓改革，很难彻底去掉中国足球的劣根性，当下中国足球界的管理者经营者远远达不到足球商业运作与管理的需求。

中国男子篮球联赛近年来很有点中国 NBA 的味道了，但更多的是盲目模仿与跟风，CBA 赛场更像是一群没有文化的土豪在比拼财力较量财富底蕴。球员没有文化，教练没有文化，管理层没有文化，甚至中国篮球职业联赛的计划方针制定者，也只有一丁点“体育”知识，与商业篮球所需要的综合全面素养相差无数层级。中国男女篮球在国际篮球大赛鲜有佳绩，已经开始考验各方面的耐心，泱泱 13 亿人口大国的国家男女篮球队，竟然会在亚洲赛场包括家门口还频遭败绩，却烧钱养着身价堪比美国 NBA 球员教练的“中国篮球大腕”。

中国的乒乓球和羽毛球如何走上国际商业舞台，是场地太小影响电视转播效果还是项目本身热点不够激情不够，“养狼计划”是否给句实操性更加商业化，需要更多人来关心来深入研究。中国武术在很多方面已经踏出了商业运作的踪迹，如何走得更为稳健，还有很多谜团需要破解。

《商业体育赛事论》不少数据采自官方网站，没有一一列出，请海涵。前期的部分初稿是首都体育学院、北京邮电大学和浙江传媒学院的研究生和青年老师的辛勤劳动成果，笔者在审校过程中，随时感受到你们搜找资料的诸多辛劳，在此鞠躬致敬。

2016 年 9 月 2 日